MARIE-LOUISE VON FRANZ

A INDIVIDUAÇÃO
NOS CONTOS DE FADA

PAULUS

Dados Internacionais de Catalogação na Puplicação (CIP)
(Câmara Brasileira do Livro, SP, Brasil)

Franz, Marie-Louise von, 1915
A individuação nos contos de fada / Marie-Louise von Franz; [tradução Eunice Katunda; revisão técnica Maria Elci Spaccaquerche].
— São Paulo: Paulus, 1984. — Coleção Amor e psique.

ISBN 978-85-349-1462-8

1. Contos de fada - História e crítica 2. Individuação 3. Simbolismo (Psicologia) I. Título.

CDD-398-21-155.2
17.-301.2
18 -301.21

84-2061

Índices para catálogo sistemático:
1. Contos de fadas: Literatura folclórica 398.21
2. Estórias de fadas: Literatura folclórica 398.21
3. Individuação: Psicologia 155.2
4. Simbolismo: Aspectos psicológicos: Processos culturais Sociologia 301.2 (17) 301.21 (18)

Coleção AMOR E PSIQUE coordenada por
Dr. Léon Bonaventure
Dra. Maria Elci Spaccaquerche

Título original
Individuation in Fairytales
© Marie-Louise von Franz

Tradução
Eunice Katunda

Revisão
Maria Elci Spaccaquerche

Seja um leitor preferencial **PAULUS**.
Cadastre-se e receba informações sobre nossos lançamentos e nossas promoções: **paulus.com.br/cadastro**
Televendas: **(11) 3789-4000 / 0800 016 40 11**

1ª edição, 1985
5ª reimpressão, 2024

© PAULUS – 1985

Rua Francisco Cruz, 229 • 04117-091 São Paulo (Brasil)
Tel. (011) 5087-3700
paulus.com.br • editorial@paulus.com.br
ISBN 978-85-349-1462-8

A INDIVIDUAÇÃO
NOS CONTOS DE FADA

INTRODUÇÃO À COLEÇÃO AMOR E PSIQUE

Na busca de sua alma e do sentido de sua vida o homem descobriu novos caminhos que o levam para a sua interioridade: o seu próprio espaço interior torna-se um lugar novo de experiência. Os viajantes destes caminhos nos revelam que somente o amor é capaz de engendrar a alma, mas também o amor precisa da alma. Assim, em lugar de buscar causas, explicações psicopatológicas das nossas feridas e dos nossos sofrimentos, precisamos, em primeiro lugar, amar a nossa alma, assim como ela é. Deste modo é que poderemos reconhecer que estas feridas e estes sofrimentos nasceram de uma falta de amor. Por outro lado revelam-nos que a alma se orienta para um centro pessoal e transpessoal para a nossa unidade e a realização de nossa totalidade. Assim a nossa própria vida carrega em si um sentido, o de restaurar a nossa unidade primeira.

Finalmente, não é o espiritual que aparece primeiro, mas o psíquico, e, depois, o espiritual. É a partir do olhar do imo espiritual interior que a alma toma seu sentido, o que significa que a psicologia pode de novo estender a mão para a teologia.

Esta perspectiva psicológica nova é fruto do esforço para libertar a alma da dominação da psicopatologia, do espírito analítico e do psicologismo, para que volte a si mesma, à sua própria originalidade. Ela nasceu de reflexões durante a prática psicoterápica, e está começando a renovar o modelo e a finalidade da psicoterapia. É uma nova visão do homem na sua existência cotidiana, do seu tempo, e dentro de seu contexto cultural, abrindo dimensões diferentes de nossa existência para podermos reencontrar a nossa alma. Ela poderá alimentar todos aqueles que são sensíveis à necessidade de colocar mais alma em todas as atividades humanas.

A finalidade da presente coleção é precisamente restituir a alma a si mesma e "ver aparecer uma geração de sacerdotes capazes de entenderem novamente a linguagem da alma" como C. G. Jung o desejava.

Prefácio

Há mais de três quartos de século, Carl Gustav Jung abriu-nos portas novas para o nosso mundo interior. A alma humana tornou a ser uma realidade viva. A sua experiência, as suas observações e estudos conduzidos em várias direções permitiram-lhe constatar que existe no ser humano uma tendência inata, natural e espontânea a encontrar seu Centro, sua unidade. Assim, impunham-se naturalmente várias constatações: o processo natural da vida da alma tem um sentido, uma finalidade, um objetivo; a experiência da unidade ocorre simultaneamente com a realização desta; a nossa totalidade vai se realizando de maneira relativa e parcial, e o Centro é, ao mesmo tempo, sempre algo que nos transcende. É isto que Jung chamou de experiência do Si-mesmo. Este Si-mesmo não é apenas um fim, mas também o princípio de toda vida; é um processo que se desenvolve no tempo, ao qual deu o nome de "processo de individuação".

Com a descoberta empírica do "processo de individuação", foi introduzida nova dimensão e mudança na história da espiritualidade ocidental, cujos efeitos ainda são impossíveis de medir. De fato, a nossa nostalgia de uma unidade interior e de um sentido para nossa vida, antes buscando no campo do universo mental, filosófico, intelectual e religioso, leva-nos agora ao campo da própria vivência da realidade da alma. Pela experiência é que se abriram caminhos novos em busca do mais profundo de nosso ser.

Isto acarreta evidentemente uma mudança para a perspectiva da psicoterapia, afastando-a do campo médico. A análise psicológica cessa de ser um tratamento para tornar-se um trabalho com vistas a favorecer o crescimento interior. Mesmo que no início de uma análise psicológica exista sofrimento, estado de conflito, de tensão, a finalidade não é curar, mas permitir o crescimento interior através destas dificuldades. Sem dúvida, a situação da análise é privilegiada para o processo de individuação, porém não é a única possível. E se Jung e sua fiel colaboradora, autora do presente livro, Dra. Marie Louise Von Franz têm escrito muito, foi com o desejo de despertar o sentido da alma e do símbolo, favorecendo o processo de individuação de seus leitores.

É do conhecimento de todos que uma das graves causas do desamparo interior do homem de nosso tempo é a ignorância que ele tem de si mesmo. Assim, evidentemente, existe no diálogo analítico um aspecto educativo, pedagógico e reflexivo: teoria e prática sempre ocorrem juntas. De fato, sem uma abertura de nosso campo de visão, sem referências intelectuais, muitas vezes é impossível assimilar de maneira construtiva as experiências vividas. Porém há uma diferença fundamental, como Jung escreveu em muitas ocasiões, entre a tomada de consciência de si mesmo e a realização do Si-mesmo (a individuação). Ele escreveu por exemplo: "Sempre observo que o processo de individuação é confundido com a tomada de consciência do ego, identificando-se o ego com o Si-mesmo (...) assim a individuação torna-se sinônimo de egocentrismo e auto-erotismo".

É verdade que nossa época carece de mestres capazes de iniciar-nos na vida interior. Hão de reaparecer, esperemo-lo, quando estiver elaborada uma nova ciência da alma, capaz de suscitar e de reconhecer o sentido das realidades interiores, isto é, as realidades instintivo-espirituais tais e quais são. Basta dizer que um dos propósitos desta nova coleção é precisamente introduzir novas perspectivas, abrir novos horizontes para um novo humanismo e para a busca da interioridade.

O fato de duas editoras católicas se terem empenhado em publicar, em português, as Obras Completas de C.

G. Jung e de seus seguidores parece-me bem significativo. Se é fato que nos últimos vinte anos a Igreja Católica no Brasil se abriu, sensibilizou e engajou mais na realidade social, também é fato que nestes últimos anos houve uma grande abertura à realidade vivida da alma e da interioridade. Mesmo que nem sempre a concepção do homem da escola junguiana seja compatível com o pensamento cristão, ninguém pode discordar de que ela está intimamente ligada à tradição judaico-cristã. Sem dúvida, diferentes escolas de psicologia moderna, bem como o pensamento oriental, têm influenciado o redescobrimento de uma psicologia judaico-cristã para o homem de nossos tempos, mas Jung parece ter contribuído para isso de maneira particularmente saliente. De fato, a psicologia moderna baseia-se mais na psicologia do ego, enquanto Jung reintroduz a noção do Si-mesmo, do Centro da psique, o que resulta numa reviravolta radical. E quando analisamos em maior profundidade a fenomenologia do Si-mesmo, vemos que existe uma clara ligação intrínseca entre a psicologia e a teologia, no que diz respeito à sua concepção, e também entre a psicologia e a teogonia. Reencontrou-se a dimensão religiosa natural da alma ao se assimilar a experiência do Centro à experiência da Imago Dei em nós. No contexto cristão, Cristo representa sem dúvida o Si-mesmo, diz-nos Jung, ou será que o Si-mesmo seria símbolo do Cristo, Filho do Homem? Isso é uma questão de experiência. O que está certo é que Jung não hesita em referir-se às formulações mais expressivas e poderosas da experiência religiosa para expressar a experiência do Si-mesmo. Jung toma para si o grito de São Paulo: "Não sou mais eu que vivo, mas é Cristo que vive em mim".

No entanto, quaisquer que sejam as referências feitas ao mundo judeu-cristão, o interesse de Jung e suas preocupações vão no sentido do empirista que busca formular uma verdadeira ciência da alma. Mas se a teoria e sua técnica terapêutica são aconfessionais e neutras, na prática nunca permaneceu neutro, pois sujeito e objeto confundem-se numa única realidade, isto é, a alma. A psicologia, que é vida, sempre passa por intermédio do indivíduo, não apenas pelo que ele pensa, mas principalmente pelo que ele é.

Isto me leva a fazer algumas considerações a respeito da formação dos psicoterapeutas da escola junguiana.

Já no tempo em que Jung situava sua psicoterapia apenas dentro do campo da medicina, ele impôs como necessidade absoluta que o terapeuta se submetesse a uma análise pessoal (em 1912). Por motivos de ordem social, chamamos a isto, hoje, de análise didática. Esta exigência acarreta duas evidências: a primeira é que, e isto sabemo-lo, quase sempre é uma problemática pessoal difícil que orienta um indivíduo para este tipo de atividade profissional. A segunda é que a personalidade real do analista tem função curativa por excelência na terapia. Vê-se, daí, a necessidade absoluta de que ele tenha passado por uma análise. Mas isto se torna ainda mais imprescindível quando a análise deixa o campo da medicina e da clínica para tornar-se o lugar privilegiado da individuação. Fica assim evidente que o psicoterapeuta (se é que ainda este termo é apropriado) não pode conduzir outra pessoa além de onde ele mesmo foi. Qualquer que seja a importância da técnica e dos conhecimentos, o essencial são as suas qualidades humanas. Assim, o seu principal instrumento terapêutico é sua própria alma. "Só a alma para curar a alma". O objetivo do analista é despertar a vida da alma, cultivá-la, fazê-la crescer, em resumo estar a serviço do Si-mesmo e torná-lo presente. o alfa e o ômega de toda análise para Jung, usando uma expressão tipicamente bíblica, quando são Paulo se refere ao Cristo como Anthropos, o Alfa e o Ômega. Esta referência Jung a retoma para definir a "transferência" o que não nos causa estranheza, pois a relação com o Si--mesmo é também uma relação com os outros homens, e ninguém pode ter uma ligação com estes se não a tiver consigo mesmo.

Seria no entanto um erro acreditar que a análise pessoal ou didática cria, por si só, uma relação viva com o Si-mesmo e leva à experiência com o Si-mesmo. O analista não pode despertar outra coisa senão aquilo que já existe dentro da pessoa. Devemos até constatar hoje, com certa tristeza, que com demasiada facilidade se esconde por baixo do termo brilhante de "análise didática" uma realidade que é busca do poder, de aprender uma linguagem, uma cultura, muito mais do que um aprofundamento da experiência interior. Existe uma verdadeira deformação. Assim vemos que não se deve nunca associar, como forçosamente interdependentes, análise e individuação. Pode-se até perguntar com o próprio Jung o que vale um diploma de faculdade de medicina, psicologia ou qualquer outra instituição, quando se trata de conduzir e ajudar alguém no seu processo de individuação. O que importa é o homem na sua totalidade na relação analítica. Mesmo que a situação analítica seja um lugar de privilégio para a individuação, não é o único. O mais importante é o sentido do símbolo, da alma, do legítimo amor em relação a si mesmo e aos outros, o respeito, qualidades que se adquirem igualmente fora desta situação especial. A melhor análise é a vida, como Jung sempre gostava de repetir. A alma humana não se conhece apenas dentro do consultório do analista, mas na experiência da vida tal como é vivida com todas as suas implicações. Toda experiência interior tem que ser mediada pela relação com o outro. Nunca alguém se individualiza sozinho, e a finalidade da individuação não é ficar só: pelo contrário, é estar em relação, cada um a seu modo.

Daí a importância, para quem queira tornar-se analista, de achar um analista que o aceite como paciente, e com quem sinta afinidade. No decorrer do trabalho analítico, ao confrontar-se consigo mesmo, ao ser posta à prova a sua capacidade de se colocar a si mesmo em questão, ele se revela a seu analista, revela suas qualidades, seus dons, suas exigências, sua maturidade, sua vocação. Começa a definir-se esta vocação, e neste momento, continuando sua análise pessoal, começa devagarinho a abrir-se a outros conhecimentos. Sempre ocorrem juntas, como vimos acima, prática e teoria.

Ninguém pode contestar a validade de tal modelo para a formação do analista, que aliás é velho como o mundo. Assemelha-se a um trabalho artesanal que se realiza num clima de calor humano, que depende muito de avaliação e de apreciação subjetivas. O analisando, no decorrer do processo, a medida em que vai adquirindo maior maturidade vai tendo maior sentido da realidade do mundo interior, e pode ir assumindo toda a responsabilidade de sua vocação.

Ser analista é, antes que profissão, principalmente uma exigência interior, uma paixão pela alma humana, um modo de viver a sua criatividade, pois a prática da análise é uma arte, a arte de criar a alma.

As exigências do Si-mesmo é que nos mostram o nosso papel na sociedade, o lugar em que melhor podemos viver a nossa própria natureza individual para o bem-estar da sociedade. A individuação representa um risco total para quem a empreende não lhe deixando escolha alguma.

Neste trabalho de formação do analista, de acordo com Jung, a regra não é a análise chamada didática. Ela não tem nada de espetacular; a finalidade essencial é remeter a pessoa a si mesma, ao seu centro, à sua identidade. O essencial, portanto, para a formação dos terapeutas da corrente junguiana, é o confronto consigo mesmo e com os outros. Nunca Jung reivindicou patente, monopólio, exclusividade, territorialismo. Nunca entregou diploma para ninguém, nem qualquer reconhecimento social; pelo contrário, só nos pediu para sermos fiéis à nossa voz interior. Não é de estranhar pois que a formação do analista seja estritamente individual, já que ela é orientada para a individuação que é sempre única e singular.

Dependendo da arte e do estilo individual — por sua vez dependentes do mito próprio de cada analista — apresenta-se uma série de modelos de prática: alguns são grandes sacerdotes do culto da alma, outros confessores, diretores espirituais, outros pastores da alma, chefes de grupo; existem os sofistas, os educadores, os pragmatistas, os conselheiros práticos ou ainda os biologistas que examinam no mínimo detalhe o relato da vida; existem mães nutrizes que protegem o crescimento, inspiradoras ou confidentes; outros serão do tipo xamã iniciadores ou gurus, sensibilizadores do corpo etc. Portanto, o modelo de médico é apenas uma variedade entre tantas outras, e até normas da prática médica diferem. Jung não cessava de repetir que tudo dependia da equação pessoal, isto é, do mito individual do terapeuta.

Quando se tenta parcialmente institucionalizar esta formação, o que acontece é que transformação e relação pessoal são deslocadas para uma instituição, para nela serem dissolvidas. Não só o caráter pessoal e privativo desaparece, mas tanto o analisando quanto o analista encontram-se entre duas normas: de um lado, a da instituição que por natureza é normativa e restritiva, e por outro lado, a das exigências individuais. Inevitavelmente, no momento de a formação se institucionalizar, ela se oficializa segundo os critérios da consciência coletiva, e a individuação torna-se estandardizada. Mede-se a formação em horas de análise, comportamento, conteúdos do consciente. A análise tende assim a tornar-se prática de um método, o bom emprego de uma técnica em vista da resolução de problemas. O objetivo buscado na análise institucionalizada entra em contradição com o que ela é em si, pois inevitavelmente confunde-se com o objetivo buscado pela instituição. Portanto, colocar em questão a validez da institucionalização da formação é o mesmo que colocar em questão o problema da relação grupo-indivíduo. Esta pergunta foi dirigida a Jung, que não hesitou em responder, bem cônscio do que dizia: "Até um pequeno grupo é regido por um espírito de grupo, fonte de sugestão. Quando é bom, pode ter muito bons efeitos, mas às custas da autonomia espiritual e moral do indivíduo. O grupo reforça o ego... O Si-mesmo, por outro lado, é diminuído e relegado a um segundo plano para o proveito da média... Mas em vista da inclinação notável dos seres humanos a se agarrem uns aos outros e dos 'ismos', em vez de encontrar nos grupos a segurança e a autonomia da qual precisam mais que tudo, há o perigo de que o indivíduo faça do grupo seu pai e sua mãe e fique assim tão dependente, infantil e inseguro quanto era antes".

Não é por acaso que dentro da Associação Internacional de Psicologia Analítica, que agrupa um grande número de analistas junguianos, se faça questão de deixar abertas todas as alternativas possíveis de formação do analista, sem privilegiar nenhuma. Assim, pode-se ter formação unicamente individual com um analista filiado a esta Associação, ou a formação através de instituição particular, como o Instituto C. G. Jung de Zürich; pode-se obtê-la igualmente através de uma sociedade nacional. Mas qualquer que seja o caminho seguido por cada um, o certo é que a equação ser analista e ser membro de uma sociedade qualquer é mistificação. A identidade de um analista não se pode medir pela sua filiação a uma instituição. Mas então como medi-la?

Diante da riqueza e da diversidade da árvore plantada por Jung, a resposta é clara: esta qualidade de analista lhe é conferida pela sua capacidade de expressar seu verdadeiro ser em cada situação da vida, e de estar a serviço do Si-mesmo. Somente pode responder com o que é e sua coragem de ser.

Porém, mesmo que o indivíduo só seja portador de espírito criativo e do sentido de individuação, existe uma tendência natural do homem a viver em comunidade. Tanto é isso verdade que, por toda parte, surgem pequenas comunidades cujo único objetivo é cultivar a alma dentro de uma verdadeira relação humana. Estas pequenas comunidades se sobrepõem às estruturas sociais e profissionais e até, muitas vezes, são totalmente independentes. Algumas há com o objetivo de vivência interior mais aprofundada, outras com a ideia de uma orientação psicoterápica própria. Neste tipo de comunidades é o Si-mesmo que regula e ordena as relações. Aqui a comunhão entre os indivíduos baseia-se em afinidades espirituais unicamente, o que permite maior abertura, mais respeito, liberdade interior e a gratuidade, pois o que existe em cada um é ao mesmo tempo algo que transcende a todos, o Centro unificador. Se fosse assim, cada um poderia existir na sua singularidade e na sua independência; não haveria necessidade de oposição entre as comunidades. Os conflitos, os caprichos do ego, a sombra poderiam ser vistos de frente e tornarem-se fonte criativa e libertadora de vida.

Marie Louise Von Franz, como especialista e amante de contos de fada, nos propõe neste livro a análise de sua estrutura e dinamismo. Ela escolhe alguns dos mais típicos que tratam da individuação. Seu grande mérito é ter reintroduzido, em linguagem moderna, o que nossas avós gostavam de contar aos seus netinhos, aqueles netinhos que éramos e ainda somos. Se a linguagem que a autora usa é junguiana, a individuação não o é, pois é um processo da natureza. Assim ao mesmo tempo que desmistifica o que parece unicamente pertencer aos "bem-aventurados analisados", a autora consegue colocar ao alcance de todos a realidade humana contida nestes contos. Ela nos mostra que a individuação não é um estado, mas um processo que vai se aprofundando e que sempre pode ser mais aprofundado e completado. "A realização plena de Si não sei o que é", diz Jung, "nunca encontrei até hoje um homem que a tivesse alcançado". Talvez a individuação seja, antes de mais nada, assumir a sua própria condição humana tal qual se apresenta, e vivê-la com todas as suas implicações e riquezas, sempre se referindo ao Centro que é ao mesmo tempo o objetivo e a própria vida. Aquele que souber deixar-se pegar pelo espírito que flui das linhas deste livro há de reencontrar a importância da imaginação como processo essencial da vida da alma. Além disto, vai se apercebendo de que está adquirindo a paixão da autora pelo sentido da alma e de tudo o que for humano. Se ao mesmo tempo o leitor prestar atenção aos seus sonhos, vai se surpreender ao perceber que as imagens e os temas de seus sonhos são um tanto diferentes depois da leitura deste livro. De fato, da maneira como olhamos o inconsciente ele nos aparece. A finalidade deste livro é precisamente fazer-nos ter um novo olhar sobre nós mesmos.

Quando alguns anos atrás pedi a Marie Louise Von Franz a permissão de publicar seus livros em português, eu lhe contei o sonho que tive: "Situa-se numa rua da periferia de São Paulo. Lá encontro-me com Von Franz e lhe digo: mas não a convidei para dar um seminário?

Neste momento, ela vê-se rodeada de centenas de jovens e com um ar benevolente ela me diz que é a eles que cabe compreender, e "é por isso que estou com eles". A autora me respondeu simplesmente que tinha procurado traduzir em termos da existência cotidiana o que Jung traduziu em termos intelectuais: "de fato, é verdade, é aos jovens que me dirijo".

São Paulo
Léon Bonaventure

1
O papagaio branco

O tema central de "O papagaio branco" foi trazido do Oriente. Trata-se de um conto iraniano, que por sua vez foi transformado, ou inspirado, a partir de um conto indiano. Podemos então ver não só a interpretação *per se*, como também constatar o quanto os temas viajam, modificam-se e são reelaborados dentro de novos cenários. Primeiro, vamos apenas examinar a história que nada tem de literária, pois foi colhida entre gente simples do povo espanhol e escrita no século XVIII. Assim ela se desenrola:

> Era uma vez um rico Conde que se enamorou de uma moça muito bonita mas muito pobre, e com ela se casou. Tempos depois o Conde, tendo que se ausentar para tomar parte na guerra, deixou a Condessa, que estava grávida, aos cuidados de seu mordomo, que deveria zelar por ela. Mas o mordomo apaixonou-se pela Condessa e tentou seduzi-la. Como a Condessa o repelisse, ele se enfureceu e a tal ponto que, ao nascerem duas crianças, ele passou a difamá-la. Os filhos da Condessa eram um menino e uma menina que traziam uma estrela na testa. O mordomo então escreveu ao Conde, dizendo que há muito suspeitara que a Condessa mantinha relações amorosas com um negro, e que agora tal suspeita se justificava, pois ela dera à luz duas crianças mestiças.
>
> O Conde, furioso, respondeu-lhe dizendo que o negro e as crianças tinham de ser mortos; quanto à

mulher, que a lançasse numa prisão. O mordomo não teve coragem de matar as crianças, mas encerrando-as numa caixa de vidro atirou-as ao rio e, em seguida, encarcerou a Condessa.

Acontece, porém, que naquele dia um velho, que andava pescando no rio, encontrou a caixa e, puxando-a na sua rede para fora d'água, encontrou as crianças envoltas num lindo pedaço de brocado de seda. Ele e a mulher decidiram ficar com as crianças para criar e, para que ninguém visse a estrela que lhes brilhava na testa, enrolaram a cabeça dos gêmeos com uma tira de linho. E os anos passaram. Ao morrerem, o pescador e sua mulher deixaram para as crianças tudo o que possuíam.

Quando terminou a guerra, o Conde voltou para casa sem ter a mínima ideia do que realmente acontecera. Por outro lado, o mordomo ficou aflito ao saber que na aldeia todos comentavam o caso de duas maravilhosas crianças que andavam sempre com uma tira de linho amarrada à testa. Suspeitando que essas fossem as mesmas crianças que ele pretendera matar, resolveu afastá-las dali. Contratou para isso os serviços de uma diabólica feiticeira — capaz de cometer qualquer crime desde que lhe pagassem bem — e ordenou-lhe que matasse as crianças. A feiticeira, então, aproveitando-se de uma ocasião em que o menino estava fora de casa, foi visitar a menina e perguntou onde estava o irmão. A menina respondeu que ele saíra. Como a feiticeira se mostrasse maravilhada com a casa, a menina convidou-a para entrar, e a feiticeira aceitou. Olhou tudo, achou tudo lindo, mas disse que ali só estava faltando uma fonte de água prateada, mas que se o irmão quisesse, poderia conseguir uma. Para isso bastava que ele fosse até a fonte levando um pequeno cântaro, enchê-lo com a tal água, e trazê-lo de volta consigo. Uma vez que se derramasse aquela água no quintal, ali haveria de brotar uma fonte igualzinha, com as mesmas águas prateadas.

A bruxa foi-se embora e quando o irmão regressou a irmã disse-lhe que tinha muita vontade de ter uma fonte de água prateada. O menino achou aquilo um absurdo, que eles não precisavam de fonte nenhuma, que não ia buscar nada. Mas a menina tanto o afligiu e apoquentou que ele, afinal, resolveu ir. Agarrando o cântaro, saiu em busca da fonte prateada. Seguindo o caminho indicado pela feiticeira, veio-lhe ao encontro um velho que, ao saber dos seus objetivos, perguntou qual a pessoa que o odiava tanto, a ponto de mandá-lo para lá. O menino respondeu que fora uma velha que persuadira sua irmã que ele deveria sair em busca da tal água de prata, e assim ele estava fazendo. O velho, então, assegurou-lhe que a fonte existia, mas que eram muitos os perigos a serem vencidos antes que ele conseguisse obter tal água, pois a fonte era guardada por um leão. Entretanto, antes de se aproximar do local, ele que cuidasse bem em vigiar o leão; se este tivesse os olhos fechados, o menino não deveria ir adiante, mas se estivesse de olhos abertos, era sinal de que estaria dormindo e, então, o menino poderia colher a água e escapulir; e que tratasse de andar ligeiro, porque o leão tinha sono muito leve. O menino prosseguiu caminho e, como ao chegar lá o leão estivesse de olhos abertos, foi logo tratando de encher o cântaro com a tal água e zarpar imediatamente. Assim que a água do cântaro foi derramada no quintal, brotou um lindo jato prateado, ficando as duas crianças maravilhadas.

No dia seguinte, a velha bruxa voltou e tornou a perguntar à menina onde estava seu irmãozinho. A menina respondeu que ele saíra, mas que a bruxa precisava ver a linda fonte que eles possuíam. E a velha foi ver, e mordeu os lábios de raiva ao perceber o que acontecera. Então declarou que tudo aquilo parecia lindo, mas que ainda faltava ali um certo carvalho todo carregado de bolotas de prata, cada uma delas encimada por uma cúpula de ouro puro, o qual eles precisavam ter, desde que o menino se dispusesse a arrancar-lhe um galho e plantá-lo no quintal. Disse, ainda, que o tal carvalho se encontrava em tal e tal lugar e que só assim tudo ficaria perfeito.

Tudo aconteceu como antes; a menina, chorando e fazendo cenas, aborreceu o irmão até este exclamar: "Quem sabe o que poderá me acontecer se eu for?!" Mas afinal acabou por ceder e partiu em busca do tal carvalho. Novamente lhe vem ao encontro o velho que o previne de estar a caminho da própria destruição, e indaga-lhe o que está fazendo. O menino relata o acontecido, e o velho o aconselha a montar um cavalo e ir galopando até o carvalho; e que antes de descer do cavalo ele deverá vigiar bem a serpente guardiã da árvore, pois quando ela esconde a cabeça, é sinal de que está dormindo e, então, o menino poderá colher o ramo e escapulir. E foi o que ele fez ao ver a serpente esconder a cabeça, agarra o galho e foge levando-o consigo. Chegando a casa ele planta o galho no quintal e, no mesmo instante, brota um lindo carvalho.

Quando a velha feiticeira torna a voltar lá, morde os lábios de raiva ao constatar que os meninos, pela segunda vez, estavam sãos e salvos. Então, declara à menina estar tudo perfeito não fora a falta de um certo papagaio branco muito lindo, que eles precisavam conseguir. Esse papagaio era tão fantasticamente valioso que quem o possuísse haveria de ser rico e feliz por toda a vida; e para possuí-lo bastava que a menina mandasse o irmão ir procurá-lo. De volta a casa, o irmão passa a ser atormentado pela irmã que deseja, a qualquer custo, possuir o tal papagaio branco. Ele responde dizendo que os caprichos dela já lhe custaram bem caro, mas ela lhe assegura que este será o último. O menino faz com que a irmã prometa isso e, por fim, se dispõe a sair em busca do papagaio.

A meio caminho, o velho encontra-o e lhe diz que se ele seguir sempre na mesma direção chegará a um bonito jardim, repleto de árvores cheias de pássaros; mas que tenha o cuidado de não se aproximar de nenhum deles. Depois de algum tempo um papagaio branco deverá surgir e pousar numa pedra circular que gira em torno do seu próprio eixo e, então, o papagaio dirá: "Não haverá por aí alguém que me queira aprisionar? Não haverá ninguém que me queira prender? Se ninguém gosta de mim, então que me deixem só!" Em seguida ele fará vários rodeios, até se cansar, e então colocará a cabeça debaixo da asa; aí poderá ser capturado. O menino deverá ficar atento e não tocar no pássaro, nem por um instante, antes dele estar bem adormecido, a cabeça escondida na asa. Pois se assim não fosse, se o papagaio fosse agarrado um segundo sequer antes do tempo, espantar-se-ia e o menino viraria pedra. Ele mesmo teria oportunidade de ver uma porção de pessoas que sofreram tal destino, e que lá estão.

O menino, então, prossegue caminho e vai encontrar tudo tal qual o velho dissera, inclusive a pedra circular e muita gente petrificada em torno dela. Pouco depois, surge o papagaio a voltejar, mais belo do que tudo o que se possa imaginar. Pousando na pedra, ele pergunta: "Não haverá por aí alguém que me queira aprisionar? Não haverá ninguém que me queira prender? Se ninguém gosta de mim, então que me deixem só!" A seguir, enfia a cabeça debaixo da asa. Mas o menino tem tanto medo de tocá-lo, e está tão ansioso, que acaba por agarrá-lo um átimo de segundo antes do devido tempo, e o papagaio espantado alça vôo, enquanto o menino fica petrificado.

Quanto à menina, notando que o irmão não regressa, começa a temer que algo lhe tenha acontecido e se recrimina por isso.

Voltando a visitá-la, a feiticeira encontra-a em lágrimas. Disfarçando a própria satisfação, a velha aconselha-a a não se afligir; diz que o menino vai voltar, que ele deve ter-se encantado com as coisas lindas que encontrou no jardim e por certo demorou um pouco mais, esquecendo-se da hora! Seria melhor ir buscá-lo, quem sabe se ele havia perdido o caminho de volta?! E assim a velha bruxa acabou por persuadir a menina que, ansiosa por saber o que acontecera com o irmão, resolve sair a sua procura. Seguindo pela mesma direção que vira o irmão tomar, também ela se encontra com o velho que lhe pergunta quem tanto a odeia a ponto de enviá-la para lá. A menina lhe diz estar à procura do irmão, por ela enviado em busca do papagaio, que não regressara. O velho, então, conta que seu irmão tinha virado pedra, porque não atendera a seus conselhos. Mas ela não deveria se entristecer, pois ainda poderia salvar o irmão se fizesse exatamente o que ele ia ensinar. O velho aconselha-a, tal como fizera a seu irmão, recomendando-lhe muito para ser *realmente* cuidadosa, não espantar o papagaio, e sobretudo, esperar até que ele estivesse bem adormecido, pois só então poderia agarrá-lo e mantê-lo bem seguro. E a menina segue os conselhos do ancião, espera o papagaio adormecer bem para então agarrá-lo; neste exato momento todas as estátuas de pedra retornam à vida, inclusive seu irmãozinho, e muitos homens, entre os quais se encontrava o Conde, o próprio pai das crianças, que há algum tempo também fora em busca do papagaio e se petrificara.

Todos ficaram encantados com a menina que os salvara. Então, as crianças resolveram convidá-los para um grande banquete, durante o qual o menino conta que não sabem quem são seus pais, pois haviam sido encontrados por um pescador, dentro de uma caixa de vidro. Aí, o Conde pede para ver o pedaço de seda que traziam na cabeça, e ao ver o pano reconhece seu próprio brasão bordado na seda, coisa que o faz suspeitar cada vez mais de que aquelas crianças são seus próprios filhos. Fica a tal ponto pensativo que se esquece de comer, fitando distraído, o prato.

O papagaio, que está sempre pousado no ombro da menina, observa de repente que o Conde está muito pensativo e lhe diz que se quiser saber a verdade a respeito do que anda pensando, que trate de mandar tirar a esposa da prisão, e ela então lhe dirá quem são as crianças.

O Conde vai para casa, tira a Condessa da prisão e ouve-a contar exatamente o que acontecera, e ela lhe diz também que seus filhos podem ser reconhecidos por uma estrela que trazem à testa. Ao ver as crianças, a Condessa logo as reconhece, tira-lhes a faixa da testa e apresenta-as ao Conde. Convencido da maldade do mordomo, o Conde manda matá-lo. Mas a velha bruxa, percebendo os acontecimentos, consegue fugir antes que a peguem. Desse dia em diante, o Conde e a Condessa viveram felizes junto aos filhos e nunca mais se separaram do papagaio branco.

Lembrem-se de que é sempre de bom alvitre contar os personagens, antes de começar a interpretar uma história. Esta principia por um quaternário composto pelo Conde, pela Condessa e os dois filhos; mas o grupo vem a ser seccionado, dividido pelas intrigas do mordomo, que mais tarde se associa à feiticeira. Por alguma razão ele se sente inibido e em lugar de matar as crianças lança-as na água e depois contrata uma feiticeira para matá-las. Assim, as crianças são afastadas, e a Condessa, encarcerada. Quanto às crianças, após serem lançadas na água, são recolhidas pelo velho pescador e sua mulher. Agora a situação é tal que na Corte só permanecem três pessoas: o Conde, o mordomo e, em segundo plano, a feiticeira, enquanto no inconsciente existe novo quaternário: o das crianças, mais o pescador e sua mulher, mas esses dois últimos morrem.

Note-se, porém, que sempre há uma tendência a se constituir um quadro em torno das duas figuras de crianças, as quais parecem atrair perfeição. No primeiro arranjo o mordomo se encontra em segundo plano, mas logo contrata a bruxa que é a figura atuante cujos atos são dissociativos. Depois, surge o papagaio branco, figura inteiramente nova, que unifica o quaternário original. Assim, eis novamente o Conde, a Condessa, e as duas crianças com estrela na testa; desta vez, porém, centralizados pelo papagaio, fato evidenciado pela última frase do relato, quando é dito que eles nunca mais se separaram. Isso parece constituir a garantia de que o quaternário não mais será seccionado pois, como mais tarde se comprovará pelas ampliações sobre o papagaio, ele tudo sabe. Isto nos dá a certeza de que esse último quaternário consiste num sólido grupo de quatro pessoas, uma vez que o espírito da verdade e da sabedoria está capacitado a protegê-lo para sempre. O mordomo é eliminado, a feiticeira aguarda algures novas oportunidades para pôr em prática suas artimanhas — porquanto, no que se refere ao presente caso, ela nada mais pretende. De qualquer modo, ela não passava de simples contratada, o que equivale a dizer que, pessoalmente, ela não tinha interesse algum em destruir aquela família, só tendo feito o que fez por dinheiro; por outro lado, o mordomo tinha um motivo emocional para sua ação destrutiva.

Assim, o que aqui se pode observar é um movimento de uma configuração completa de quatro personagens destruída, restaurada no inconsciente, novamente destruída e, por fim, restabelecida no âmbito consciente humano.

Pergunta: Não seria o velho o oposto do mordomo?

— Não. O velho é o oposto da bruxa. Pode-se dizer que ele exerce ação contrária à da feiticeira. Enquanto esta está sempre tentando destruir, ele fornece o antídoto para as suas ações, contribuindo para o encontro e a integração do papagaio.

Vamos, primeiramente, considerar a história do ponto de vista racional. O relato é uma mescla literária. A primeira parte se refere a uma mulher que dá à luz dois filhos enquanto o marido se acha ausente e é caluniada por alguém que se corresponde com o marido, que ordena seja ela destruída, lançada à prisão e tudo o mais. Esse primeiro tema se encontra em diversas histórias europeias. Provém de lendas medievais, nas quais santas mulheres eram assim injuriadas.

Na maioria desses paralelos medievais, como em *Marienkind* e outros, a inocente mulher que dá à luz filhos miraculosos e que depois é caluniada e lançada à prisão, sempre é perseguida diretamente por uma bruxa, ou qualquer outra personagem feminina maléfica, enquanto aqui ocorre estranha complicação, pois primeiro aparece o mordomo e só posteriormente ele é substituído pela bruxa.

O tema do papagaio, que diz a verdade e que consiste numa espécie de espírito da verdade, não é europeu; ele emigrou da Índia para a Espanha, e daí para dentro de nossa história, provindo de uma coletânea persa, que mais tarde discutiremos.

Os temas da fonte prateada e do carvalho de ouro têm sua origem em duas fontes alquímicas e devem ter entrado na história através de alguma parábola alquímica, provavelmente da autoria de Bernardus Trevisanus, do século XVI. Porém, isso é mera suposição, podendo eles provir de qualquer outra origem, visto tratar-se de temas alquímicos bastante populares. Como se sabe, a Espanha é um dos países em que a alquimia foi introduzida, desde seus primórdios, pelos árabes, nos séculos X e XI. Foi na Espanha que se traduziu para o latim alguns dos mais antigos tratados árabes sobre alquimia.

No caso em questão, torna-se relativamente possível descobrir os elementos que constituíram o arcabouço da história. Porém se a interpretamos como um sonho ou como uma história simbólica, ela se mostra inteiramente coerente, dotada de sentido completo, apesar de ser constituída por uma análgama de elementos diversos. Isso é algo que sempre provocou grande celeuma, porque, tratando-se de contos de fada, os historiadores literários são sempre de opinião de que uma vez comprovado que parte da história provém de um dado país e parte de outro, já não se trata mais de conto original e sim de um amontoado de relatos sem maior significação. Espero, entretanto, conseguir convencer que uma história, mesmo se constituída de diferentes elementos já conhecidos, ainda assim é coerente, pois traz em si um significado especificamente compensatório para a atitude consciente do país em que é relatada. Portanto, o fato de os temas imigrarem e, de tal história ser como um produto inconsciente, compensatório para uma situação consciente específica, não constitui, afinal, nenhuma contradição. Mas nada melhor para convencer-nos disso do que, simplesmente, começarmos a interpretar a história.

A primeira cena não se passa, como frequentemente acontece, na Corte de algum Rei, mas sim no castelo de um Conde. Como se sabe, os principais eventos de um conto de fada acontecem nas mais baixas camadas da população, quer seja em meio a soldados desertores, aleijados, quer seja entre aqueles que, nada tendo para comer, são levados pela pobreza a buscar refúgio nas florestas. Os heróis das histórias ou são pessoas desse tipo ou, então, são de sangue real: barões, condes etc., ou seja, membros das mais altas camadas da população.

O Rei geralmente representa o consciente coletivo dominante. Ele simboliza o conteúdo central do consciente coletivo e, assim, ele tem importância vital para determinado contexto cultural, para dado grupo humano, ou nação, achando-se naturalmente sempre exposto à influência cambiante do inconsciente coletivo.

Um rico Conde não corresponderia exatamente à mesma coisa, pois ele não representa a atitude dominante, mas, pode-se, dizer, somente uma parte dela. De modo geral, ele não representaria tanto uma atitude central consciente predominante no grupo, quanto o modelo, ou estilo, de uma "boa conduta" generalizada. Ora, num país de ordem ou sociedade aristocrática, o povo encara os condes e gente semelhante como superiores, os quais devem servir de modelos de comportamento — personagens a cujos moldes o próprio povo poderia se adaptar. Na Inglaterra, o ideal de cavalheiro tem que ser mantido vivo por aqueles que pretendem ser cavalheiros. Na Espanha, existem os magnatas, nobres que observam as mais minuciosas regras de comportamento e de honra em relação às mulheres e a tudo o mais, constituindo-se numa espécie de ideia nacional do que seja o homem nobre, o modelo de conduta: o Dom Quixote, por exemplo. Esse Conde representa, portanto, tal ideal, se bem que atue de maneira inusitada: em lugar de seguir o costume e casar-se por dinheiro, ou para locupletar de ouro seu brasão, ele deixa de se casar com alguma rica americana para esposar uma pobre camponesa. Consequentemente, revela-se capaz de atender a um sentimento individual e não unicamente às injunções sociais e convencionais. Consegue seguir os ditames de seu coração em lugar de ater-se às regras coletivas. Esta é provavelmente a razão por ter sido agraciado com aqueles dois maravilhosos filhos com estrela na testa, assim como talvez seja essa mesma a razão de não ter sido excluído do quaternário, nele permanecendo juntamente com a esposa e os filhos miraculosos. Isso demonstra que o Conde não precisa ser renovado nem removido como o velho Rei, pois não há nada de errado com ele, ao contrário do que ocorre em tantos contos de fada que no final da história o velho Rei é retirado ou deposto, sendo substituído pelo filho. Aqui o contexto central está correto e portanto não muda, provavelmente pelo fato de esse Conde ter um relacionamento correto e normal, humano e afetivo com o princípio feminino.

É uma guerra externa que vem separar o Conde de sua família e trazer à baila o mordomo. Faz-se porém necessário colocar aqui uma indagação, pois deve haver algo de errado no primeiro contexto familial completo, pois esse Conde não apresenta sequer um bom instinto humano ao apoiar-se totalmente no mordomo e a ele confiar sua própria esposa e tudo mais, enquanto se encontrava ausente. Ele devia ser mesmo muito carente de certo discernimento humano e, como sabemos, são justamente as pessoas que psicologicamente pouco conhecem da própria sombra e de seu lado sombrio as que têm mais probabilidade de se tornarem vítima de influências maléficas.

Quando a pessoa conhece todas as possibilidades do mal contidas em si mesma, desenvolve uma espécie de segunda visão, ou seja, a capacidade de farejar a mesma coisa nos outros. Uma mulher ciumenta que se apercebe do próprio ciúme sempre o haverá de reconhecer nos olhos de outra. Portanto, a única maneira de não se andar pelo mundo qual inocente tolo, bem educado, protegido por pai e mãe contra todos os males existentes e, consequentemente, iludido, enganado, dando ouvidos a mentiras e sendo roubado a cada esquina, consiste em descer até as profundezas do próprio mal, o que em geral torna possível desenvolver um reconhecimento instintivo dos correspondentes elementos entrevistas noutras pessoas.

Assim, não importa o que a princípio se diga desse perfeito Conde, certo é ser ele um tolo simplório, primeiro por ter um tal mordomo, e segundo, porque quando este lhe escreve caluniando sua esposa, ele, ingenuamente, acredita em tudo. Nem sequer pensa em primeiro escrever à mulher contando-lhe ter ouvido coisas terríveis a seu respeito e perguntar-lhe o que ela teria a dizer sobre o assunto, mas logo se deixa cair na armadilha. Então pode-se mesmo dizer que ele parece ser um cavalheiro nobre, uma figura-modelo de comportamento humano sociocultural que estaria muito bem não fosse por sua espantosa falta de percepção instintiva da situação real. Assim pode-se entender a razão por que, no final da história, ele se sente seguro em poder contar com o papagaio, que possui todo o conhecimento que lhe falta. Dessa forma, se examinarmos o que acontece na história, iremos constatar que tudo está certo, exceto que as pessoas se encontram fora de contato com a realidade e nada sabemos do que se passa. Elas são tolas e alienadas do mundo, e afinal passam a contar com uma criatura demoníaca, bem duvidosa e malvada, pois o papagaio não é assim tão belo quanto sugere sua branca plumagem, muito embora venha, daí em diante, a poupar-lhes trabalho. Sua integração é essencial e toda a história se movimenta em direção a essa meta.

Como todos sabem, Cristo advertiu seus discípulos a serem sábios como serpentes, e isso é geralmente esquecido; a cada dia a chuva cai sobre justos e injustos, mas principalmente sobre os justos, porque os injustos lhes roubam os guarda-chuvas!...

Se pensarmos um pouco na civilização espanhola, e se considerarmos o fato de ter sido a Espanha que deu origem a Dom Quixote e sua famosa história, verificaremos que esse problema de cavaleiro puro e perfeito, fora de contato com os problemas da realidade é, realmente, um problema espanhol, ou pelo menos é problema da aristocracia espanhola.

Quanto ao mordomo, ele talvez não seja tão diabólico ou malvado quanto a princípio parece, porque simplesmente se enamorou da solitária e muito linda Condessa, fato muito humano, bem humano. É apenas sua paixão que o arrebata, todos os seus ulteriores feitos malévolos decorrem do seu primeiro passo errado que foi o de se enamorar e tentar seduzir a Condessa, e de sua raiva ao ver-se repelido. No entanto, ele mesmo não se atreve a matar as crianças. A princípio, arrastado por uma paixão erótica, vê-se depois forçado a disfarçá-la, e assim vai se adentrando cada vez mais no seu lado sombrio. É sua natureza apaixonada que o leva a toda espécie de dificuldades. Isso, como sabemos, também é problema dos países latinos do extremo sul da Europa, onde a paixão erótica é muito forte, conseguindo facilmente varrer do homem os seus ideais de comportamento consciente. A sombra não integrada da paixão sexual nos homens em posição de mando é que abre portas à influência obscura do lado sombrio do arquétipo-mãe.

Sabemos que em todos os países euro-latinos do sul o arquétipo da Grande-Mãe ainda hoje se encontra bem mais vivo do que na região dos países nórdicos. Ela desempenha papel importante nos antecedentes culturais e no inconsciente dos atuais povos daqueles países que ainda se encontram sob seu domínio, visto ter sido ela o arquétipo predominante na civilização mediterrânea, muito antes do cristianismo. Nas civilizações de predominância matriarca! a impulsividade animal dos homens é tolerada e cultivada em proporção bem maior que na vida das sociedades patriarcais.

Na maioria das sociedades patriarcais, que são geralmente as que possuem um ideal de lealdade e um objetivo espiritual, é comum existirem iniciações e regras tendentes a domesticar e a superar a impulsividade animal e sexual do homem por meio da autodisciplina militar, uma vez que aqueles impulsos contrariam toda ordem espiritual, bem como contrapõem-se a toda organização militar e a todas as instituições concebidas pelo Logos masculino. Nas civilizações em que o elemento feminino predomina mais, o ideal militar de autodisciplina geralmente não é tão predominante, havendo, portanto, menor repressão a tais impulsos. Por outro lado, porém, isso também se torna problema, pois surge o mesmo tipo de perturbação que vamos encontrar nessa história e que é, por exemplo, a razão por que o espanhol é o último dos povos europeus a necessitar de touradas para, simbolicamente, expressar a superação da impulsividade sexual por meio da autodisciplina.

Como Jung certa vez explicou, os povos do norte da Europa não precisam mais de touradas. Quando muito, seus homens precisariam, isso sim, reanimar os touros, alimentando-os bem com a forragem de gordas pastagens e mostrar-se bem bondosos para com eles, uma vez que — como humoristicamente observou — estamos na era das poltronas confortáveis, na qual os homens têm preguiça até mesmo de tocar guitarra à janela das moças! Na Espanha, entretanto, a tourada ainda não foi abolida, e o grande feito simbólico da arte de autodisciplina, que o toreador necessita para cumprir sua tarefa de sobrepujar o touro, parece ainda possuir grande significado. No sul da França, embora haja touradas, os touros não são mortos. Na Espanha essa prática vai entrando em declínio, mas ainda não ficou decidido se vão acabar com ela ou não. Chegou-se, ao que parece, a uma situação em que a referida prática já não contém nenhum significado simbólico, o que faz todas as outras críticas quanto ao fato de se constituir esse um ato de crueldade, odioso e tudo o mais, prevalecer contra o entusiasmo que até então se apoderava do povo ao assistir a tais façanhas.

Na presente história constatamos quão vivo ainda se encontra tal problema na Espanha, pois o mordomo, a partir do momento que se enamora da Condessa e é por ela repelido, passa a fazer toda espécie de atos maldosos. Bem característico é o fato de ele evocar a bela projeção da sombra, isto é, a alegação da Condessa ter tido um caso com um negro, dando à luz filhos mestiços, sendo o negro o símbolo mais propício à projeção do lado sombrio. O mordomo inventa um negro que nunca existiu para lançar sobre ele sua própria culpa. O aparecimento de um figurante-sombra representado por um negro é coisa típica dos contos de fada espanhóis, por causa da violenta invasão de árabes e mouros ocorrida na Idade Média, e por ter acontecido com os espanhóis o mesmo que aconteceu com outras sociedades de brancos que projetaram todo o primitivo e obscuro de seu lado sombrio em tais "negros".

O Conde, na sua inocência, ou melhor, em toda a sua estupidez, acredita no mordomo e lhe ordena que mate o negro e as crianças e encarcere a esposa. O mordomo, que não ousa matar as crianças, coloca-as, ao invés disso, numa caixa de vidro que lança ao rio. A partir de histórias como a de Sargon, Moisés e Ramsés III, esse mito da criança miraculosa, que em lugar de ser morta é lançada ao rio dentro de uma caixa de vidro, vem sendo repetidamente contada pelo mundo através de inumeráveis relatos. Lembrem-se, por exemplo, do mito de Perseu e de inúmeros contos de fada, como aquele de "Os três cabelos do Diabo", nos contos de Grimm. Caso desejem uma relação completa desse tema, consultem o livro de Otto Rank (infelizmente, em alemão): *Der Mythus von der Geburt des Helden* (O mito do nascimento do herói), onde se encontram muitas histórias paralelas a essa. As crianças ora são colocadas numa cesta, ora em caixa ou esquife de vidro; outras vezes, são diretamente lançadas à água, expostas aos elementos.

É interessante notar como, psicologicamente, atuam de maneira estranha aqueles que pretendem desvencilhar-se de tais crianças — diríamos mesmo que agem de maneira neurótica, ou seja, ambígua: ao mesmo tempo que buscam destruir, tentam fazer algo para salvar as crianças. A mão esquerda desconhece o que faz a mão direita e acaba por agir ainda melhor que a mão direita. É como se essas pessoas não conseguissem decidir se vão ou não destruir a criança em questão.

Matar, do ponto de vista psicológico, equivale a uma repressão total. É muito comum as pessoas sonharem estar matando alguém ou algum animal, ou mesmo terem sonhos horríveis, que eu creio, todos os meus analisandos tiveram, nos quais algo de morto retorna à vida, ou um cadáver subitamente abre os olhos e se move, e assim por diante. Como se pode perceber, tal conteúdo caracterizado como morto, acha-se tão fora do âmbito da consciência e do campo de percepção de quem sonha, quanto o morto acha-se fora da vida. Poder-se-ia dizer que tal conteúdo está completamente reprimido, na medida em que não pode mais manifestar-se, nem mesmo indiretamente através de sintomas neuróticos ou de qualquer outra forma no âmbito da consciência. Como se sabe, todas as civilizações temem os *revenants*, a volta dos mortos, dos fantasmas; e por isso os *revenants* é um tema psicológico muito difundido, visto que fatores completamente reprimidos, às vezes, saem de suas tumbas e voltam a perseguir as pessoas.

O mordomo é mal sucedido na execução de seu plano. Ele coloca as crianças numa caixa de vidro — eis aí mais outra coisa estranha: por que não colocá-las numa caixa de madeira, bem mais barata e mais fácil de obter? Além do quê, haveria menor chance de as crianças serem pescadas. Naturalmente, colocando-as numa caixa de vidro, onde qualquer pessoa, à distância de 200m poderia vê-las, sua intenção era, de fato, que alguém as retirasse da água. Constata-se novamente a estranha ambiguidade da ação: querer matar as crianças,— e não desejar fazê-lo; Coloca-as, portanto, numa caixa de vidro, para que alguém as encontre. Percebe-se que ele não é inteiramente mau, porque com sua mão esquerda está agindo contra si mesmo.

A caixa de vidro é um tema típico dos contos de fada. Um dos mais famosos é aquele da Branca de Neve colocada no esquife de vidro pelos anões. Por isso é que devemos indagar a razão dessa caixa de vidro, principalmente nessa história que supomos ter surgido por volta do século XV ou XVI, época em que o vidro era ainda muito valioso.

Em certos escritos alquímicos o vidro é comparado a uma substância miraculosa. Por se poder ver através dele como se não existisse matéria, era considerado imaterial (aqui convém que se pense de maneira ingênua, como na época medieval), e assim como o cristal, também era símbolo da matéria espiritual. Além do mais, o vidro tem ainda a grande vantagem de ser isolante, e de conservar o calor dentro de seu ambiente. Por isso é que alquimistas e químicos atribuíam ao vidro tais qualidades miraculosas, permanecendo até hoje como um dos melhores materiais isolantes que existe, razão pela qual nos é tão útil. O vidro também nos isola daquilo que podemos chamar de nossa atividade animal; ele nos separa do que não podemos pegar e, por outro lado, nos dá calor; não se pode constatar através dele, no sentido original de *tangere,* tocar, mas pode-se ver através do vidro. Mentalmente não se está isolado. Pode-se ver praticamente qualquer coisa através dele, sem que nada seja prejudicado, pois é como se não existisse.

O vidro é, portanto, um material que sem nos isolar intelectualmente das coisas isola-nos do contato animal. Por isso é que as pessoas que se sentem emocionalmente isoladas usam a seguinte comparação: "É como se houvesse entre nós uma parede de vidro" — entre mim e ele, ou entre mim e o que me cerca. Isso significa: "Vejo perfeitamente o que se passa, consigo conversar com as pessoas, mas o calor do contato animal e afetivo está isolado por uma parede de vidro". Costuma-se dizer de uma pessoa que tenta um comportamento indiferente, ou de uma mulher que pareça estar envolta numa parede de vidro: "Você não vai conseguir se aproximar dela". Pode-se ter uma discussão intelectual com tais pessoas, mas não se pode sequer conceber a existência de um contato caloroso porque a isso se antepõe a tal parede de vidro.

Desse modo, as crianças se veem, então, em situação de ficarem isoladas do plano de contato humano e lançadas à água. Ser lançado à água é ser entregue ao destino — a pessoa pode ser levada para qualquer lugar: arrebatada e destruída, ou arrebatada e salva; fica entregue ao fluxo da vida. Aqui também a atitude do mordomo é estranha, pois ele poderia tê-las enterrado no caixão de vidro! No entanto, como Pilatos, ele lava as mãos de toda culpa! Argumenta: "Bem, se eu os lanço na água, já não me cabe responsabilidade alguma no que lhes acontecer". A torrente da vida naturalmente sustenta as crianças, conduzindo-as às mãos de quem as salva.

Até agora conseguimos interpretar a história sem precisarmos discutir o significado das crianças. Provavelmente vocês já notaram que circundei o assunto, pois torna-se mais fácil compreender o significado de um personagem quando se pode enxergar o papel que ele desempenha dentro da história. Ora, o próprio fato de essas crianças serem atiradas à água já estabelece paralelo entre elas e os muitos heróis, mitológicos e religiosos, de diferentes civilizações. Embora elas não realizem quaisquer feitos heroicos na primeira parte da história, podemos afirmar que são comparáveis aos heróis de outros mitos, que também nasceram de modo miraculoso e também foram expostos a acontecimentos semelhantes.

Além disso, as duas crianças trazem uma estrela na testa, outro sinal típico do herói. A maioria dos heróis míticos, ou pelo menos grande parte deles, traz sinais de nascença que são indício de que seus portadores irão ter um destino especial e incomum. Alguns trazem na fronte uma lua, ou algum sinal oculto em determinada parte do corpo, ou então são portadores de alguma deformação, como Édipo, por exemplo, ou alguns dentre eles podem trazer leve defeito que os distingue como personagem invulgar. No caso da estrela em questão, pode-se ter certeza de que ela é sempre indício de destino individual especial ou escolhido. O santo suíço, Nicolau de Filie, quando ainda se encontrava no ventre materno, segundo a lenda, viu uma estrela e durante sua vida sempre se referia a isso, dizendo que a ele cabia trazer luz à escuridão de sua época. Compreendera claramente sua visão.

No Egito, por exemplo, o Rei (e posteriormente também o povo comum) possuía diversas almas. Uma, a *Ka*, consistia em vitalidade herdada, em potência sexual e inteligência. A outra, a *Ba*, era a parte imortal, a individualidade pré-consciente e que sobrevive depois da morte. Pois a *Ba*, hieroglificamente, tanto é representada por um pássaro como por uma estrela. Aqui, portanto, a estrela também representa o núcleo imortal, específico e individual da personalidade. Como observa o professor Jacobsohn, em seus comentários sobre "Fatigado Homem do Mundo com sua Ba", a alma *Ba* não é exatamente idêntica ao que atualmente chamamos de SELF, porque este contém também elementos que nós hoje atribuímos à personalidade consciente. Tal coisa se deve ao fato de que, se recuarmos 4.000 anos (o que é necessário para compreender aquele escrito), vamos constatar que muito do que hoje atribuímos ao ego pessoal e ao ego consciente, naquela época ainda fazia parte do que agora denominamos "self".

No tempo dos romanos, todo homem possuía seu *genius*, assim como toda mulher romana tinha sua *juno*, espécie de demônio protetor. O *genius* era representado por um jovem e brilhante dançarino trazendo uma cornucópia repleta de frutos, a quem cada romano, no dia de seu nascimento, oferecia um sacrifício em prol de seu próprio bem-estar. Ora, era esse *genius* quem fazia com que a pessoa se sentisse bem, saudável, com capacidade para beber bastante sem ficar bêbado. Não somente fazia com que o homem se mantivesse potente e vital, como também lhe inspirava ideias brilhantes e boas. Caso, por exemplo, uma pessoa se visse metida numa encrenca e de repente lhe ocorresse a ideia de como livrar-se, não precisava se envaidecer como nós o fazemos, congratulando-se consigo mesma por ter sido tão esperta; deveria, antes, agradecer a seu *genius* por lhe haver colocado na cabeça o germe da boa ideia. Posteriormente, tal *genius* passou a ser chamado de "estrela" do homem.

Por aí se pode ver que, desde a época dos romanos, muita coisa do que agora tendemos a considerar como parte da personalidade consciente era ainda atribuída ao núcleo inconsciente. Nosso ego, evoluindo cada vez mais, foi assimilando muitos dos elementos que, em épocas anteriores, os seres humanos ainda sentiam como sendo parte autônoma da personalidade inconsciente. Portanto, é necessário sermos sempre muito cautelosos para não aplicarmos impensada e irrefletidamente termos tais como Ego, Si-mesmo etc., a materiais historicamente antigos. Devemos sempre nos lembrar de que a situação da época era completamente diferente. Não podemos simplesmente aplicar nossos conceitos àquelas épocas, a não ser *cum grano salis*, ou seja, com certas restrições e adendos. Consequentemente, pode-se afirmar que a estrela, ou a alma *Ba*, que no Egito era representada por uma estrela, representa o que chamamos de *Self* e, também, uma parte do que hoje chamaríamos de individualidade consciente de uma pessoa.

Na Idade Média, o símbolo da estrela representava personalidades notáveis. Cristo, por exemplo, era frequentemente cognominado de Estrela da Manhã, até mesmo mais vezes do que chamado de Sol, enquanto as personalidades eclesiásticas eram também chamadas de estrelas que rodeiam o Sol (o Cristo). Em muitos textos as estrelas são assim interpretadas, demonstrando que a velha ideia egípcia da personalidade carismática e notável ainda sobrevive nas novas formas culturais. Como se sabe, os imperadores romanos ao morrerem eram transformados em estrelas. Quando algum deles se achava agonizante, todos os astrônomos romanos perscrutavam o céu em busca da nova estrela que iria representar a alma-estrela do imperador e que surgiria nesta ou naquela constelação no mesmo instante em que ele deixasse a terra.

A estrela possui ainda outra estranha qualidade. Em astrologia, as constelações de estrelas (não uma só, mas constelações delas) eram utilizadas para definir a essência de uma personalidade. Um mapa astrológico consiste em um certo arranjo de estrelas com uma posição específica, sendo considerado como a expressão da essência da personalidade individual e sendo lido dessa maneira.

Essa maneira de pensar também pode ser encontrada na China, onde o momento e o lugar, isto é, o ponto contínuo espaço-tempo em que um ser humano aparece na terra, era considerado simultaneamente como sendo a expressão da essência individual de sua personalidade. Houve na China um famoso sábio sobre cujo nascimento existiam duas lendas. Esse herói nascera dentro de certa família famosa e todos os advinhas tinham-se reunido para descobrirem qual o grande ancestral que nele renascera. De acordo com uma das histórias, um dos adivinhos disse o nome do ancestral e, como todos julgaram-no certo, ao recém-nascido foi prescrito que usasse o número 8, e que a ele fossem sacrificadas só lebres e não galinhas etc. Havia toda uma etiqueta especificamente relacionada a tal número. Segundo outra lenda, exatamente paralela, o advinho não desvenda o nome, mas encontra justamente o ponto no *continuum* espaço-tempo em que o indivíduo nascera, ponto esse que correspondia igualmente à expressão de seu ser. Toda a etiqueta de seu nascimento, seu nome e tudo o mais dependiam disso. Assim, segundo o pensamento chinês, o exato momento em que um ser humano ingressa no mundo é símbolo da sua essência.

Jung tentou exemplificar isso dizendo que, se nós realmente somos conhecedores de vinho, então, podemos prová-lo e dizer: "1952, provindo da encosta norte, ou sul, de tal e tal lugar". E, como se sabe, os bons provadores de vinho são capazes de fazer exatamente isso. No entanto, não é só o vinho que traz em si a qualidade inerente ao momento e ao lugar em que vêm à existência, pois também nós trazemos, por assim dizer, algo dessa qualidade que, até certo ponto, exprime nosso ser. Por terem sido consideradas indicadoras de configurações de espaço e tempo, as estrelas também são indicadoras da essência individual do ser humano. Não se pode separar essa ideia, a de um ser humano especial anunciado por uma estrela ou por ela marcado, do conceito astrológico que, naturalmente, prevalecia naqueles tempos mais antigos. O mesmo ocorre com a Estrela de Belém.

As crianças são, portanto, caracterizadas como advento de personalidades notáveis, o que chamaríamos de símbolo do *Self*. No momento, não posso estender-me mais na interpretação detalhada de tal significado, mas devo reportá-los aos comentários de Jung sobre "A Criança Divina", onde encontrarão extensiva explanação sobre a criança-símbolo do *Self*.

É importante que se note a natureza específica de um símbolo do *Self,* pois, como se sabe, a esfera de ouro, uma estrela, um cristal, uma árvore, um objeto circular, todos são símbolos do *Self*. Por isso parece-me sempre fundamental que se indague qual o significado do *Self* ao ser representado por uma criança, visto que ele poderia, por exemplo, ser representado por um objeto inanimado, ou por algum animal benéfico ou que tais. Por que teria sido esse o símbolo especificamente escolhido pelo inconsciente?

No símbolo da criança, está implícito o elemento juventude. O futuro inteiro se descortina num reinício de vida, de algo que ainda possui a plenitude de um novo começo, em toda a sua inexaurível riqueza de possibilidades. A criança, geralmente, ainda possui esse espírito de veracidade que nós tendemos a perder por influência da educação. Ela ainda é capaz de dizer: "Vovozinha, você está velha, quando é que você vai morrer?" E coisas desse tipo, assim desinibidas, que por isso mesmo expressam absoluta espontaneidade e franqueza de personalidade, justificando o provérbio que afirma serem as crianças e os tolos aqueles que sempre falam a verdade. Elas são simplesmente elas mesmas, absolutamente sinceras, pelo menos enquanto são infantis e, por conseguinte, num adulto o símbolo da criança sugere essa misteriosa capacidade que nós às vezes percebemos em nós mesmos, embora sem nunca sabermos se estamos certos ou errados.

Vocês devem conhecer aquelas situações em que às vezes tudo parece sem remédio, quando repentinamente as palavras quase que nos saltam da boca e, então, nos vemos forçados a dizer algo, sem nem mesmo saber se estamos fazendo papel de *enfant térrible,* se é a própria sombra que nos está querendo criar empecilhos, se vamos ter que engolir a tal ideia a qualquer custo, ou ainda, se vamos ser impelidos a falar! Aí então, só resta falar e assim salvar a situação, fazendo com que tudo retorne a seu devido lugar. Tremendo de medo, você fala e constata ter dito justamente a coisa certa! A única coisa que você então consegue afirmar é que a ideia não foi sua, mas que simplesmente lhe veio à boca, fazendo com que você sentisse ter de dizer aquilo, sem nem mesmo saber por quê! Pois é isso que dá medo, ou seja, o fato de o símbolo da criança não somente representar a capacidade que tem o *Self* para acertar na mosca, pela simples verdade, que põe tudo às claras, como também por ainda representar ele uma sombra infantil — sem que nunca se saiba do que se trata, se é de uma sombra infantil, se um desejo da pessoa se comportar como um *enfant-térrible,* ou se é o *Self* que está querendo que a pessoa diga uma palavra sincera, fazendo com que a verdade aflore por intermédio dela. Tal é a situação em que fatalmente nos vemos metidos quando o símbolo da criança, ou seu arquétipo, emerge em nós, querendo interferir na situação.

Existe um famoso *Zen Ko'an** referente a um monastério Zen-budista onde os monges brigavam pela posse de um gato. Havia dois grupos, digamos os monges da cozinha versus os demais, pretendendo ambos serem donos do gato. Os monges chegaram a ficar tão fora de si que em lugar de cuidarem de meditar e buscar a "mente de Buda", nada mais faziam senão brigar por causa do gato. Então, o Abade considerou necessário dar fim a tanta discussão e para isso reuniu todos os monges. Agarrando o gato, tomou

---

*Zen Ko'an: apólogo do Zen Budismo. (N.T.)

de uma espada e disse que alguém deveria dizer ou fazer algo que o salvasse, caso contrário, ele o mataria. Mas, ninguém fez coisa alguma, e ele, então, matou sumariamente o animal, dando fim ao perturbador complexo. Mais tarde, tendo o seu discípulo preferido regressado da aldeia aonde fora fazer compras, o Abade lhe perguntou o que teria ele feito. O discípulo, tirando as sandálias colocou-as sobre a cabeça, e o Abade exclamou: "Você teria salvo o gato!"

Esta é apenas uma dentre as incontáveis leituras de *Ko'ans* budistas que têm como objetivo exprimir a atuação desse *Self* criança. É a espontaneidade autêntica, a capacidade de fazer a coisa certa. Os sapatos representam o ponto de vista de afirmação; basta simplesmente que você reverta seu ponto de vista para que o gato não mais importe, nem constitua problema, pois você abre mão da pretensão do seu próprio ego. Se todos os monges tivessem aberto mão da pretensão de seus egos, o gato não mais teria importância. Era somente na "mente ilusória" de seus egos que este gato realmente existia, então era necessário que eles houvessem invertido aquele ponto de vista para que o gato tivesse sido salvo. O discípulo, porém, expressou aquilo tudo não em palavras mas por meio do mais simples, imediato e sincero gesto, que o Abade entendeu imediatamente.

A criança é isso, essa capacidade absolutamente espontânea, que há na pessoa, de salvar uma situação. Numa discussão, por exemplo, na qual você sente que as coisas vão mal e que algo poderia ser feito desde que você tivesse a ideia certa, porém, quanto mais você se concentra nisso com seu ego, tanto mais você se vê bloqueado! Geralmente, quanto mais se pretende dizer a coisa certa, tanto mais confuso se fica. Mas, se pela graça de Deus a pessoa se encontra no Tao, isto é, em posição justa, a criança existente nela achará a expressão exata ou fará a coisa certa.

Num dos seus mais recentes livros, Laurens van der Post se refere a uma situação pela qual passou quando estava num campo de concentração japonês. Vinha ocorrendo ali um terrível conflito e já se previa grande número de execuções. De repente, um dos prisioneiros que estava ao lado de Van der Post, um homem que já havia sido torturado e que se achava muito doente, declarou-lhe, com brilho nos olhos, achar-se prestes a cometer uma ação salvadora. Os demais não tinham a mínima ideia do que ele tencionava fazer quando, subitamente, no pior momento, o homem sai da fila de prisioneiros formada no pátio e se encaminha ao Comandante do campo (tamanha era a ousadia que ninguém se atreveu a segurá-lo), e então ele lhe dá um beijo! Do ponto de vista dos japoneses, aquilo constituía um insulto tão vil, e para os ocidentais uma coisa tão chocante, que todos ficaram paralisados de espanto. Toda discussão cessou, os prisioneiros retornaram a suas celas, os oficiais a seus postos. Quanto ao homem, pagou o insulto com a própria vida, mas salvou a situação, sendo que, mais tarde, o oficial japonês guardou um chumaço dos cabelos dele a fim de oferecê-lo no templo de seus ancestrais, quando retornasse ao lar, demonstrando assim o profundo respeito que sentia por alguém que tivera a genialidade de cometer um ato tão idiota, tão infantil, tão louco e, no entanto, tão redentor, num momento tão crucial.

Foi tudo inspiração da criança divina. Algo que jamais poderia ter sido planificado. Mesmo que se tivesse decidido fazer algo de imprudente e tolo a fim de mudar o eixo, ou o pivô da situação humana, jamais se teria concebido tal coisa. No entanto, um *abaissement du niveau mental* (um rebaixamento do nível mental), num homem que já se encontrava enfermo, fê-lo, inspirado pelo inconsciente, realizar aquela ideia, que ele considerava um gesto de amor, um gesto de reconciliação. Embora não tendo sido assim interpretada e compreendida, deu certo, salvando a vida de várias pessoas.

É por isso que existem tantos mitos em que a criança divina caminha em meio de leões e tigres. Tigres e leões são emoções negativas e destrutivas. Geralmente quando ocorrem situações humanas destrutivas é porque a emoção destrutiva se acha acumulada e, então, ninguém consegue sair da situação. Mas existe o mito da criança que põe a mão no leão ou acaricia uma cobra, e isso quer dizer que algo deixou de ser presa da emoção negativa, algo que continua a ser legítimo e espontâneo e que, portanto, pode agir redentoramente. Há casos e mais casos de situações humanas em que somente uma ação desse tipo pode salvar. Todos nós trazemos isso conosco, e às vezes, basta que o reconheçamos para que nos vejamos a salvo, ou para que voltemos a encontrar o justo caminho; e é esta a razão de ser a criança um símbolo do *Self.* Na interpretação dos sonhos, porém, o problema reside no fato de a criança frequentemente ser símbolo da sombra infantil, algo que às vezes precisa até mesmo ser sacrificialmente trucidada, ou então criada com muita severidade.

Quanto a nossa história, não há dúvidas, pois o sinal das estrelas caracteriza claramente as crianças como um aspecto do *Self* e não como parte infantil da personalidade, ou algo do gênero. Podemos, portanto, considerá-las aqui como esse núcleo de espontaneidade, o âmago do ser vivente genuíno, a quem ocorrem as ideias justas e salvadoras. É isso que a criança representa aqui, além de simbolizar, naturalmente, a renovação da vida.

Há nesta história um irmão e uma irmã. Na mitologia elaborada, bem como nos escritos alquímicos, a criança divina, às vezes, é caracterizada com um hermafrodita. Isso porém jamais ocorreria num conto de fada, onde nunca aparecem figuras assim tão "perversas". Em lugar de um hermafrodita como símbolo característico da união dos opostos, inclusive dos opostos macho e fêmea, é frequente figurar nos contos de fada um casal de irmãos, o irmão e a irmãzinha que juntos formam a totalidade hermafrodita do *Self.* Eles representam a integração em seu aspecto masculino-feminino. Apesar disso, nós não podemos considerá-los apenas como um dúplice aspecto, masculino e feminino, de uma só coisa, porque em fase ulterior de nossa história eles de fato se dividem e, influenciada pela feiticeira, a irmãzinha acaba por agir destrutivamente contra o irmão. Ela o impele três vezes para a morte, embora depois o socorra, pois na quarta vez é ela mesma quem vai capturar o papagaio. Assim, depois de quase matar o irmão acaba por salvar-lhe a vida. Por conseguinte, ela tem um relacionamento ambíguo com a figura masculina, que embora atue de maneira heroica, faz o que lhe é dito para fazer, como um tolo, provavelmente como o pai, e acaba por cometer um erro. A menina é mais inteligente, mas também mais próxima do mal, pois atende às insinuações da feiticeira.

Devemos, portanto, encarar esse casal de crianças de maneira mais diferenciada e dizer que, como um todo, elas são símbolo de renovação de vida, de uma nova personalidade; mas que o lado feminino parece achar-se mais próximo da obscuridade e do princípio do mal, que é um tanto rejeitado pela atitude predominante. Na casa do Conde sabemos que o mal não é suficientemente levado a sério, e na menina existe um elemento capacitado a constatar o lado escuro e até mesmo capaz de solucionar toda a situação no final. Não fosse a menininha, nossa história teria um resultado inteiramente errôneo. Podemos observar aqui um aspecto geral da mitologia cristã onde, desde o início, a partir de Eva e da serpente do Paraíso, pensou-se que o elemento feminino estivesse mais próximo do lado sombrio da vida, mais próximo do mal e mais vulnerável às inspirações maléficas. No entanto, desde que o mito da Virgem Maria se espalhou, o feminino também se tornou símbolo da salvação. Assim é que em muitos dos hinos à Virgem Maria se declara ter ela corrigido os erros de sua irmã Eva, ou então, diz-se que Eva trouxe ao mundo a morte e o pecado, enquanto Maria dela nos salvou, dando à luz o Salvador. Portanto, pelo menos em nossa civilização, o elemento feminino é visto, de certa forma, mais próximo do aspecto sombrio e maléfico, embora seja visto também, algumas vezes, como um elemento redentor. A Virgem Maria é responsável, por exemplo, pelo fato de Deus se ter tornado homem, então, se se considerar isso uma deterioração — não que assim seja considerado, mas poderia sê-lo — pode-se dizer que ela, exatamente pelo fato de ter trazido Deus ao domínio humano, trouxe a salvação. Por conseguinte, o elemento feminino é considerado, seja por bem ou por mal, como mais próximo do elemento humano, como mais próximo do que é menos espiritual, menos absoluto.

Na Idade Média, a Virgem Maria era considerada como sendo especialmente afável para com os pecadores, colocando-os sob seu manto. Quando Deus se mostrava um tanto severo demais e queria condená-los, ela simplesmente lançava seu manto sobre eles, dizendo: "Acontece que eles são meus filhos". Assim ela os protegia do aspecto maléfico e vingativo de Deus. Maria é humana, por demais humana, podendo por isso mesmo ser um pouco mais compreensiva quando erramos. Ela não se acha tão distante de nós, e consegue encarar as coisas de maneira relativa, razão pela qual intervém sempre com uma boa palavra a nosso favor. Diz a Deus: "Ora, tu não podes ser assim tão severo com aqueles antropóides lá da terra!" Essa é a imagem típica do elemento feminino como reconciliador do divino com o humano, do espiritual com o terreno, do bem com o mal.

Como vocês sabem, as mulheres sempre arrazoam por exceções e não acreditam em regras. Se chegam a estabelecê-las ou a acreditar nelas, isso se deve ao *animus*. Por si próprias, elas sempre acham que o que pensam é o certo, sem jamais se preocuparem quanto a haver ou não regras para isso. Essa é a tendência mais natural da mulher. A seguinte história de Anatole France exemplifica bem a natureza feminina:

Era uma vez um santo muito míope, que foi para uma ilha cujo povo ele queria converter e onde, para sua alegria, todos acorreram à praia vestidos com suas melhores roupas — todos de fraque e camisa branca — dando-lhe a entender que estavam ansiosos por serem batizados. Mas o santo, um tanto tímido, não querendo aproximar-se muito — provavelmente por ter esquecido os óculos — ali mesmo, do próprio barco, batizou a todos, mantendo certa distância; acontece porém que, infelizmente, eram todos pinguins... Por causa disso estabeleceu-se no Céu uma terrível discussão, pois todo aquele que recebe batismo tem alma imortal e portanto tem direito a ser admitido no Céu e, agora, segundo as próprias regras masculinamente estabelecidas, os pinguins teriam de ser admitidos! Mas isso, por sua vez, era contrário a uma outra regra segundo a qual não era permitido que os animais tivessem iguais direitos no Céu. E então, que fazer? Recorreu-se a todos os especialistas em leis canônicas, a todos os santos, a toda gente e até a Deus Pai. Afinal, este teve a ideia de recomendar que fossem perguntar a Santa Catarina de Sena. Após ter ouvido a história, ela simplesmente abanou a cabeça, dizendo: *Mais c'est bien simples, donnez-leur une âme, mais une petite!* (Mas é muito simples, deem-lhes uma alma, mas uma pequenina). Aí está a maneira feminina de pensar, e de resolver problemas impossíveis!

Como estão lembrados, nós de início constatamos existirem três quaternários no decorrer da história. Podemos também estabelecer quatro "estágios", tanto para demonstrar um padrão-espaço como um padrão-tempo. No primeiro "estágio", há um leão, lá onde a água da vida pode ser colhida para formar a fonte que brota no quintal. No segundo "estágio" está a serpente sob a árvore das bolotas de ouro e prata. Depois vem o papagaio, que é ao mesmo tempo o terceiro e o quarto estágios, porque de início trouxe destruição para o menino e depois vida e solução para a menina; ele desempenha, portanto, uma dupla função, agindo duas vezes como "estágio", no decorrer do conto. As crianças vão a ele duas vezes, primeiro o menino que é destruído, e depois a menina que põe tudo em ordem. Daí em diante, a feiticeira desaparece, e o fator "dirigente", ou seja, aquele que leva avante a ação, passa a ser o papagaio, pois é ele que aconselha o Conde a tirar a mulher da prisão e a investigar o que há com as crianças; desde então, é ele quem dirige e quem murmura ao ouvido das pessoas os conselhos, o que resulta na restauração do quaternário original (Conde, Condessa e as duas crianças). Já agora, o quaternário é centralizado e dirigido pelo papagaio, pois que a última frase do conto indica o verdadeiro resultado da história: "e eles nunca mais se separaram do papagaio". Daí em diante, o quaternário está seguro e nunca pode vir a ser seccionado, como o foi o primeiro, porque o papagaio, que é uma espécie de espírito de verdade, olhará por ele.

Dentro desse esquema, existe a princípio um quaternário humano (o do pescador, sua mulher e as duas crianças) que é seccionado pela morte e pelo mordomo através da feiticeira. O terceiro, é um quaternário da natureza, formado pelo leão, pela serpente e pelo papagaio, este em sua dúplice função. Nesse estão ausentes os seres humanos, pois trata-se de uma mandala natural; e vocês vão notar que ela tem muito a ver com o simbolismo alquímico. Portanto, os dois quaternários humanos são, por assim dizer, puxados para baixo até chegarem à mandala natural, não humana, para em seguida se renovarem, porém, trazendo em si um pouco de natureza do espírito animal. Antes, eles contavam apenas com o espírito maléfico do mordomo para guiá-los, agora, porém, são dirigidos pelo papagaio branco.

Assim, as crianças são lançadas à água e passam a viver com os pescadores, os quais não deveriam achar-se no limiar do consciente coletivo por estarem em camada mais baixa da população ou, por assim dizer, mais à sombra, mais perto da natureza. Tal fase permanece inteiramente encoberta, é o mistério oculto do qual nada se conhece, sendo necessária uma viagem perigosa para se chegar até lá, daí se retorna ao limiar da consciência coletiva, porém já trazendo o novo elemento em forma de papagaio.

É este o ritmo estrutural da história. Uma vez traçado o esquema, poder-se-á praticamente ver-lhe o significado. Ao que parece, é como se o modelo de comportamento perfeito estivesse demasiadamente apartado da natureza, como se toda essa série de eventos levasse a uma integração relativa e parcial da natureza. Digo relativa e parcial, esperando que vocês aceitem isso, por enquanto, sem que saibam o porquê, mas posteriormente abordarei a versão pérsica ou iraniana, quando vocês poderão constatar em maior profundidade, sendo a integração bem mais completa. Aqui, porém, existem apenas uns arranhões superficiais que não chegam a revelar o todo, mas somente uma parte.

Existe uma espécie de espírito de ação que impulsiona a história. No primeiro quaternário, ele é representado pela sombra de um homem mau; no segundo, representa-o a feiticeira, e depois, nos dois últimos estágios, o papagaio, havendo portanto uma espécie de transformação do fator dirigente. Poder-se-ia dizer que, a princípio, o fator dirigente é inteiramente maléfico, até surgir um que se opõe — o velho sábio age contrariamente à feiticeira, ou seja, um fator positivo se contrapõe a um negativo. Um diz, vai e faz isso, para que as crianças sejam destruídas; enquanto o outro diz o que fazer para que elas sejam salvas. A libido que estimula a ação assume, paulatinamente, um outro caráter; a princípio parece ser puramente negativa, depois ambivalente, e por fim positiva. Verifica-se, portanto, nessa história aparentemente ingênua, a existência de uma estrutura muito sutil.

Pergunta: Mas a história não acaba assim, não é mesmo? Seria estável essa quaternidade?

— Bem... por assim dizer, ela é *relativamente* estável, pois o papagaio é muito inteligente; ele é o espírito da verdade e a gente percebe que, caso apareça um outro mordomo a tentar novas artimanhas, ele desde logo o impedirá. Percebe-se, assim, que o último grupo de quatro pessoas acha-se mais seguro, pois conta com uma espécie de espírito de experiência e sabedoria de vida que está junto dele e que, até certo ponto, deverá protegê-lo. Mas, assim como *você* se sente um tanto em dúvida quanto a esse último quaternário, também eu me sinto!

Pergunta: Seria a presença do elemento sombrio do papagaio que faz com que esse quaternário não seja estável?

— Bem, isso depende, pois, também poder-se-ia dizer que, *justamente pelo fato* de esse papagaio incluir o mal, ele é mais estável. Nele se acha integrada certa dose de mal, certa dose de naturalidade que constitui uma proteção contra o mal.

Pergunta: Na primeira quaternidade, foi o elemento sombrio do mordomo que promoveu a transformação; agora, temos o elemento sombrio no papagaio. Eu me pergunto se, com o tempo, não virá ele a fazer o mesmo?

— Sim, com o tempo o papagaio pode vir a mudar. A história não conta, mas sua dúvida tem certa razão de ser; pelo que eu pude perceber nunca houve uma verdadeira solução nos contos de fada. Uma estrutura estável é sempre destruída e substituída por outra estrutura estável relativamente melhor. É como uma melodia eterna, ela termina em uma nota suspensa enquanto se espera que outra recomece. Essa é a razão pela qual os contadores de história do Oriente são levados a contar mais de cinquenta histórias, uma após à outra, em sequência, pois está tudo no inconsciente, nada completamente percebido. Para citar Göethe: *Gestaltung, Umgestaltung, desew'gen Sinnes eivige Unterhaltung* — "Formação e transformação, eterno entretenimento do espírito eterno".

Pode-se dizer que uma estrutura estável só pode ser encontrada num ser humano que a integre; aqui, entretanto, o que se encontra é somente o modelo arquetípico. Trata-se apenas de uma estrutura *relativamente* estável, em contraposição a uma completamente instável. Mas a impressão de que tal quaternidade possa vir a desabar é certa, pois uma nova história pode principiar! E pode começar, por exemplo, assim: era uma vez um Conde, uma Condessa e duas crianças que tinham um papagaio muito querido; o Conde tinha medo de que o papagaio fosse roubado, por isso colocou-o numa gaiola de ouro cuja chave ele guardou debaixo do travesseiro da esposa, mas então um malvado vem da floresta e rouba o papagaio, aí surge um herói etc... Assim, caso você seja um oriental e bom contador de histórias, facilmente se adaptará ao novo ritmo.

De certo modo, é nisso que consistem os contos de fada. Em nossos países só existem reações em cadeia parciais; como, por exemplo, nas histórias em que o herói agarra um peixe, ou uma sereia, ou uma mulher-pássaro, de quem ele destitui a pele animal, obrigando-a em seguida, a desposá-lo. Algum tempo depois, porém, ela reencontra sua pele, ou ele comete o erro de espancá-la ou de chamá-la peixe, ou algo do tipo, o que não poderia ter feito e, então, ela torna a desaparecer. Muitas histórias terminam assim, havendo outras que simplesmente partem daí virando histórias sobre uma busca, ou então, sobre o marido faltoso que sendo abandonado morre de melancolia, ou se mata, ou fica adoentado para o resto da vida, ou ainda passa oito anos peregrinando até o fim do mundo para, então, reencontrar a esposa.

Pode haver, efetivamente, histórias nas quais tenham sido reunidos os dois tipos de história: o da busca e o de sereia ou de noiva-pássaro. Portanto, também nós possuímos tais configurações, mas elas nunca são tão longas quanto as orientais. Mas a tendência para girar sempre em torno do contexto do qual proveio também ocorre no nosso tipo de histórias, porque de certo modo as camadas mais profundas do inconsciente são como uma espécie de onda em permanente movimento que continua pelas profundezas. O contador de histórias é, por assim dizer, apanhado nesse ritmo, tendendo a fazer o mesmo.

No Oriente, o contador de histórias geralmente continua seu relato por todo o dia e as pessoas que vão chegando ouvem-no por certo tempo, deixam algum dinheiro e vão-se embora. Há no entanto gente preguiçosa que fica sentada por ali o dia inteiro, de maneira que ele pode fazer com que a história prossiga sempre, pelo simples acréscimo de um novo trecho, seguindo assim certo ritmo vital. Supõe-se que tal espécie de movimento, que é a do padrão inconsciente dos sonhos, deva continuar durante o dia. Não sonhamos somente à noite, mas provavelmente, mesmo durante o dia temos uma espécie de processo onírico subterrâneo, do qual não nos apercebemos. Cremos que tal coisa acontece porque, às vezes, durante o dia, as pessoas cometem um erro ao falar, mencionando alguém que conheceram aos vinte anos e que esqueceram, enquanto comentam, "que engraçado eu me referir à tia Fulana de

Tal" e então, nessa mesma noite sonham com a tal tia. Ao que parece, essa tia já estava constelada no sonho diurno, pois o erro ocorreu enquanto falavam, embora, até a noite o sonho não pudesse ocorrer a não ser como *lapsus linguae*. Há também gente que simplesmente olhando para o interior de si mesma consegue observar seus "sonhos" diurnos. Pessoas muito intuitivas conseguem provocar em si mesmas uma condição hipnagógica, no momento em que o desejem; e aí então simplesmente olham para dentro e veem o que se passa no inconsciente, embora poucas sejam as que o conseguem.

Ao interpretar o significado das duas crianças marcadas por estrela, mencionei o fato de ser a menina quem traz a solução. Nesse perigoso estágio da história, o menino sucumbe às artimanhas da bruxa e é a menina quem salva a situação — capturando o papagaio e trazendo-o consigo. Não podemos, portanto, considerar as crianças apenas como um símbolo do *Self*, como um símbolo hermafrodita da união dos opostos; existe aí uma leve ênfase que mostra ser o elemento feminino o mais positivo, ou pelo menos que mostra estar ele mais à altura da situação que o elemento masculino. Se, no entanto, considerarmos que, pela estrutura geral, o problema consiste em fazer emergir o espírito da natureza, isso vem confirmar a velha ideia de que o elemento feminino se acha mais próximo do espírito da natureza e por isso ele atua aqui como fator de salvação. Esta é a razão de eu ter contado a história de Anatole France que mostra como a mente feminina consegue pensar por exceções; ela é menos passível de se deixar prender pela trama de suas próprias proibições e normas e por isso mesmo é que se acha de certo modo mais perto da natureza. Jung sempre fez notar que na mente das mulheres existe aquilo que ele chamava de mente natural, uma espécie de displicência, mas também uma veracidade que falta à mente masculina, porém, quando integrada pode ser de grande utilidade. Sei, por exemplo, de certo homem analisado por muito tempo, que disse: "Sinto-me mais ou menos bem, mas noto que de algum modo as coisas para mim não andam lá muito certas; só que não consigo saber o que é..." Ao que Jung retorquiu: "Eu também não sei, mas procure alguma mulher e pergunte-lhe; elas geralmente enxergam essas coisas que nós homens não vemos".

Observação: Isso é verdade, pois embora a mulher atenda às sugestões da feiticeira e assim cause destruição, também é ela quem vê como sair da situação.

Neste conto o elemento masculino, o mordomo, a princípio provoca destruição, mas, quando o elemento destrutivo passa a ser o feminino, a menina ouve-o e depois age, ora aceitando-o, ora rejeitando-o. Ela age tanto como Eva quanto como Maria. Na Idade Média, Eva era considerada como a mulher que trouxe a morte, e Maria, a que nos redimiu da morte. A menina atua como ambas numa só personalidade, provocando a destruição e então, evitando-a. O resultado, na história é a integração desse sábio papagaio sobrenatural.

Portanto, diríamos que as crianças representam um símbolo do *Self* em seu *status nascendi,* achando-se constelado e ativado apenas no inconsciente, de certo modo ainda não integrado ou percebido no consciente. Há uma vaga evidência quanto ao aspecto feminino ser o mais ativo e o mais importante dos dois. Frequentemente ocorre a existência de um garotinho e sua irmã como dúplices heróis de uma história como, por exemplo, no conto dos irmãos "João e Maria", onde, a princípio, cabe a João o desempenho de certa função positiva. Quando os pais levam-nos para a floresta é ele quem junta as pedrinhas e vai jogando-as pelo percurso, de modo a reencontrar o caminho de casa. Mais tarde, no entanto, João é que foi tolo deixando-se agarrar pela bruxa que o teria comido, se não fosse Maria ter a feliz ideia de empurrá-la para dentro do forno, salvando tanto ela mesma como o irmão. Aqui também há uma ênfase na menina, e se evidencia a mente maléfica de Maria que se assemelha à da bruxa. A maneira dela se comportar com a bruxa não é lá muito elegante, mas é muito oportuna e salva a situação.

Verifica-se aqui uma constelação semelhante que precisa ser entendida como compensatória. Na atitude consciente predominante existe, provavelmente, demasiada ênfase nos valores masculinos e, por isso mesmo, os valores femininos compensatórios são postos em evidência; a mente natural das mulheres e o seu aparente malefício — ou, por assim dizer, a sua atitude irracional — é o que se evidencia como fator de importância.

Geralmente, quando um símbolo aparece em forma dúplice subentende-se que o que ele simboliza está se aproximando do limiar da consciência. No simbolismo numérico, o número 2 é sempre considerado como diferenciação ou diversidade. Da série de números naturais que se sucedem ao 1, pode-se dizer, retrospectivamente, que o 2 é um número que ainda não chega a sê-lo realmente. Existe discordância quanto ao assunto; os chineses afirmam que o 2 não é número, enquanto os pitagóricos declaram que ele *ainda não é bem um número,* mas apenas o início de um. A maioria dos sistemas simbólicos só admite os números simbólicos a partir do 3, pois o 2 é apenas uma diferenciação, ou diversificação do um, onde alguma coisa existe em contraposição a outra coisa, to heteron ou *thateron,* em linguagem platônica; o 2 corresponde portanto, a "diversidade". Pode-se afirmar ser esta uma absoluta *conditio sine qua non* da consciência discriminativa, a de se conseguir estabelecer a singularidade e a diversidade. Se não consigo distinguir um objeto de outro, ou um objeto de um sujeito, se me encontro ainda mergulhado no sentido total da unicidade, então encontro-me em estado relativamente inconsciente; estou dentro da unidade de vida, que tudo abrange, mas não estou consciente.

A consciência não pode ser separada da capacidade de discriminar; discriminação significa ver e ser capaz de estabelecer diferenciação entre as coisas. Se um conteúdo se acha totalmente dentro do inconsciente, então ele provavelmente é até o seu próprio oposto, ele é tudo. Vamos supor, por exemplo, que vocês tenham a vaga e desagradável sensação de que algo se agita dentro do próprio inconsciente. Vocês ainda não sonharam nem fantasiaram coisa alguma, só sentem que a energia de vocês vai-se acumulando. A única coisa que conseguem dizer é que o inconsciente está a agitá-los ou persegui-los, mas não sabem ainda do que se trata. Logo que tal coisa se manifesta, seja através de uma imagem, de um sonho, um impulso inconsciente ou ainda um *tic nerveux,* ou o que quer que seja (pois há milhares de formas de uma coisa assim se manifestar), então, vocês podem afirmar tratar-se disso ou daquilo, distinguindo-a e separando-a (pelo menos relativamente) do restante da psique inconsciente. Pode-se a partir daí, afirmar sua diversidade, sua diferença daquilo que é uma coisa vaga e total a que se dá o nome de psique inconsciente. É provavelmente por isso que os conteúdos, quando totalmente inconscientes são, por assim dizer, contaminados pelo total do inconsciente — só quando eles possuem certa carga é que se tornam diferenciados, aproximando-se do limiar e tornando-se diversificados em relação ao restante do inconsciente.

Existe um limiar da consciência que tem, acima dele, o ego como centro dos conteúdos conscientes e, abaixo dele, aquilo que vagamente denominamos de inconsciente. Ao falarmos de inconsciente, empregamos uma conceituação que o caracteriza como um todo contínuo, como o é na física um campo magnético. William James já comparou o inconsciente a um "campo". A um dado momento, um conteúdo emerge e, no instante em que atinge o limiar secciona-se em duas partes. Uma, é o aspecto que posso postular, ao passo que a outra permanece no inconsciente e, geralmente, é por isso que quando se tem imagens oníricas de completa duplicação, sonha-se com uma pessoa duplicada, ou então, com dois gatos, dois cachorros, duas árvores ou duas casas semelhantes, e assim por diante. Daí podemos apenas concluir que algo está começando a dividir-se, vindo uma parte a ser apreendida pela consciência, enquanto a outra vai esvanecer-se na camada abaixo. No estágio seguinte, o conteúdo emerge um pouco mais, já tem um oposto, uma sombra que, por sua vez, torna-se definida. Quando o conteúdo realmente transpõe o limiar, então sua diversificação (altruidade) também ingressa no campo da consciência. Existem, contudo, muitos e muitos motivos mitológicos de opostos: o cachorro bom e o mau, um pássaro branco e outro preto, e assim por diante, um dos quais se caracteriza por achar-se mais próximo da consciência, sendo por isso mesmo chamado de bom, de brilhante etc.; quanto ao outro, mais distante da consciência, é por isso mesmo considerado mais negativo.

Portanto, a duplicidade significa que algo atingiu o limiar da consciência, algo ainda um tanto ambíguo que a consciência ainda não sabe discernir de que se trata, por achar-se ainda enleada no *continuum* dos demais conteúdos inconscientes. No presente caso, seria lícito supor que a menina fosse a parte sombria, pois essa parte se encontra mais próxima do âmbito do inconsciente e, como já se ressaltou, por ser ela influenciada pelas insinuações e pelas sugestões maldosas da bruxa, encontra-se mais perto do lado sombrio inferior. Tudo está demasiadamente dentro dos processos de vida não percebidos e muito pouco integrados em qualquer realização cultural.

Quando um símbolo do *Self* se manifesta como criança, isso significa que ele surge na espontaneidade do ser humano e nos processos de vida, mas sem muita *theoria,* sem muito *Weltanschauung* ou capacidade espiritual da consciência coletiva de chegar a integrá-lo ou determiná-lo. É mais um evento do que algo compreensível ou, digamos, é mais uma possibilidade do que um fato consumado.

Recapitulando os eventos da história: o Conde, casando-se com moça pobre, casou-se abaixo de sua condição social e, portanto, já se expressa nisso uma certa necessidade, ou tendência, de renovar a própria vida, vitalizando-a nas camadas inferiores. Por ter ele dado um passo tão positivo, sua esposa dá à luz aquelas duas crianças com estrela na testa. O que significa que, a partir daí, até mesmo os conteúdos mais profundos, uma nova forma de vida, se constela. Toda vez, porém, que algo de positivo se constela no inconsciente, há perigo de que a consciência se obstine contra isso.

Há certas pessoas que entram em análise declarando pretender curar-se disso ou daquilo, desejando isso ou aquilo, mas algumas vezes, quer o mencionem ou não, guardam algures, num escaninho, algo que já têm por decidido. Isso é coisa já resolvida e que não precisa ser discutida na análise — seja qual for o caminho que ela tome, esse assunto é algo que não precisa ser mencionado nem comentado. E então, cada vez que as associações oníricas ameaçam levá-las ao tal escaninho, elas experimentam estranha sensação e imediatamente mudam de assunto, interrompendo as associações, de maneira que temos que esperar largo tempo até poder supreendê-las *in flagranti,* quando cometem algum erro cuja conexão não percebem imediatamente. E quando se torna preciso dizer-lhes que prossigam e abram a tal gaveta, elas declaram haver pensado que aquilo não tinha importância! Caso tal reação ocorra, fiquem certos de que a coisa é altamente explosiva, do contrário tais precauções teriam sido desnecessárias. Trata-se de algum complexo "quente", ainda não integrado.

Por trás do nascimento dessas crianças, encontra-se uma terrível possibilidade de novos eventos psicológicos e de percepções, o que levou a consciência a reagir de maneira tão resistente. A tendência de seccionar, de cortar fora uma metade, provém da ação do mordomo que já interpretei e que é, realmente, ditada por sua ambição de querer ele próprio casar-se com a Condessa. Em casos assim, há uma dupla possibilidade de reação negativa, sombria. Ou tem-se a técnica de escaninho, que consiste em deixar fora o novo conteúdo, ou então, tem-se a sombra pretendendo absorver a nova coisa, de acordo com o próprio desejo da pessoa.

Essa é a ideia de uma assimilação sombria da coisa, assimilação que serve aos propósitos do ego. É muito frequente as pessoas abordarem o inconsciente com intuitos utilitários muito bem definidos. Pode-se afirmar que mesmo o desejo de melhorar, ou de querer ser curado, até certo ponto também constitui objetivo egoístico. Ainda assim é mero desejo interesseiro de se conseguir ajuda do inconsciente. O desejo de ser saudável é, até certo ponto, um desejo legítimo do ego e portanto o inconsciente colabora com ele, visto ser isto legítimo e normal; às vezes, porém, quando a pessoa deseja apenas isso do inconsciente, passado um certo tempo começam a surgir sonhos negativos mostrando que ele quer guiar a pessoa para mais além e não apenas curar dado sintoma; algo a mais é desejado pelo próprio inconsciente; ou, a pessoa fica curada do sintoma e aí o inconsciente apresenta a sua conta! Isto, isso, e mais aquilo, tudo tem de ser cumprido; e caso a pessoa não obedeça, o sintoma retorna!

Já várias vezes vi isto acontecer. É como se a pessoa então tivesse de se pôr, efetivamente, a caminho da individuação, para seu próprio bem e não apenas para se sentir melhor, ou para dormir melhor, para voltar a ser potente ou qualquer outra coisa. A conta tem de ser paga, pois uma vez aberta a torneira, não há como impedir que a água flua. Toda abordagem interesseira do inconsciente, ou um simples intuito de nos aproveitar dele, provoca efeitos destrutivos; exatamente como estamos começando a constatar que acontece em relação à natureza exterior. Porque se nos limitamos somente a explorar nossas florestas, os animais e minerais da terra, perturbamos o equilíbrio biológico e vamos ser forçados, nós mesmos ou as gerações vindouras, a pagar um preço bem alto por isso. A natureza parece querer conservar seu próprio equilíbrio e estabelecer sua própria integridade biológica, sem se deixar explorar por planos utilitaristas e unilaterais.

Esse mordomo corresponderia, portanto, a uma espécie de atitude ávida e egoísta que interfere e espedaça aquele primeiro quaternário em que o Conde não se encontra à altura da situação. A parte valiosa é colocada na caixa de vidro, que já interpretei, e é lançada ao fluxo de vida inconsciente; mas o pescador e sua mulher apanham as crianças e com elas formam novo quaternário em lugar oculto. A figura do pescador é óbvia, pois ele é, pela própria profissão, aquele que retira as coisas da água, das profundezas, consequentemente é o arquétipo do salvador, do sábio. Basta que se lembre de Cristo, o pescador de homens, ou o Rei-pescador, da história do Graal* *(Martim-Pescador, Kingfish)*. Nos contos de fada, frequentemente esse grande arquétipo aparece em forma discreta e moderna, como nessa história o pescador e sua mulher, porém, desde que se recorde os antecedentes arquetípicos atribuídos aos pescadores, compreender-se-á que, sob forma arquetípica, são eles o pai e a mãe original, o pai-espírito e a mãe-natureza que adotam os conteúdos reprimidos, a possibilidade de individuação.

No entanto, se tudo tivesse de permanecer como está, nada mais aconteceria; as crianças ali continuariam a viver felizes, por serem modestas e nada terem em si de ambiciosas, assim permanecendo para sempre ao lado dos pais. Mais tarde provavelmente viriam a aprender a profissão de pescadores e assim continuariam a viver, ocultamente. Portanto, torna-se necessário que um novo evento impulsione a história. O pescador e sua mulher morrem, o que significa que tais figuras arquetípicas, positivas mas relativamente humanas, e protetoras daquele conteúdo, tornam a desaparecer no inconsciente, ao passo que o mordomo volta a interferir, enviando uma bruxa.

Nessa altura dos acontecimentos, o irmão e a irmã vivem sozinhos, fato que constitui um convite à intervenção da feiticeira e à do velho sábio. A bruxa aparece quando o menino se encontra fora de casa e diz: "Olhe, sua casa é mesmo encantadora, muito bonita, mas, sabe, você precisa ter aquela fonte de água da vida aqui, no seu quintal; só então vai ficar tudo perfeito!" E assim desperta a cobiça na menina, sendo o menino enviado em busca de tal fonte, guardada por um leão que tem estranha capacidade de manter os olhos abertos enquanto dorme e fechados quando em vigília, de modo que a água tem de ser colhida enquanto ele está de olhos abertos. O garotinho foi bem sucedido nessa primeira vez. Surgem outros requisitos, mas é preciso que nos detenhamos neste primeiro estágio.

*Veja *Memórias de Jung*. (N. T.)

A feiticeira não é difícil de ser interpretada, porque nos contos de fada geralmente ela representa o lado escuro da grande deusa terra. Nos países europeus, como se sabe, o culto das deusas da terra praticamente desapareceu e os aspectos positivos do arquétipo-mãe, nos países católicos, foram integrados na figura da Virgem Maria, ao passo que os negativos e destrutivos, o lado da morte, foram reprimidos no inconsciente. Nos países protestantes, todo arquétipo-mãe, sob quaisquer de seus aspectos, foi completamente eliminado da vida religiosa. Daí o fato do arquétipo da mãe-terra, da mãe-natureza, desempenhar tão importante papel em todos os contos de fada europeus. A bruxa também desempenha apenas o lado destrutivo do princípio arquetípico feminino, o princípio da morte, da doença, da desintegração, ou ainda, daquilo que se poderia chamar de malefício da inconsciência e que até certo ponto, resiste à consciência: intriga, cobiça, arrebatamentos, enfim, todos aqueles impulsos que são descobertos quando se examina o que fazem as bruxas nos diversos contos. Elas em geral intrigam, envenenam, matam ou comem gente, caluniam as pessoas para que umas briguem com as outras. Tais as principais atividades, tanto das feiticeiras mitológicas como também das humanas.

A bruxa é contrabalançada pelo velho sábio, que sempre diz ao menino o que ela está tramando e que o ajuda a ir adiante. Poder-se-ia afirmar que, aqui, a verdadeira batalha se trava entre o velho sábio e a feiticeira, pois as crianças não se encontram, absolutamente, em condições de enfrentar a situação. Por terem perdido seus pais pescadores, elas agora ganham outros, um mau e um bom, a bruxa e o velho sábio que, de certo modo, substituem os benévolos pescadores. Esses, porém, estão em conflito e procuram estabelecer conflito entre irmão e irmã, de modo que, no inconsciente subsiste uma família harmoniosa, mas a desarmonia se manifesta desde que o velho se interpõe aos planos da velha bruxa e esta procura jogar a menina contra o irmão. Lembre-se que até mesmo o menino exclama: "Você acaba me matando com seus caprichos!" Essa é a primeira vez que as crianças já não se mostram de acordo, o menino se sente ameaçado pela menina, recusando-se a partir imediatamente, a menina faz cena e chora. Então, essa família, tão harmoniosa no inconsciente, acha-se dilacerada. Ao que parece, o inconsciente tende para a desarmonia a fim de que a coisa venha a aflorar à consciência.

Às vezes, ao analisar pessoas que já foram analisadas por um bom tempo, e que por isso estão razoavelmente equilibradas e capacitadas a manter tal equilíbrio, tanto consigo mesmas quanto com seus processos inconscientes, observa-se que elas trazem sonhos de conflito, mas terríveis. Ao chegar, o analisando vai declarando: "Não posso dizer-lhe muito... estou trabalhando e em casa vai tudo bem..." — "O que é que você sonhou?" E então, de um puro céu de anil surgem os sonhos mais tenebrosos a respeito de guerra e de pavorosa luta!

Outro dia, uma dessas pessoas me trouxe um sonho horrível: ele, a mulher e mais alguém, os três, haviam cometido suicídio, tomando pílulas para dormir! Perguntei-lhe: "Onde aconteceu isso?..." E ele: "Não sei! Eu tentei pensar por mim mesmo, mas não houve meio de descobrir!" Em tal caso, só resta esperar, pois significa que o inconsciente deseja o conflito e quer provocar uma explosão, no cenário relativamente harmônico, para que algum nível mais elevado venha a ser atingido. Esse analisando a quem me refiro, por exemplo, ainda não preencheu completamente seu esquema. Sente-se claramente que ele poderia ser bem mais do que é, pois vive uma vida menos importante e menos plena, uma vida de horizonte mais limitado do que aquela que está capacitado a viver. Em tais circunstâncias, o inconsciente provoca uma explosão na harmonia já alcançada a fim de que nos sonhos a mesma se possa estabelecer em plano mais elevado, e então, ocorrem esses misteriosos lampejos de um conflito inconsciente. No entanto isso nunca permanece apenas em sonhos, pois decorrido certo tempo, algo acontece no exterior, ou na consciência da pessoa, algo que equivale àquelas coisas catastróficas. Limito-me a fazer notar que, frequentemente, o sonho catastrófico surge primeiro e que ele certamente não é resultante de conflito consciente, ou de um comportamento errôneo qualquer, mas que tal conflito é, realmente, criação espontânea do inconsciente, o qual por si mesmo o estabelece no intuito de demolir algo de limitado para edificar algo de mais vasto.

Também pode acontecer que as pessoas tracem certo tipo de mandala e se tenha a impressão de que elas, por sua imaginação ativa, acham-se dentro de tal mandala. Talvez se pense que o desenvolvimento desse núcleo interior da personalidade se processe como o de uma árvore, pelo desenvolvimento paulatino de novos anéis. Ou talvez se pense que alguém possa traçar uma mandala de um jeito e, mais tarde, diferenciá-la de outro jeito; mas isso não é verdade. Geralmente os sonhos demonstram que isso não é dirigido por uma tendência consciente mas que é sempre esfacelado inteiramente e, então, reconstituído. É como se a natureza produzisse um modelo completo e depois o destruísse para voltar a produzir outro mais diferenciado. O processo não é aditivo, pois tem ritmo bem mais complicado, e frequentemente acontece que, no intuito de obter um grande progresso da consciência, o inconsciente primeiramente desfaz cada coisa, e a pessoa, uma vez engajada neste caminho, se vê constantemente perturbada pela impressão de não ter entendido coisa alguma e por tudo lhe parecer novamente perdido. Chega até a duvidar de que alguma vez tenha entendido alguma coisa ou que tenha estado consciente e em harmonia. É como se a pessoa se encontrasse outra vez no mesmo estado em que estava, antes de ter dado início à própria análise. Isso, entretanto, é coisa inteiramente normal e, além do mais, tal condição depressiva não é real, mas apenas parece sê-lo, pois trata-se de uma fase em que a harmonia é desfeita para que seja novamente elaborado um centro mais diferenciado.

Nos contos de fada, aquela estrutura harmoniosa também é desintegrada; entre o velho e a bruxa se estabelece uma horrível tensão que se transmite ao comportamento do menino e da menina, os quais pela primeira vez se desentendem, por causa de a menina atender às insinuações da bruxa.

A seguir surge o motivo da fonte, quando o menino tem de apanhar um cântaro e ir buscar a tal água da vida. E uma água mágica, pois basta que ele derrame um pouquinho dela no quintai da casa para que dali jorre uma fonte igualzinha, sendo evidente que só a magia da água da vida consegue produzir tal milagre. Poderíamos prosseguir indefinidamente a desenvolver esse tema da miraculosa fonte da vida porque, como sabem, esse tema mitológico é internacional, existe em qualquer lugar. Mas o fato de a água dessa fonte ser de prata já nos fornece um campo de ampliações mais específico, ou seja, o do simbolismo da alquimia. Somente na alquimia se encontra, precisamente, esse mesmo tema da água, em geral de prata ou ouro, tema que indica a probabilidade de nossa história ter origens alquímicas.

Frequentemente, desde os textos primeiros, datados do século I, ou ainda nos famosos textos de Zózimo do século III (embora tais temas provenham de épocas mais remotas), os alquimistas buscam explicar parábolas e temas semelhantes através de um aprofundamento *(insight)* dos processos materiais; até mesmo Zózimo relata os sonhos que teve a respeito. O assunto de tais parábolas que foram tanto construídas, como correspondem a autênticos sonhos de antigos alquimistas, já provinha de remotas tradições da mitologia geral. Exemplo disto são os mitos religiosos das populações que assimilaram motivos provindos do folclore, inicialmente tratados a nível mitológico e posteriormente colocados no âmbito do folclore. Também na alquimia se evidenciava o esforço para exemplificar, ou explicar, processos misteriosos através de analogias folclóricas e vice-versa. O folclore teria emprestado às parábolas alquímicas e similares as suas histórias.

No nosso conto, a fonte não consiste num poço ou fonte de ouro e prata, como acontece normalmente na alquimia, e em muitas outras histórias. Na alquimia, Mercúrio, a misteriosa figuração da *prima materia,* é em geral um líquido misterioso, o elixir da vida, a água eterna, que dá origem à prata e ao ouro; ele ou produz prata e ouro, ou se constitui, desde o início, de prata e ouro. Aqui, porém, só é ressaltada a prata, o que mais uma vez põe em evidência o elemento feminino, visto que, segundo a tradição alquímica, o ouro é atribuído ao sol, e a prata à lua. A prata representa o feminino e o metal corruptível. Como sabem, a prata facilmente preteja e tem de ser constantemente limpa, ao contrário do que acontece com o ouro; por isso mesmo representa ela o perenemente mutável, a lua que está constantemente a obscurecer, e novamente posta a brilhar no céu, é devorada por demônios. É a lua, portanto, que preside a toda natureza corruptível, desde a época de Aristóteles; é ela que controla a menstruação das mulheres e tudo o que se transforma na natureza. Acima de sua esfera principia a esfera divina e incorruptível, a de natureza regida pelo sol e pelo firmamento. A umidade, a morte, o feminino, as enfermidades das mulheres, a corrupção dos metais — tudo pertence ao âmbito de influência da lua, sendo a prata seu metal específico. Ela é a noiva do ouro, a mulher corruptível, que tem de ser transformada antes que ela própria possa se tornar ouro.

Por isso, se a bruxa chama a atenção da menina para o fato de estar faltando uma fonte de prata ela tem toda razão, pois desde o início do conto estamos sabendo que, de algum modo, o elemento feminino não vem sendo suficientemente destacado, e que é a integração da natureza e do elemento feminino o que está faltando. A bruxa, portanto, embora tenha por objetivo a destruição, está, de fato, como frequentemente acontece, trabalhando para o bem, porque essa fonte prateada representa o aspecto feminino do fluxo de libido inconsciente.

Em geral, pode-se afirmar que a água da vida, ou o que é simbolizado por ela, é o que o homem sempre buscou. É aquilo que possuímos no Paraíso e perdemos. Simbolicamente representa aquela experiência psicológica que se poderia considerar como a sensação de que a vida está fluindo de modo significativo. Às vezes, quando se pergunta a alguém como vai passando, a pessoa responde: "Ora, está acontecendo uma porção de coisas, nem todas agradáveis, mas posso dizer que vou vivendo, vou muito bem". Existem altos e baixos, mas você sente que, empregando um termo técnico mais atual, para a comparação — vai-se navegando mais ou menos dentro da faixa do radar — você está onde deve, e daí experimentar essa sensação absolutamente maravilhosa de estar vivo. Consegue-se aceitar até mesmo as vicissitudes e dificuldades do destino e da vida humana, desde que se aceite esse contato básico com o fluxo da libido no inconsciente. Essa é a razão pela qual enfocamos e insistimos tanto a respeito da interpretação dos sonhos, porque só assim podemos saber para onde se dirige o fluxo da libido inconsciente, para então tentarmos adaptar nosso movimento consciente a esse fluxo, pois só assim nos sentimos vivos. Nesse caso, ainda que nada de mais aconteça em nossas vidas, ainda que tenhamos que cumprir qualquer tarefa aborrecida, ou mesmo a despeito de quaisquer frustações, sentimo-nos interiormente vivos.

Uma das melhores maneiras de avaliar a importância desse sentimento consiste, talvez, em já se ter tido ocasião de analisar algum milionário, ou alguém que já possua tudo aquilo que se possa desejar do mundo exterior, ou que esteja apto a consegui-lo. Gente que pode ter carro, roupas, casa, tudo o que queira; gente que possa ir aonde quiser e que, dentro de limites saudáveis, possa ter o que bem entender, mas que se não tiver fluxo de vida, nada tem a fazer com tudo aquilo! Em geral as pessoas projetam o fluxo de vida sobre objetos exteriores, imaginando que se tivessem uma esposa diferente, ou mais dinheiro ou coisa semelhante, atingiriam a meta; mas isso é pura projeção que se torna ainda mais evidente no caso de alguém que de fato já tenha tudo isso, porque então se apercebe de que a questão não é essa! O que as pessoas realmente buscam, mesmo que projetem em objetos exteriores, é a sensação de estarem vivas. Isso é o que de mais elevado se pode atingir, pelo menos nesta vida, e por isso mesmo compara-se a qualquer espécie de experiência religiosa e mística, visto ser esta a que transmite ao máximo aquela sensação. Ora, pode-se dizer que se alguém teve essa experiência de vida, ela é de certa forma uma experiência místico-religiosa! Os místicos medievais, por exemplo, afirmavam que a íntima experiência de Deus é fonte de vida, e os Zen-budistas afirmam que quando atingem o *Samadhi* é como se bebessem um copo de água fresca após a sequidão de um deserto.

Em todas as civilizações e em todo contexto cultural constata-se ser isso algo de comparável a uma experiência de completa satisfação de plenitude de vida, e aqui é a mesma coisa. Pois é isso o que está faltando no nosso conto, sendo, justamente, essa água prateada o que vem suprir tal experiência dotada de certo toque feminino. Ela corresponde à vitalidade, mas no âmbito da lua e não no da experiência espiritual, mais elevada. Aqui, a alusão às águas prateadas significa que a experiência de vida que se busca não é a experiência espiritual medieval, mas sim aquela vitalidade que provém do plano terreno e corruptível da vida humana, expressando-se em linguagem alquímica. A prata é atributo da lua, e às vezes também de Vênus (embora na maioria dos textos a esta se atribua o cobre), sendo portanto, a prata, atribuída ao feminino em geral.

A fonte de água de prata se encontra bem guardada por um leão, e como vimos que a água prateada corresponde a um simbolismo alquímico, convém, agora, desenvolver também a ideia atribuída ao leão. Como é sabido, o leão desempenha tremendo papel em todos os simbolismos alquímicos, tendo provavelmente ingressado no campo da linguagem alquímica em razão do papel por ele desempenhado no ritual fúnebre dos egípcios. Assim, a Esfinge, cujos remanescentes podem ser escalados em Giza, é de fato o retrato de um Rei egípcio em forma de leão, isso porque o Rei, quando ressurgido em sua forma pós-mortal é, frequentemente, representado por um leão, animal que corresponde a um antigo símbolo da ressurreição no complicado ritual fúnebre egípcio. Ele é a divindade que encerra em si o mistério da morte e do renascimento. Por isso, os egípcios, às vezes, representavam esse mistério com dois leões: um simbolizando o sol poente, a Oeste, e outro simbolizando o sol nascente, a Leste. O leão sugere aquele momento místico em que o sol atinge o ponto da meia-noite sob a terra para, então, retornar do sol poente, portador de morte, pois os egípcios associavam o sol poente à morte e à velhice. No Egito esse leão dúplice representava aquele momento místico da transição entre morte e ressurreição, o ponto de retorno do sol em direção ao Leste, como um aspecto de vida ressurgida no instante da meia-noite, pois o caminho do Deus-sol, acima do horizonte e abaixo da terra, representava a transformação da libido em direção à consciência e, novamente, de volta ao inconsciente.

Provavelmente devido, também, às suas origens egípcias, o leão, no simbolismo medieval, ainda era considerado como agente de ressurreição. A lenda de que os leõezinhos permanecem mortos desde que a leoa os dá à luz até que o leão se põe a rugir sobre eles, trazendo-os à vida, repete-se em todos os bestiários medievais. Provavelmente essa história corresponde a uma repercussão da antiga mitologia do leão como agente de ressurreição, tendo a ver com o mistério do sol e da vida, em sua transição rítmica entre consciência e inconsciência.

Ao embalsamarem seus cadáveres, os egípcios colocavam-nos sobre uma mesa de mármore que trazia em cada extremidade uma cabeça de leão voltada para fora, em direções opostas. Alguns de vocês provavelmente já viram, no Museu do Cairo, uma dessas mesas de mármore semelhantes a camas, com cabeça de leão em cada extremidade e com pés em feitio de patas de leão. Sobre tais mesas, chamadas de leito de morte e de ressurreição, com pequenos orifícios através dos quais os líquidos podiam escorrer e escoar, eram colocados os cadáveres quando se procedia ao ritual bastante repulsivo e complicado do embalsamamento. Enquanto o corpo do rei jazia em seu leito, ele ficava nas profundezas do mundo subterrâneo. Enquanto o sacerdote lhe retirava o cérebro e as entranhas e lavava o corpo com cloreto de sódio, sua alma se achava, por assim dizer, habitando o mundo subterrâneo, voltando a ressurgir quando terminava o processo de mumificação.

Portanto, o leão também era o guardião do mundo subterrâneo, o guardião desse misterioso processo subterrâneo que transforma a morte em vida. Em tudo o que digo aqui restrinjo-me de certa forma às citações dos textos egípcios. Como esse simbolismo da alquimia ocidental provém principalmente do Egito e, como a alquimia principiou em época mais recente no Egito já helenizado, os alquimistas utilizaram tal símbolo por acharem analogia entre a transformação da matéria em ouro, e a transformação do corpo mortal do Rei em forma imortal como múmia. A ideia consistia em certo tipo de analogia primitiva: assim como o sacerdote de Anúbis toma os restos mortais do Rei egípcio, ou seja, seu cadáver, e por meio de uma operação química transforma-o num ser imortal, assim também é preciso tomar os metais mortais da prata e do cobre que são corruptíveis, estragam e corroem e, através de uma operação química, transformá-los em matéria incorruptível, ou seja, em ouro. Tal analogia de conceituação é completa e eles até mesmo se referiam a suas operações químicas como a uma *taricheusis,* que quer dizer: mumificação. Dizem eles ser preciso *taricheuein,* mumificar os metais, para transformá-los em ouro.

Em outras palavras, o processo de individuação, tal como o entendemos atualmente, era, no Egito, projetado em processos de além-morte que ocorriam com o cadáver, enquanto os alquimistas projetavam-no em suas operações químicas de transmutação de metais. Nisto o leão sempre desempenhou o papel de agente paradoxal postado entre a morte e a vida, entre manhã e noite; ele rege ambos os aspectos e promove a renovação. Em textos alquímicos posteriores, quando o velho Rei é dissolvido a fim de ser renovado, muito frequentemente vem ele a ser devorado por um leão, ou então ele mesmo se transforma num leão. Num complicado relato de Canon Ripley, por exemplo, a Rainha volta a gerar o Rei e, enquanto este se acha em seu útero, ela tem de comer carne de leão, a fim de prover o embrião de alimento apropriado, de modo que o Rei venha a renascer como o novo Rei dos Reis. Jung menciona tal assunto, no capítulo "Rex" do segundo volume de sua grande obra sobre alquimia, *Mysterium conjunctionis*, onde amplia tanto o tema do leão, como o da dieta-de-leão da Rainha, através de inúmeros textos alquímicos referentes ao leão.

Diz Jung que o Rei para ser renovado tem, primeiramente, de ser transformado em sua natureza ctônica. Pode-se, portanto, concluir que o leão representa a natureza ctônica, o aspecto terreno do símbolo do Rei, o que é inteiramente confirmado pelo material egípcio. Ao morrer, o Rei vai para o interior da terra, para o reino do leão, onde vem a ser transformado. Se o Rei representa a consciência coletiva predominante, isso significa que, para ser renovada, a consciência coletiva predominante ou a imagem central de Si-mesmo, que predomina em dado ambiente cultural, tem de tornar a cair, de tempos em tempos, no inconsciente, para ali ser renovada. Nas tribos primitivas, por exemplo, dá-se um completo obscurecimento cultural enquanto o Rei está morto. Há certas tribos nas quais durante o interregno — enquanto o chefe morreu e seu sucessor ainda não foi eleito — todo mundo pode roubar e matar. Isso significa que todas as regras culturais de comportamento decente estão por terra. Por três dias dá-se um completo escurecimento de consciência: a cobiça, o assassínio, o crime, enfim, todas as trevas conseguem prevalecer por um dado período. Existe, ainda, uma forma bastante suavizada nos rituais medievais e antigos referentes ao Rei do carnaval: durante um certo dia do ano quem governa não é o Rei, mas sim algum bobo ou criminoso condenado que recebe a coroa, podendo, por esse único dia, dominar a cidade inteira, participar de todas as folias, ter todas as mulheres e tudo o que desejar, antes de ser executado. Isso representa o lado ctônico, a sombra do Rei que impera durante o interregno.

Indícios ainda mais suavizados da mesma coisa encontram-se nas anistias concedidas por crimes passados, ao ser nomeado um novo regente. As prisões são, então, abertas para que o passado possa ser aniquilado, e para que advenha um novo início. Essa é a forma mais suavizada daqueles rituais um tanto bárbaros do passado, nos quais, por um dado período de tempo se permitia a obscuridade completamente destrutiva, ou seja, tudo aquilo que normalmente as leis do Chefe e da tribo mantinham como abolido e tabu passava a ser permitido nesse período. Diríamos que o lado mais obscuro do inconsciente tem permissão de manifestar-se diretamente no momento em que não somente o Rei está morto, como também, para a tribo primitiva, até Deus está morto. O Deus deles está morto, pois, o Rei é a encarnação do princípio espiritual. Esse é o momento de completa desorientação, momento que praticamente corresponderia a uma dissociação psicótica a um completo escurecimento da consciência na vida de um indivíduo. Ultimamente tais momentos de obscurecimento cultural da consciência têm sido mais do que frequentes e, infelizmente, seu número ainda pode vir a aumentar, pois estamos vivendo uma época em que o velho Rei morreu· e está se renovando nas profundezas. Durante tal escurecimento impera o leão, uma das imagens principais da sombra do Rei.

Negativamente, o leão representa o princípio do poder e, também aí, a moderna analogia é clara, pois, onde quer que uma estrutura cultural ou civilizatória não mais possua objetivo religioso, ocorrem lutas políticas entre ditadores e grupos exclusivos que determinam o destino inteiro de uma civilização. Num grupo pequeno, isso significaria não estarem as pessoas ligadas por qualquer objetivo espiritual comum mais elevado, motivo pelo qual começam, então, a brigar a respeito de quem vai ser Presidente, Tesoureiro e tudo o mais. Caso não haja um símbolo ainda mais poderoso capaz de unificar o povo, então a influência disruptiva, aliada a lutas por prestígio e vaidade aparece. Por isso é que, por exemplo, os pequenos grupos cristãos primitivos que possuíam verdadeiro laço espiritual, chegando até mesmo a se chamarem mutuamente de Irmão ou Irmã, em Cristo, grupos esses de escravos ou mercadores, gente inteiramente ignorada, sobrepujaram todo o poder estabelecido do Império Romano. Setenta anos após a morte de Cristo, Plínio a eles se referia, dizendo: "Torturei uns poucos escravos, mas nada pude descobrir a não ser uma ridícula superstição!" Por quê? Porque o Império Romano não mais possuía vida espiritual religiosa capaz de mantê-lo unificado e, por isso mesmo, estava destinado a perecer na contínua luta pelo poder em que mutuamente se empenhavam os pequenos e os grandes peixes. Aqueles grupos exclusivos que tinham um novo Deus ao seu lado representavam o Rei que naquele momento se renovava. Eles venceram porque eram as únicas pessoas capazes de trabalhar por algo que se achava acima deles, ou ainda de manter a paz entre si, em prol de um objetivo mais elevado. Se as pessoas não estão ligadas a um objetivo comum não conseguem se suportar, pois se irritam demasiadamente uma com as outras.

Estamos outra vez em situação semelhante, porque a morte do velho Rei e a época em que o leão predomina como representante do poder e dos impulsos para o prestígio é uma situação arquetípica que eternamente se repete na vida humana — razão pela qual há leões debaixo dos tronos e as pessoas os denominam de "leão de Judá", por representarem o princípio do poder.

O leão não é exclusivamente negativo, visto ter duas cabeças. Segundo os egípcios, ele encara a morte, mas também encara a renovação, pois ele é símbolo antigo da ressurreição. Em astrologia ele representa o solstício de verão, pois representa calor, luz, paixão e renovação. Em *Mysterium conjuntionis,* Jung enfoca não sô o aspecto de poder como também o impulso sexual que o leão às vezes representa. Poder-se-ia dizer que ele representa qualquer impulso de paixão bastante quente, seja de poder ou de sexo. Jung apresenta muitos exemplos, especialmente o do leão verde da alquimia, que é associado a Vênus e representa o impulso do sexo, o desejo sexual e sua paixão, sendo este o aspecto mais positivo do leão. Sempre, porém, que o leão aparece, sabe-se que a personalidade se acha em confronto com fortes e apaixonados desejos, paixões e afetos, mais fortes que o ego.

Um leão também pode representar ira. Lembro-me de alguém que, estando furioso com certo membro da família, sonhou que se via obrigado a fechar a porta contra um leão que repetidamente investia querendo invadir-lhe o quarto. Aí não se tratava nem de poder nem de sexo, mas simplesmente de um terrível afeto animal. Como Rei dos animais, o leão representa tal espécie de impulso, que é poderosíssimo. Se um ser humano perde seu ponto de apoio religioso, ele se desintegra, tornando-se presa fácil de afetos, tais como sexo, poder, além de outros impulsos e desejos. Isso corresponde ao interregno, época em que o símbolo ou ideal predominante se encontra morto e as serpentes e os leões estão de ronda. É o momento em que a personalidade é avassalada pela cobiça. No entanto, um leão é algo de intensamente vivo, e no caso de uma pessoa achar-se enferma, ela sente-se terrivelmente contente ao manifestar alguma ambição, impulso sexual, ou um afeto qualquer, pois é nisso que consiste a vida.

Muito frequentemente é durante essas fases, bastante inseguras e passivas de melancolia, que o leão ronda e se põe a rugir. Em tais fases, as pessoas simplesmente se recostam, tomam pílulas, e para elas nada mais tem significado. Quando se lhes oferece alguma coisa, elas, profundamente enfadadas e deprimidas, mal voltam a cabeça; aí, então, pode-se estar certo de que — não sempre, mas amiudamente — estão desejando algo tão desesperadamente, que nem sequer o admitem para si mesmas. Em geral, consegue-se adivinhar, através de sonhos, o que é que elas tão loucamente desejam e, então, subitamente a melancolia se transforma, sendo completamente sobrepujadas pela avidez.

Por isso é que existe grande perigo em liberar uma depressão assim tão profunda, porque às vezes é esse o momento de suicídio. Quando o afeto e a ânsia de vida se liberam, e não conseguem ser satisfeitos de imediato, essa pessoa é capaz de se matar. Antes, a avidez não era sequer reconhecida mas, uma vez reconhecida e então frustada — quando o leão não consegue imediatamente o que deseja — a pessoa pode vir a matar-se. Portanto, é muito perigoso permitir que tal leão escape de sua jaula negra, de seu estado de mumificação. Não obstante, uma vez que se chegue a debelar a crise, então pode-se contar com toda a vida de que antes se carecia. O impulso de vida se manifesta com grande força, e é sobre isso que se pode trabalhar; a personalidade está viva e deseja algo que busca com paixão. Aí, então, é só uma questão de integrar o leão de modo que ele não venha a destruir tudo; o segundo passo da transformação consiste em domar o leão. Por isso é que o alquimista disse: "Se o leão tornar e erguer-se, tome da espada e decepe-lhe as patas", porque ele quer pôr suas garras em tudo, quer agarrar tudo; é preciso que ele seja domado e pacificado.

É mais ou menos isso o que o leão representa em termos psicológicos. Pode-se dizer que onde quer que se encontre a fonte da vida, ali também se encontra o leão; pois onde quer que se encontre uma pérola ali está um dragão a cobri-la com seu corpo, e onde quer que haja um tesouro lá também se encontra uma serpente enroscada nele, e onde quer que esteja a água da vida, ali está o leão a guardá-la. Não se pode chegar perto do *Self* e do significado da vida, sem que se passe pelo fio da navalha da cobiça e das trevas, e dos aspectos sombrios da personalidade. A pessoa nem mesmo sabe se é ou não necessário cair e penetrar nisso algumas vezes, mas parece não haver outro modo de assimilar tal material. É por isso que as pessoas não gostam de nós; é que muito frequentemente por causa da análise, o garoto muito bonzinho e a menina muito bem comportadinha se tornam absolutamente insuportáveis. Encaradas do ponto de vista social, as pessoas em análise frequentemente se tornam absolutamente impossíveis.

Por quê? Porque temporariamente se tornam leões ou serpentes. Desejam as coisas e das mesmas se apoderam, fazem cenas e causam todo tipo de mal, a ponto dos demais exclamarem! "Aí está o resultado de mandá-los para a análise!" A vida não pode ir adiante sem antes ir para baixo. Não há um novo Rei, enquanto ele não passar um dia no leito do leão, sendo desintegrado. As pessoas que têm desejos ávidos e não o admitem, nem para si mesmas, procurando em vez disso se comportarem convencional e corretamente, estão simplesmente perdidas.

Portanto, o leão tem que ser liberado, mas então torna-se destrutivo, e suas patas têm que ser decepadas. Ele é aquilo que é terrível, aquilo que tem de ser permanentemente enfrentado. Mas aqui — agora eu coloco uma questão capital referente ao tema e a todo o conto — aqui, o menino tem de roubar do leão a água da vida, enquanto este está dormindo de olhos abertos. Ele tem que rapidamente apanhar a água e fugir antes que o leão acorde. O menino, por si mesmo, não enfrenta o leão. Não vamos julgar se isso é bom ou é mau; vamos opinar sobre isso, através do conto persa paralelo e subsequente a esse, quando, então, saberemos como avaliar esta história.

Agora nos deparamos com o intrigante motivo por que o leão dorme de olhos abertos, e está desperto quando tem os olhos fechados. Quase me matei tentando descobri-lo, e agora pretendo deixá-los bastante curiosos. Já cogitaram a respeito? Pois bem: quando a natureza apaixonada e ávida tem os olhos abertos, ela olha para o objeto exterior. Quando meu leão tem os olhos abertos, ele é um leão poder que busca alguma importante posição, e quando é um leão sexo, então eu procuro algures um parceiro, ou desejo algo mais; quando meu leão está de olhos abertos e olha para um objeto externo, então ele representa o que se denomina de paixão cega! A paixão é cega, a cobiça é cega e, geralmente, quando se cede a uma delas cai-se de cabeça em alguma odiosa armadilha. Por isso mesmo é que Jung disse, por exemplo, que a única coisa terrível que pode acontecer a uma mulher é ela ser bem sucedida numa trama de poder. Se a trama for frustrada tudo bem, mas se ela consegue o que quer, então está perdida, o mesmo se pode dizer em relação aos homens. Se um homem quer ser o chefe da matilha, deixem que ele o seja! Isto é o que de pior se pode fazer para ele, porque o leão que visa o objeto exterior está dormindo, ou seja, está profundamente inconsciente e, por assim dizer, inteiramente cego.

Cada paixão, porém, tem seu aspecto simbólico. Isso se observa melhor quando se depara com pessoas que são loucas por dinheiro. Elas raramente se mostram ávidas do dinheiro pelo dinheiro, pois para elas o significado do dinheiro é bastante simbólico. Nele são projetados a plenitude de vida, o poder, ou a liberdade. "Se eu tivesse dinheiro, não teria que me submeter a injunções sociais". No dinheiro é também projetada a segurança — que ali não está — e é por esta razão que as pessoas se mostram tão apaixonadas por ele. O mesmo se dá quanto à paixão sexual, pois uma vez obtido aquilo que se almejava, imediatamente se descarta o que se obteve. Não era bem aquilo! Pensou-se que fosse mas não era. No entanto, ali havia algo de simbólico, como na neurose do tipo Dom Juan, em que é sempre a mãe quem o homem anda buscando, ou uma bela mulher. Mas assim que ele dorme com ela, ele descobre que o mistério que andava buscando não se encontra ali — e, então, abandona-a para recomeçar a busca, e assim sucessivamente, pois ele afetivamente busca algo que é simbólico, e sua busca está somente na projeção exterior.

Pode-se, portanto, afirmar que quando a paixão fecha os olhos torna-se mais consciente, ou seja, desde que se tenha uma visão interior do verdadeiro objeto de um impulso de paixão, pode-se ver o significado simbólico daquilo que está sendo objeto dos impulsos e, então, tem-se o verdadeiro ouro. A paixão está desperta, mas voltada para dentro e, exteriormente, é como se ela estivesse dormindo. Nesse caso, renuncia-se ao desejo das coisas exteriores que, por sua vez, desaparece e se aquieta. Ora, o menino de nossa história não enfrenta o leão, pois colhe a água da vida enquanto o leão está dormindo, ou seja, quando ele está de olhos abertos, o que significa que ele se encontra em estado de cega avidez e, portanto, nem repara que seu maior bem está sendo roubado.

Separar o fluxo da vida do fator avidez seria o mesmo que perceber que aquilo que o ser humano busca não é o objeto desejado, mas a água da vida: o verdadeiro objetivo é estar vivo de maneira significativa. A avidez é uma cegueira que pode perfeitamente ser posta fora do contexto. O menino se esgueira, passa diante do leão e sai, e quando este acordar — bem, o menino já está de posse da água; é tarde demais!

Talvez seja essa a maneira feminina de comportar-se: um herói, em lugar disso, teria subjugado o leão, tal como Hércules, por exemplo, teve que fazê-lo. Aqui, existe unicamente a ideia de não confrontar-se. Acho que por causa dessa artimanha discretamente evasiva de não lutar com o leão e sim usar astúcia com ele, é que a bruxa consegue voltar outra vez. É um tanto desprezível comportar-se assim, simplesmente se furtando à paixão.

Há pessoas que a certo estágio da análise se veem presas de uma selvagem e apaixonada transferência com o analista e, então, já não conseguem mais se libertar disso, por não quererem levar uma bordoada na cabeça. Se virarem leão, elas evidentemente levarão bordoadas em consequência, mas como não gostam de ser torturadas, deixam o leão bem guardadinho no bolso, e nunca o mostram. O que quer dizer que elas jamais confessam sua transferência apaixonada. As mulheres agem assim apoiando-se no animus dizendo: "Ora, eu sei que ele não está enamorado por mim e, portanto, devo ser razoável"; "Meu analista é casado..." ou sabe Deus o que mais! Desse modo elas jamais permitem que seu leão escape e, então, declaram (o que não se pode negar): "Também sei que o principal objetivo de meu processo analítico não é ter um caso amoroso com o analista; sei de tal coisa pelo simbolismo de meus sonhos; portanto, por que haveria eu de me meter nisso?" Elas tentam obter a água da vida e, simplesmente, deixam o leão fora de cena, o que até certo ponto conseguem.

Isso pode ser feito com bastante sucesso, desde que o verdadeiro e principal objetivo interior da vida não esteja aí; pois, pode-se, por assim dizer, deixá-lo de lado.

Mas com isso a pessoa acaba fugindo de um processo do sofrimento. Se enfrenta o leão antevendo que no final ele vai ter que ser morto, ela passa por certas coisas que, do contrário, não teria oportunidade. Sentir-se torturado pela própria paixão é bastante significativo, embora não seja agradável, e é por esse motivo que certas pessoas procuram eximir-se, por saber antecipadamente quais seriam as consequências. Mas, desta forma, elas se furtam de uma espécie de fogo de cozimento que, se tivessem a ele se submetido estariam mais "cozidas", ao passo que não o fazendo elas permanecem um tanto "cruas".

Retornando à nossa história, o menino sumiu do leão, colhendo a água enquanto ele estava de olhos abertos. Desse modo, conseguiu formar uma fonte de prata no quintal de sua casa, onde vivia com a irmã. Mas a velha feiticeira aparece de novo e verifica não ter conseguido matá-lo. Por isso, torna a lançar o veneno da ambição na mente da menina, falando-lhe do carvalho cujos frutos são bolotas de prata encimadas de ouro. Esse fruto é símbolo da unificação dos opostos, a prata e o ouro, metal lunar e metal solar. Basta que o menino quebre um pequeno galho, um raminho do carvalho, e o plante no quintal, para que ali brote outro igualmente belo. Mais uma vez ele se põe a caminho e novamente lhe vem ao encontro o velho sábio, que o aconselha a montar um cavalo para dirigir-se até o carvalho. É preciso, porém, ficar atento com a serpente guardiã, somente quebrar o ramo da árvore quando ela esconder a cabeça para dormir. O menino assim procede e obtém o galho. A seguir, vem o terceiro episódio, o do papagaio branco.

Temos que amplificar as ideias referentes a esse estranho carvalho. Assim como já fizemos examinando o simbolismo alquímico do tema da água de prata, assim também vamos conseguir desvendar outros simbolismos alquímicos relacionados ao carvalho e, até mesmo, descobrir uma conexão entre este e a fonte de prata, mencionada na segunda parte de *Mysterium conjunctionis* (Os paradoxos), de Jung. Nesse texto ele se refere a vários comentários alquímicos, entre outros, concernentes a uma inscrição (fictícia?) bastante misteriosa existente numa antiga pedra tumular supostamente dedicada a *Lucius Agatho*. Existe uma maravilhosa coleção de tratados sobre isso, onde todos os mais diferentes eruditos da época tentaram explicar esta misteriosa inscrição que, afinal, resume-se numa projeção de algum tipo de história de *anima*. (Escreve Jung, no§ 69).

Dentre as inúmeras interpretações dadas pelos comentaristas eu gostaria de mencionar uma que me parece merecer ser salva do esquecimento. É ela a opinião expressa por dois amigos de Malyasius (veja p. 127), e diz que Lucius Agatho foi, realmente, uma pessoa, mas que Aélia era uma "mulher fictícia", ou mesmo um "gênio mau" em forma de mulher, ou então algum "espírito insubmisso" que, segundo um deles, "flutua pelos ares" e segundo o outro, habita na terra, onde está "enclausurada e fixada dentro de um carvalho de Juno"; "duende silvestre, ninfa ou hanadríade" ela, ao ter sido o carvalho queimado e decepado, viu-se obrigada a buscar outra morada e, por isso, foi encontrada "como morta nesse sarcófago".

Diz Jung que, segundo tal teoria, Aélia é a *anima* de Agatho que foi projetada num "carvalho de Juno" (§ 70 e ss). O carvalho pertence a Júpiter, mas é igualmente consagrado a Juno. Tanto as ninfas como todos os demais espíritos femininos das árvores são, naturalmente, projeções de *anima*. A interpretação se encontra na *Dendrologia* (ciência das árvores), de Ulysses Aldrovandus, onde também se encontra uma maravilhosa descrição dos efeitos da *anima* no homem, especialmente quando ele se acha sozinho em meio à natureza, pois, então ela se põe a arreliá-lo com fantasias. Ela é uma incertíssima amásia, uma bem-amada muito incerta.

O túmulo é dedicado a um certo Sr. Quintus Vorconius Agathoni. Eles não consideraram o ponto que abreviava Quinto em Qu, e, então, leram como se fosse Querconius Agathoni, sendo *quercus,* um carvalho, projetado em tal nome. Um outro alquimista, para explicar o nome do homem, trouxe à baila um poema italiano da época, referente ao carvalho do sol e da lua, que representa o mundo elementar.

Diz o poema:

> Num jardim adornado de miraculosas flores
> brotam uma rosa rubra e uma rosa branca.
> Bem no centro um grande carvalho cresceu
> E eis que dele saltaram quatro sóis.

Na versão latina, dizia-se que as flores do carvalho não eram apenas quatro sóis, mas que dele brotavam, como flores, o sol e a lua.

Como observa Jung, isso provavelmente constitui uma vaga reminiscência do famoso carvalho do antigo filósofo Pherecydes. Esse filósofo interpretava o mundo inteiro como sendo um imenso carvalho, sobre o qual se estendia um manto onde estavam bordadas todas as coisas, de modo que nosso mundo, em verdade, é o bordado que foi lançado sobre o carvalho-mundo.

Outro importante texto, relativo à conexão existente entre a fonte e o carvalho, pode ser encontrado em parábola escrita pelo famoso Bernardus Trevisanus (Conde de March e Trevis, que viveu de 1406 a 1490).

Diz Jung: (§ 74)

> Ele conta a parábola de um adepto que encontra uma límpida fonte represada na mais fina pedra

e "fixada ao tronco de um carvalho", tudo circundado por um muro. Ali o Rei se banha e busca a renovação. Um velho, Hermes o mistagogo, explica como foi que o Rei mandou erigir tal banheira, instalada num velho carvalho "fendido ao meio". A fonte era rodeada por espesso muro e "a princípio estava engastada em uma pedra dura e brilhante e, depois, no buraco de um carvalho".

Como Jung faz notar, nessa parábola não existe Rainha. Já interpretei em algum lugar essa parábola, quando disse achar muito provável que seu autor fosse homossexual, sendo talvez esse o motivo pelo qual o elemento feminino só aparecesse assim, de maneira tão inumana e primitiva. É provável, diz Jung, que o carvalho desde então passe a substituir a Rainha, e neste caso torna-se interessante o fato de ser ele oco, estar fendido ao meio e conter em si aquele receptáculo ou bacia. Representa, portanto, a mãe em forma dúplice, o princípio materno e a fonte de vida. O banho do Rei é, por assim dizer, um útero materno no qual ele se renova. E então Jung prossegue citando outros textos alquímicos que se revelam mais ou menos influenciados por essa clássica e famosa parábola do Conde de Trevis.

Acho provável que tal parábola também tenha influenciado nossa história. Caso estejam lembrados, afirmamos que o elemento feminino que faltava, o elemento mãe, parece constituir o problema da nossa história, e que tanto a fonte como o carvalho parecem representar símbolos maternos, dos quais provém a renovação. Contrastando com a fonte de prata, que implica unicamente no elemento feminino, o carvalho contém ambos os elementos, visto as bolotas serem de prata e ouro, unificando, portanto, os opostos sol e lua, macho e fêmea.

Assim é que, dirigindo-se para o âmago do insconsciente, o símbolo que o irmão tem de trazer de volta torna-se cada vez mais essencial e importante. Esse misterioso carvalho-mundo, que representa a matriz e o lugar de renovação, tem como guardiã, no inconsciente, uma serpente que contrasta com o leão da fonte prateada. O ramo, com seu fruto, tem que ser roubado enquanto a serpente estiver com a cabeça escondida. Isso não é tão paradoxal quanto o caso do leão, pois o normal é uma serpente esconder a cabeça quando adormece. No terceiro estágio ocorre o mesmo com o papagaio, que esconde a cabeça sob a asa, posição óbvia de dormir.

PERGUNTA: Com referência à bolota de prata, seu cálice deveria ser feminino, mas aqui é de *ouro,* ou seja, masculino. Visto ser o cálice, geralmente, símbolo feminino, haveria nisso alguma inversão?

Sim, é curioso que ocorra aqui uma inversão. Seria de esperar que o cálice, o recipiente, fosse feminino, e que a bolota fosse de ouro. Tal coisa deve estar relacionada ao fato de que, em nossa história, tudo se encontre mudado, ou não muito compreensível, visto não se adentrar ela suficientemente pelo problema da alquimia. Até onde consigo julgar, isso estaria psicologicamente relacionado ao fato de o cálice também significar *Auffassung,* apreensão, ou compreensão de alguma coisa, neste caso, digamos, do processo de assimilação psíquica. Nos países mediterraneos, o paganismo pré-cristão e sua continuidade foi assimilado de uma maneira especialmente feminina, ou seja, estética e poeticamente, sem que fosse considerado seriamente do ponto de vista filosófico e religioso. Uma grande parte do paganismo estético e poético é posta de lado, simples e dogmaticamente. É esse o meio de deixar que as coisas corram sem que se faça delas um problema de Logos — *donnezleur une âme, mais une petite* — que é a maneira feminina de conciliar as coisas incompatíveis. Poder-se-ia, portanto, afirmar que o ouro, símbolo da meta do processo alquímico, é assimilado, captado, ou apreendido, por um modo feminino. O mesmo se deu na Renascença, quando se cogitou em reviver a antiguidade pagã, mas essa renovação permaneceu apenas no âmbito das coisas estéticas e dos jogos poéticos, excluindo-se desse âmbito alguns poucos filósofos. E apesar de alguns papas romanos serem muito entusiastas em relação à renovação, eles não fizeram disso problema religioso. Poucos foram aqueles que apontaram certas dúvidas quanto a essa revivificação da antiguidade, mas mesmo assim, isso jamais se tornou uma briga, cisão ou um problema real. Se ocorre é porque a *anima* é conciliadora de opostos e, do ponto de vista do sentimento, as coisas mais impossíveis podem ser conciliadas. Nos países mediterrâneos há grande predominância de arquétipos de mãe e de *anima*, muito mais do que nos países do norte da Europa. Lá existe essa conciliação de opostos; o que para os do Norte, parece incompatível, no Sul é satisfatória e esteticamente contornado. Isso pode achar-se relacionado ao cálice de ouro: o receptáculo é feminino, a compreensão da meta do filósofo é feminina, não reside no Logos e sim em Eros.

Apanhar o ramo enquanto a serpente não vê é a repetição do tema de contornar a coisa central, o que constrasta com certos temas alquímicos, já por mim citados, em que o dragão guarda o carvalho, mas o herói tem de matá-lo. Aqui o dragão, ou serpente, que se equivalem mitologicamente, não precisa ser sobrepujado, mas apenas logrado, enquanto dorme. Portanto, o confronto com os elementos, mais uma vez é evitado, sendo somente arrebatado o fruto do inconsciente.

Isto sugere certa superficialidade que provavelmente deve correlacionar-se ao fato de serem crianças o herói e a heroína da história e, consequentemente, toda ela desenrolar-se numa linha infantil. O herói é um símbolo de renovação da personalidade, mas, ainda em *status nascendi*, ou seja, em nível infantil, não ocorrendo ali nenhuma confrontação real com as camadas mais profundas do inconsciente. É o velho sábio que aconselha essa maneira superficial de ser, como a melhor maneira de eles escaparem às dificuldades, portanto, não devemos criticá-la, e sim aceitá-la como justa. Ela corresponde a uma certa atitude sábia, a de não nos engajarmos em conflitos enquanto não estivermos aptos para tal.

A mesma coisa frequentemente acontece em situação analítica, pois de nada adianta mexer com camadas mais profundas do inconsciente, se a consciência não se encontra preparada. Em tais casos, geralmente, surge uma tendência natural e instintiva a desviar-se, ou evitar o confronto, algo em que certamente o analista não deve interferir. Se o analisando se sente inclinado a fugir de certos problemas, é preciso que se considere a possibilidade de não se achar ele apto a confrontar-se com tal camada mais profunda e, nesse caso, desviar-se do problema essencial denota sabedoria.

Sabemos, pelos trabalhos de Jung, a quão profundas águas nos leva o simbolismo alquímico. Trata-se, nem mais nem menos, de uma espécie de secreta tendência religiosa compensatória, relacionada com a doutrina cristã oficial, do mesmo modo como os sonhos relacionam-se com a consciência, ou seja, em parte compensatória. Portanto, se o problema do leão e da serpente fosse assumido, isso significaria que se estaria levando em conta, de maneira mais séria, o problema da atitude não cristã, da atitude pagã. Pode-se imaginar o que isso significaria numa Espanha católica! A atitude hispano-católica é, até certo ponto, responsável por essa fuga à confrontação com o problema do leão e da serpente. Na versão original (versão persa) essa história não apresenta o problema de uma doutrina eclesiástica, mas ela foi assim alterada para adaptar-se à situação do país em que está sendo contada.

Também poder-se-ia dizer que a relativa suavidade e a pouca dramaticidade da história são reveladoras da situação psicológica nacional dentro da qual ela surgiu, isto é, a principal fonte de experiência religiosa está contida na doutrina e na Igreja católica e, consequentemente, as tendências subjacentes acham-se relativamente despotencializadas, motivo pelo qual as camadas mais básicas do inconsciente permanecem intocadas.

A bruxa, porém, ainda não está satisfeita e por isto volta a lançar o veneno do desejo no coração da menina, dizendo: "Bem, mas vocês ainda precisam conseguir um papagaio e eu conheço um muito valioso, pois quem o obtiver ficará rico para sempre; seu irmão devia ir buscá-lo agora mesmo". Desta vez o irmãozinho tem um claro pressentimento de algo, e percebendo que a tarefa iria ser demasiado difícil, tenta eximir-se. Até mesmo revida à irmãzinha: "Desse jeito você vai acabar me matando!", mas a irmã insiste. Ele, então, parte em busca do papagaio, e de novo o velho encontra-se com ele e lhe diz o que fazer. "Você vai chegar a um lindo jardim todo arborizado e cheio de pássaros", diz ele, "e logo vai aparecer um lindo papagaio que irá pousar sobre uma pedra circular (aí vemos novamente a pedra circular que cobre a mina de água, da parábola de Trevisanus), aí ele começará a dar voltas e a dizer: 'Não haverá alguém que me queira aprisionar? Se ninguém gosta de mim, que me deixem só! Então, o papagaio meterá a cabeça debaixo da asa, e você pode capturá-lo; mas não seja muito precipitado, porque se o agarrar antes de estar completamente adormecido, ele escapará e você será transformado em pedra e ali ficará com todos os que anteriormente já estiveram nesse local".

Tudo se passa como o velho previu, mas o menino sente-se um tanto nervoso. Logo que o papagaio esconde a cabeça na asa, ele precipitadamente estende a mão. Foi cedo demais! O papagaio levanta voo e o menino fica petrificado e não retorna.

É claro que precisaríamos aprofundar-nos mais no estudo desse papagaio, porém, no momento, eu preferiria ainda não abordar esse problema de maneira mais profunda porque, como se constatará, isso fará com que nos adentremos demais no problema ulterior da história. Por enquanto basta lhes dizer que, em algumas dessas séries de histórias árabes, o papagaio corresponde a uma espécie de Hermes Mercúrio, de um psicopompo que fala a verdade (embora de maneira dúbia), o qual, por isso mesmo, leva as mais variadas histórias dramáticas a um final positivo.

Existe uma versão pérsico-turca de um famoso livro intitulado *Tuti Nameh, the book. of the parrot* (O livro do papagaio). Trata-se ele uma coletânea de novelas orientais, semelhante às *Mil e uma noites*. Como é sabido, nas *Mil e uma noites* o Rei pretende matar Sherazade. Para retardar a própria morte, ela, todas as noites lhe conta uma nova história, até que o rei, findas as mil e uma noites, acha-se tão cativado por ela que não mais tenciona matá-la.

O *Tuti-Nameh* é a história de um jovem mercador que se acha terrivelmente apaixonado por sua jovem esposa, sentindo-se ambos muito felizes juntos, até que ele, um dia, vai ao mercado e ali lhe oferecem um papagaio. Ele declara não poder pagar mil moedas de ouro por um pássaro tão tolo, mas o proprietário afirma-lhe que o pássaro até conhece o Alcorão de cor. A isso o mercador responde indagando qual a utilidade de um pássaro citar o Alcorão, uma vez que ignora o significado das palavras que diz, e mesmo recitando todos os versículos da oração, isso não implica que quem o ouça deva orar! Por que haveria ele de dar mil moedas de ouro por tal papagaio? As respostas dadas pelo papagaio são sempre poéticas e, então, "fervente como o mar, canoro como rouxinol", exclama ele: "Eu te louvo, Sâid, pois o que dizes não é insensato e sim correto, mas só se aplica aos demais pássaros e bichos, não a mim. De meu coração transbordam pérolas de sabedoria, preciosas gemas do conhecimento da verdade; nem mesmo o futuro é por mim ignorado e o próprio sobrenatural é apreendido por minha inteligência. Quem seguir meus conselhos se põe a caminho da felicidade". Em seguida, ele declara seu desejo de ser comprado pelo mercador, pois não queria cair em mãos de algum tolo que não lhe reconheça o valor e que venha a torturá-lo. Sâid então lhe responde: "Pois bem, principio a sentir-me bastante inclinado a comprar-te mas, como vês, toda a minha fortuna consiste nestas mil moedas de ouro". "Tal conversação", diz-lhe o papagaio, "é bem própria de um homem com teu discernimento e inteligência, mas tenho a fazer-te uma sugestão. Existe no mercado uma especiaria que hoje pode ser adquirida a preço bem baixo, mas que em três dias virá a ser procurada por todos os mercadores dos arredores e, então, dar-se-á um incrível aumento de seu preço e com isso ganharás muito dinheiro". Sâid aceita-lhe o conselho e assim ganha mais 5.000 moedas de ouro, de modo que consegue comprar o papagaio. Chega até a comprar-lhe uma esposa, e então passam todos a viver um quaternário: Sâid, sua mulher, o papagaio e sua fêmea.

Então, certo dia o papagaio lhe faz ver a vantagem de se fazer uma viagem além-mar, e o jovem Sâid fica tão impressionado que resolve partir, revelando à mulher sua intenção. Esta chora e se lamenta, mas Sâid, para consolá-la, explica quanto isso lhes será vantajoso, ao que ela retruca dizendo que em tempos anteriores ele não a teria deixado nem um segundo sequer. Apesar disso, Sâid consegue acalmá-la e se põe a caminho. Após sua partida, a esposa, que se chamava Mâhi-Scheker, frequentemente se aproxima da gaiola do papagaio para queixar-se. Passado um ano, porém, ela se apaixona por um belo rapaz da vizinhança e, após leve conflito moral, decide ir avante e encontrar-se com ele. Sentindo-se, no entanto, um pouco preocupada, lembra-se que seu marido lhe recomendara que, caso algum dia ela viesse a se enamorar de um outro jovem, pelo menos buscasse aconselhar-se com o papagaio. Ela porém, achando-se mais à vontade com outra mulher, revela seu plano à fêmea do papagaio. Ao que esta exclama: "Oh! Por Deus! Isso é imoral, não deves fazer isso, tens que ser fiel a teu marido!" O fato provoca tal fúria na mulher do mercador que esta, agarrando o pássaro, torce-lhe o pescoço, matando-o. Mas sua fúria foi tamanha que ela nem mais desejou ir ao encontro do rapaz, e esperou a noite seguinte para, então, voltar a enfeitar-se, apesar de ainda experimentar vagas crises de consciência. Desta vez, dirige-se ela ao próprio papagaio e revela-lhe seus planos, enquanto este se diz: "Ai de mim, em que encrenca estou metido! Se lhe disser que não deve ir, serei morto, como o foi ontem a minha esposa. Por outro lado, porém, tenho que impedi-la de ir!" E assim responde-lhe: "Estás absolutamente certa!" e passa a fazer-lhe uma série de elogios poéticos, e de elogios ao seu futuro amante, dando inteira aprovação, mas que ele ainda precisava meditar cuidadosamente sobre todo o assunto. Desse modo ele consegue acalmá-la, e passa a noite inteira a pensar como fazer. Na tarde seguinte, Mâhi-Scheker volta a enfeitar-se e a dirigir-se ao papagaio, o qual novamente a lisonjeia, dizendo que embora fosse Sâid quem o comprara, era ela quem o alimentava, mas que ela tivesse cuidado para que não acontecesse com ela o mesmo que acontecera a Fulana de tal... "Ah! E o que foi?" pergunta Mâhi-Scheker. "Ora, a história é muito comprida e não posso contá-la agora", diz o papagaio, e continua: "a noite já vai avançada, e eu pensei tanto no assunto que passei a noite inteira acordado, agora, mal consigo manter os olhos abertos". Ela então consente em ir descansar, porém, na noite seguinte, vai ao encontro do papagaio e este lhe conta uma longa história à maneira oriental, e a manhã desponta e já é tarde demais. Outra noite perdida!

E assim, como a Sherazade das *Mil e uma noites,* todas as noites o papagaio conta a Mâhi-Scheker uma história linda e diferente, impedindo-a desse modo, de cometer adultério, até que é chegado o dia em que o marido regressa. Aí, então, o papagaio relata a coisa toda e dá-se a reconciliação geral. Como prêmio por haver salvo toda a situação, pelo que a esposa também se sente agradecida, o papagaio só pede que o ponham em liberdade, e que lhe permitam voar para onde quiser. E assim eles vivem felizes e juntos para sempre, e o papagaio vem visitá-los de tempos em tempos. A história termina com uma exortação moral dizendo que tais contos devem ser tomados muito a sério e sobre os quais se deve meditar bem.

Existe muito mais, quanto a esse papagaio, mas aqui pode-se ver que ele atua como uma espécie de espírito levemente paradoxal, vagamente ambíguo, mas com intuitos positivos. Nessa versão do *Tuti-Nameh*, ele pode ser comparado à famosa figura do Khidr, primeiro anjo de Alá que, como recordarão os que leram a interpretação do 18º

Surá do Alcorão feita por Jung, também atua desse mesmo e estranho modo, ou seja, com uma espécie de moral mais alta e mais paradoxal. Considerado mais ingenuamente, como o é Moisés no 18º Surá do Alcorão, sua aparência é de moralidade, mas seu verdadeiro significado é a procura de uma forma mais elevada de cumprir a vontade de Deus, uma forma mais alta de discernimento ético. De certo modo, porém, o papagaio se comporta de maneira ambígua, porque parece aprovar o caso de amor, e de forma bem desonesta, ao cumular Mâhi-Scheker de lisonjas e toda espécie de louvores poéticos, consegue iludi-la, visando seu próprio bem.

Há outros contos fantásticos turcos nos quais o papagaio se revela, ao contrário, nitidamente destrutivo, como por exemplo, no caso de certa mulher que se enamora de um jovem no sentido positivo do termo, e que, segundo a história, tinha que possuí-lo, é o papagaio quem a delata ao inimigo. Percebe-se, portanto, ser o papagaio um personagem muito ambíguo, geralmente positivo, mas às vezes, também, surgindo no contexto da história como caluniador e destrutivo. Mesmo aqui ele ainda conserva algo dessa ambiguidade mercurial na sua maneira de se mover em círculos enquanto exclama: "Não existirá aí alguém que me queira aprisionar? Ninguém que me queira prender? Se ninguém me quer, então que me deixem só!" Pode-se constatar que ele não se impõe a ninguém, ele é o espírito da natureza: se a gente o captura, muito bem! Mas ele possui essa mesma atitude evasiva que os alquimistas sempre lamentam em Mercúrio, ao qual eles buscam e que sempre escapa ao alcance humano.

A feiticeira não vê esse aspecto do papagaio, ela somente afirma que quem o capturar ficará rico por toda a vida e, pelo conto de *Tuti-Nameh*, constatamos que o papagaio é perfeitamente capaz de urdir artimanhas muito concretas, tal como essa de enfrentar o problema da bolsa de valores! Também neste campo ele se encontra muito bem atualizado e consegue dar conselhos muito bons embora não seja esse o seu principal propósito. No conto de *Tuti-Nameh* ele efetivamente se utiliza da avidez por dinheiro para fazer com que o mercador o compre e aí começa a dar conselhos os mais diversos, não apenas concernentes a dinheiro. A bruxa, porém, só vê vantagem material, o que nos leva de volta ao que mencionei anteriormente: essa eterna tendência humana de explorar a natureza e, considerando-se que também o inconsciente é natureza pura, de explorar também a este modo igualmente utilitário. Está certo que isso venha da boca de uma feiticeira, por ser coisa tão completamente destrutiva quanto o é a exploração da natureza.

Tal veneno frequentemente se evidencia, por exemplo, nas pessoas que leem Jung com infantilidade, por se aperceberem que, obviamente, o fato de estar bem com o inconsciente faz com que a pessoa se sinta melhor. Aí então, tais pessoas passam a obedecer a seus sonhos, no intuito dissimulado de se tornarem um figurão da sociedade, ou o mais atraente dos homens aos olhos das mulheres, ou Deus sabe o que mais estejam pretendendo, e repentinamente ficam furiosos quando se apercebem de que tal coisa não dá resultado. Essa espécie de trama infantil de querer explorar o inconsciente e de estabelecer metas por razões puramente conscientes já se insinuou até o íntimo do relacionamento deles com o próprio inconsciente. Como se sabe, o processo de individuação, segundo o que se pode ler a cada página dos livros de Jung, consiste em se tornar alguém feliz consigo mesmo e não em alguém se tornar feliz como num jardim de infância. Não obstante, o tal veneno está sempre a insinuar-se, vezes sem conta. Ele é a bruxa que destrói a pureza de intenções no relacionamento com o próprio inconsciente, que está sempre a sugerir algum propósito errôneo.

Mais tarde vamos ter de aprofundar-nos muito mais em seu significado, mas, por enquanto, suponhamos que o papagaio represente algo como uma verdade fugidia que possamos obter de produtos inconscientes. Ela nos é sugerida por sonhos e visões, em reações inconscientes, por exemplo, com uma imprecisão de tons não muito de acordo com nossos pontos de vista conscientes, embora não difira deles.

O papagaio tem que ser agarrado quando coloca a cabeça sob a asa, coisa que sugere um tema diferente: aqui, é o próprio objeto que tem de ser capturado enquanto está adormecido, ao passo que no caso da água e do ramo, era o guardião do objeto que precisava estar adormecido. Isso está relacionado ao fato aparente de ser o papagaio muito fugidio; seu sono é muito leve, e, se não o agarramos enquanto ele está inconsciente, ele levanta voo e foge, como acontece na nossa história (na versão persa original, acontece o mesmo, pois o papagaio nunca adormece e sempre foge das flechadas). O motivo principal consiste, portanto, nessa fugacidade, e é isso que deixa o irmãozinho nervoso, sôfrego e ansioso por atingi-lo.

A fugacidade do espírito da verdade na natureza é lindamente descrita, no início da Odisseia, no relato de Menelau a Telêmaco (que andava em busca do pai, Ulisses) de como ficara encalhado na ilha de Faros. Tiveram de encontrar Proteus, o Rei do Mar, para poderem partir. Ao meio-dia Proteus põe-se a contar seu rebanho e depois deita-se e adormece. Menelau e seus companheiros tinham de precipitar-se sobre ele, agarrá-ló e dele obter a verdade a fim de descobrirem qual o deus que tão bruscamente interrompera a viagem de Menelau, e como deveriam eles retornar ao lar. Logo que Proteu é capturado, transforma-se primeiramente em leão, depois em serpente, em pantera, num grande javali, em seguida em água e depois em árvore. Sua mudança de forma é tão rápida e frequente que Menelau e seus três companheiros têm de agarrá-lo com toda firmeza, sem deixá-lo, enquanto ele não reassumir sua forma própria, a de Proteu, o velho Rei do Mar. Nesse preciso instante, Proteus indaga: "Então meu filho, que desejas?" Em grego o velho Rei o Mar tem por nome Nemertes, que significa "o voraz", mas a despeito do fato de ele jamais enganar, falando sempre a verdade, ele passa através de toda aquela fantasmagoria e tem de ser mantido cativo por longo tempo antes de declarar a verdade.

O problema é idêntico àquele da fugacidade do espírito do inconsciente, e quem quer que tenha passado pela experiência de lidar com o próprio inconsciente bem sabe quanto ele, às vezes, consegue fazer-se escorregadio. É isso que tanto irrita, principalmente quando se está em conflito e se anseia por um conselho, pois, em lugar de mostrar-se bonzinho e dizer o que é preciso fazer, e quando fazer, qual criança bem comportada uma vez que se está disposto a também ser criança bem comportada e obediente — os sonhos realmente parecem estar caçoando da gente! Dizem: "Pode fazer isso, ou pode fazer aquilo!" Parecem estar dando conselhos, mas sempre nos resta uma dúvida, e aí depois de se discutir o sonho com o analista durante uma hora, acaba-se declarando ter ficado na mesma, sem saber o que o sonho significa, pois tanto pode significar uma coisa, como pode significar exatamente o contrário. Portanto, você está sendo iludido, e quanto mais se sentir impelido a se deixar arrebatar por ansiedade ou mau humor, tanto pior. Geralmente, quando se continua a observar os sonhos sem que se faça qualquer movimento precipitado, a situação se esclarece e, eventualmente, se consegue ter um sonho que exemplifica claramente a questão, ou então a própria consciência se apercebe do que convém fazer. Neste caso, chega-se a uma decisão sem precisar de sonho, tendo-se a clara noção do que será preciso fazer e, então, é a isso que a pessoa se apegará, não importando o que o inconsciente pense do assunto; a solução pela agonia da dúvida, a solução por meio de uma terceira alternativa também ocorre. Mas é preciso ter esteio, ter força de personalidade interior para suportar tal agonia. Como se sabe, a pressa pertence ao diabo, como dizem os alquimistas, e toda precipitação ou ansiedade nervosa por uma solução rápida é sintoma de fraqueza e de infantilidade psicológicas. O pânico é realmente catastrófico, no trato com o inconsciente.

A fugacidade desse espírito da natureza, porém, sempre nos lança em tal situação, e é assim que atua, também, o papagaio. Seja quem for que o capture tem o direito de levá-lo, mas, se não puder é melhor deixá-lo sozinho. Também acontece que, em situações de conflito, o inconsciente às vezes não se refere ao conflito. Um homem, inseguro quanto a divorciar-se ou não passa dia e noite atormentado, a subir e descer os degraus da dúvida, ao mesmo tempo seus sonhos lhe falam de coisa inteiramente diversa, exatamente como se o conflito consciente não existisse. O justo seria desligar-se de tudo e dar atenção ao inconsciente, mas às vezes a consciência se acha tão presa à própria maneira de ver e às próprias ideias sobre a resolução dos conflitos que o inconsciente nem sequer é ouvido; é então que ele, metaforicamente falando, encolhe os ombros dizendo: "Se ninguém gosta de mim, ninguém precisa me prender", como diz o papagaio. Assim como esse papagaio, o inconsciente também não assume qualquer atitude missionária, se bem que, no fundo, pareça ser benévolo.

Para ser capturado, é preciso que o papagaio esteja adormecido, assim como a serpente e o leão também tinham que estar dormindo (embora o último de olhos abertos) para que os preciosos objetos por eles guardados pudessem ser colhidos. Aqui, a esperteza do papagaio é que tem de ser sobrepujada, ao contrário do que acontece na história original do *Tuti-Nameh,* onde o papagaio se parece bem mais com um missionário, pois ele quer de fato ajudar Sâid, se bem que disso também lhe advenha vantagem. Ele pretende ser livre, não quer cair nas mãos de um tolo qualquer e, mais uma vez, mostra-se igualmente evasivo, tanto na história persa quanto na nossa. Portanto existem diferentes versões sobre o tema do papagaio, como constatamos ao ampliar o tema, mas vamos nos ater a nossa versão, na qual ele precisa estar adormecido. Isso torna óbvio que o choque daquilo que denominarei de inconsciência, a alerta vivacidade do papagaio, tem que ser outra vez evitado, assim como precisa ser evitado o choque com a serpente que esconde a cabeça. Depois de ter escamoteado esse tema retorno a ele, porque tal como o fez a serpente, o papagaio tem de esconder a cabeça.

Em alquimia, a serpente é geralmente representada como serpente que morde a própria cauda, a famosa Ouroboros, sendo isso considerado como uma unificação de opostos, de cabeça com a cauda. A cauda, às vezes, é interpretada como coisa fálica, pois entra pela boca da serpente, sendo a cabeça interpretada como extremidade feminina. Ela abrange, portanto, os opostos macho e fêmea. O mais frequente, na alquimia, é que a cabeça da sepente Ouroboros seja considerada como o elemento significativo positivo na matéria-prima, o seu elemento espiritual; e a cauda é o elemento destrutivo, venenoso. Há vários textos gregos que dizem que se deve considerar apenas a cabeça, quando se lida com a serpente, deixando-se de lado a cauda, ao passo que outros textos dizem que toda serpente deve ser cozida, pois é ela a matéria-prima. Mas se há algo de dúbio é na cauda, e não na cabeça. Isso naturalmente se refere ao conflito milenar da civilização ocidental, entre os chamados aspectos espirituais e os chamados aspectos físicos ou materiais do processo psíquico e do inconsciente. Onde quer que haja influência de espiritualização volta-se a verificar essa preferência pela cabeça em detrimento da cauda da serpente, sendo essa cauda mencionada como algo a ser jogado fora como *terra damnata,* que é como a chamaram os últimos alquimistas latinos, a terra condenada que deve ser lançada fora, e não integrada na obra alquímica. Em outros textos, tanto a cabeça quanto a cauda pertencem à obra, sendo caracterizadas como fálico e o receptivo, os extremos material e espiritual de uma só e mesma coisa.

PERGUNTA: Por que é que você se refere a um *assim chamado* aspecto mental e a um *assim chamado* aspecto físico do mundo?

Porque atualmente temos uma visão dividida do mundo a partir do nosso ponto de vista teórico consciente.

91

Duvido que isso seja mais que uma mera divisão consciente de um fenômeno. Portanto, a bem da clareza, refiro-me a ele como algo *assim chamado*. Como Jung indica em seus escritos, estamos provavelmente abordando um único e mesmo fenômeno, o qual, quando observado de dentro, parece psíquico e que, se observado estatisticamente e a partir do exterior, manifesta-se como físico.

Jamais constatei que no simbolismo alquímico a cabeça da serpente fosse negativa, por isso me parece muito inusitado, aqui, esse tema de que a serpente tenha que esconder a cabeça, quando esta não é perigosa. Do ponto de vista mais primitivo, mais natural, está claro que, escondendo a cabeça, a serpente tem menor chance de ver o garotinho e, portanto, de picá-lo. No entanto isso não é lá muito certo, pois segundo se lê em Brehem, as serpentes têm vista muito curta e péssimo sentido de olfato. Possuem outros meios de saber se algum inimigo se aproxima. Parece que se apercebe disso através de vibrações da terra a seu redor e coisas assim (exatamente como, ainda não se descobriu, mas a concentração de percepção sensorial numa cabeça de serpente é, decididamente, muito limitada). Elas parecem ter sua capacidade de percepção difusa por todo o corpo. Os sapos têm capacidade de percepção parecida, porque, quando se destrói o olho de um sapo, ele assim mesmo ainda consegue enxergar vagamente através da umidade da pele, e somente quando a pele se resseca é que ele fica cego. Consequentemente, em tais camadas inferiodes da vida animal existe uma certa dose de sentido perceptivo algo difusa, mas até agora não sabemos bem como isso funciona, nem conhecemos os detalhes. Mas provavelmente, se uma serpente esconde a cabeça, considerando isso de maneira mais simplista, ela não enxerga, da mesma forma como um pássaro que esconde a cabeça sob a asa e não vê, podendo então ser capturado. Mas aqui surge, mais uma vez, o vago intuito de evitar um confronto direto com a serpente, assim como de evitar o confronto com o papagaio.

O confronto direto com o espírito do inconsciente não ocorre em momento algum dessa história, de modo que só o que permanece é uma certa atitude de exploração consciente, de se levar vantagem sempre que possível. Mas como dessa vez não foi possível, quem de fato começa a triunfar é a feiticeira. Ela manda a menina ir ver o que acontecera ao irmão, na esperança de que então possa agir de modo a conseguir destruir os dois. No entanto, a menina tem mais sorte que o irmão — ela de fato aguarda até que o papagaio esteja profundamente adormecido e, então, consegue agarrar o pássaro.

O final da história já não é de grande interesse, e de agora em diante já se pode resolver a coisa toda: o papagaio é o espírito da verdade, ele traz à tona a verdade, o bem é recompensado, o mal é punido, o velho quaternário familiar é restabelecido, já agora centralizado pelo papagaio que, provavelmente, lhes trará riquezas e bons conselhos até o fim de seus dias, ou pelo menos assim o esperamos.

Mas ainda não terminamos o tema desse papagaio. Até aqui apenas fiz um esboço dele, a fim de encerrar esta história. O problema é cheio de dificuldades e de impedimentos. Ainda não analisamos a petrificação, que advém da tentativa de capturar o papagaio às pressas. Vamos aprofundar-nos mais no assunto com o próximo conto, "O Banho Badgêrd", mas agora vou lhes adiantar um pouco acerca dele.

Aqui temos um extrato do poema *Tuti-Nameh*, referente ao papagaio. O *Tuti-Nameh* principia, é claro, "Em nome de Alá" e pelo poema que se segue:

> Por várias maneiras hei de louvar o Senhor,
> o exaltado Senhor de toda sabedoria,
> o qual pelo dom da fala distinguiu o homem
> acima de todos os seres viventes.
> Aquele que houve por bem erguer a cabeça dizendo
> Eu lhes concedi honra.
> Muitas mil vezes também quero bendizer
> o Senhor da profecia, luminosa estrela,

preciosa gema.
Na arca das preciosas pedras do falar
residem orgulho e júbilo de todo ser terreno.
Maomé, o eleito, o pássaro falante que tinha consciência
de não falar apenas por seu bel-prazer.
O rouxinol canoro cuja boca proclamou somente pura revelação
Quem por retos caminhos conduz à redenção os que se agarram às cordas de sua lei.

Como se pode ver, Maomé é aqui chamado de "pássaro falante", sendo naturalmente esse pássaro falante o papagaio, e no texto do verso ele é chamado de "rouxinol canoro", outro pássaro que também revela a pura verdade sem nunca falar de seu desejo — diríamos que ele nunca fala a partir do ego — mas ele é instrumento de anunciação da divina verdade de Alá. Assim, segundo esse poema introdutório, Maomé é identificado com o papagaio porque esse é o pássaro que fala a absoluta verdade.

Em outro trecho da história, diz-se que o papagaio é *"der Beredsamkeit Quelle — wundersamer Gedanker Türschwelle"* (a fonte da palavra — o liminar de estranhos e maravilhosos pensamentos). Isto é dito do papagaio justamente numa espécie de aparte em meio ao texto, enquanto o papagaio, referindo-se a si mesmo, diz estar repleto de pérolas de sabedoria, de preciosas gemas de conhecimento da verdade; tem o coração transbordante e conhece tanto o futuro como as coisas sobrenaturais. Tudo isso, realmente, diz respeito à interpretação que já procurei dar, ou seja, ao fato de ser ele um símbolo da misteriosa verdade da qual fala o inconsciente, limiar de maravilhosos pensamentos. Isso significa ser ele um fenômeno "limiar", pois sugere maravilhosos pensamentos do inconsciente em seu falar. Talvez seja o fato paradoxal de um pássaro falar em linguagem humana que o torna um símbolo tão apropriado. Tal símbolo sugere ser ele algo de não humano, pois sabemos que absolutamente não se compreende o que um pássaro pensa, ou faz o que não impede que ele, às vezes, consiga conversar em linguagem compreensível aos humanos. E por fim, mas não menos importante, está o fato de ser ele, também, um símbolo de Maomé.

Talvez devamos considerar esse poema da história como um adendo, pois duvido que pertença à versão original. Pode ser que o símbolo do papagaio, o fugaz espírito da verdade que repentinamente põe-se a falar do inconsciente, tivesse sido identificado com Maomé por algum devoto muçulmano, pois o papagaio é o único a dizer a verdade. Pela corda da lei do Alcorão, Maomé retira as pessoas do labirinto deste mundo e as conduz à eterna beatitude. A gente não pode deixar de compartilhar um pouco com Sâid quando ele, ao encontrar-se com o papagaio pela primeira vez, achou que, ainda que este lesse os versículos do Alcorão, isso nada significaria, porque ele não entendia o que lia! Ele apenas "papagueia" os versos do Alcorão, e ninguém precisa atendê-lo, mesmo que ele os chamasse à oração, cada um se limitaria a erguer os ombros, dizendo; "Ora, é só um papagaio e não um ser humano quem está falando!" Portanto, considerando ainda que em outras histórias turcas o papagaio se manifesta como destruidor e demoníaco, e que na presente versão ele é o culpado de ter petrificado tanta gente, talvez nos seja permitido colocar uma certa dúvida em relação ao nosso papagaio, assim como a Maomé, indagando-nos se também ele não expressaria essa perigosa tendência de repetir, mecanicamente, as verdades religiosas originais fazendo, por tal modo, com que as pessoas permaneçam inconscientes e tornando-se, por isso mesmo, um espírito destrutivo.

Isso vem, mais uma vez, exemplificar a terrível incompatibilidade existente entre a psique consciente e a psique inconsciente do ser humano, algo com que nos defrontamos, e que se transforma no mais urgente dos conflitos. Quando, por exemplo, estão em questão as maiores verdades, os problemas religiosos, até que ponto se faz necessário que as verdades já formuladas sejam repetidas, ou seja, que delas se faça uma lei consciente, um lema ou uma opinião consciente, de forma que as pessoas tornam-se papagaio repetindo mecanicamente tais verdades? Pois sendo verdades; não se pode simplesmente pretender mudá-las! De que serviria, por exemplo, que depois de se ter compreendido que dois e dois são quatro, se dissesse: "Ora, que me importa, estou farto de ouvir todos dizerem que dois e dois são quatro! De agora em diante vou passar a afirmar que dois e dois são cinco, só pelo gosto de mudar!" Sabe-se perfeitamente bem que tal coisa é impossível. Se uma coisa é uma verdade, então ela é sempre verdade e todo o mundo tem de concordar com isso, pois de outro modo seria, simplesmente, ridículo! Por outro lado, para aqueles que a *verdade* religiosa (a do Alcorão, por exemplo ou a dos ensinamentos de Buda) é a verdade, então só existe uma única possibilidade, que é a de ora em diante passar a repeti-la como uma verdade matemática. Mas então, olhe o papagaio! Vai-se escorregando até ficar igual a esse papagaio que, pelo menos na opinião de Sáid, fala sem saber o que está dizendo — ficando, por assim dizer, igualzinho a um mecanismo autômato. Hoje em dia poder-se-ia tomar o gravador por um papagaio e, então, deixá-lo repetir sempre a mesma verdade. Todas as religiões de livro, aquelas que se fundamentam em uma verdade revelada "de uma vez para sempre", veem-se natural e imediatamente ameaçadas pelo aspecto negativo do símbolo do papagaio e, consequentemente, pela petrificação.

Agora nós compreendemos o espírito de petrificação, pois quem cair vítima desse espírito papagueador, no sentido negativo da palavra, fica psicologicamente petrificado, não mais havendo desenvolvimento possível para ele. E não só o ser humano se petrifica, mas também toda uma civilização, como se comprova pela história, em suas diversas variantes. Quando isso ocorre, aparecem aqueles habituais mecanismos religiosos, litúrgicos e outros, destituídos de qualquer significado ou experiência profundos, que petrificam a sociedade inteira, seus indivíduos e seu desenvolvimento. É claro que se pode retrucar: "Sim, mas isso só se dá com aqueles que não sabem agarrar o papagaio", o que de fato é verdade. Através de toda essa camada de tradição mecânica, ainda é possível apreendê-lo e compreender o seu significado original, em sua essência vital e primordial e, nesse caso, a petrificação não se verifica. Se ainda se consegue ler um desses textos de revelação, ou uma dessas experiências religiosas com os olhos da alma, então ele ainda transmite a vida e o significado originais e, em tal caso, a petrificação não ocorre. Mas isso depende de se agarrar o papagaio no momento certo, na ocasião em que ele não consiga escapulir. Se a pessoa se descuida, o significado original lhe escapa e ela se deixa desviar por palavras. Quem quer que tenha estudado teologia, ou que tenha analisado teólogos, em qualquer civilização, saberá a que me refiro. É uma questão de deixar-se prender por palavras e frases sem significado algum, por uma espécie de jogo intelectual com discussões formais; e no que se refere à essência do significado e da experiência original, nada mais subsiste.

Este é o lado perigoso do papagaio, o lado que não é posto em evidência na nossa história, mas ao qual se alude no poema introdutório do *Tuti-Nameh*, quando diz ser Maomé o pássaro que conduz à redenção por justos caminhos aqueles que se agarram à corda da sua lei. Isso quer dizer que somos exatamente como camelos, ou cordeiros, enfileirados à corda puxada por Maomé e que, desde que caminhemos em fila, chegaremos à meta. Não é preciso pensar, nem buscar o caminho, nem fazer qualquer esforço individual ou pessoal; basta apenas que se permaneça dentro daquele limite, ou cercado, para que isso nos leve diretamente ao Paraíso, ou como está implícito em nosso conto, à petrificação! Desse modo constata-se que os contos de fada estão relacionados à consciência coletiva, assim como os sonhos estão relacionados à consciência individual; existe aí uma vaga função compensatória que aponta certos perigos que na consciência não se acham indicados abertamente senão por modo simbólico.

No mundo islâmico existe terrível cisão entre o movimento Suniita e o Shiita. Este último sempre se esforçou por manter-se do lado compensatório do inconsciente, assim reagindo contra a petrificação do movimento Suniita, da escola ortodoxa, que se ateve à interpretação literal do Alcorão e de suas regras. Dentro das seitas Shiitas, o simbolismo alquímico floresceu. Oitenta por cento dos grandes alquimistas árabes pertenceram aos Shiitas e não à seita Suniita, fato esse para nós bastante revelador porque, como observa Jung, o simbolismo alquímico, assim como a Alquimia em geral, constituiu um movimento subterrâneo compensatório, não só da Europa cristã, como também da civilização árabe, dentro da qual exerceu ele, exatamente, a mesma função. Também ali a alquimia pertencia aos movimentos subterrâneos complementares mais místicos, os quais se contrapunham à petrificação da consciência coletiva por modo bastante semelhante ao da Idade Média em relação a nós. Na Pérsia, especialmente, tais seitas Shiitas e Ismaelitas floresceram assim como floresceu a alquimia. Nesse país o desenvolvimento foi maior, fato que se vê refletir até mesmo em materiais tão simples quanto estes, os contos de fada. Em decorrência disso estabeleceu-se um relacionamento com a natureza e um início de ciência natural, ambos sempre relacionados a tal âmbito de pensamento.

2
Os banhos de Bâdgerd

Agora chegamos a um conto de fada persa que, na minha opinião, exerceu influência direta sobre o nosso conto espanhol, "O Papagaio Branco". Intitula-se "O Segredo dos Banhos Bâdgerd". A palavra "Bâdgerd" significa: "Castelo do Nada". Portanto, se traduzido, seu título significa: "O Segredo dos Banhos do Castelo do Nada". O herói desta história chama-se Hâtim Tâi, sendo Tâi o nome tribal. Ele pertence à tribo Tâim, sendo Hâtim o seu nome real. A história faz parte de um romance muito conhecido, na qual Hâtim Tâi consta como tendo sido um personagem histórico, porém, algumas das histórias em que aparece são folclóricas, o que mais uma vez demonstra que naqueles países os romances frequentemente se deturpam e viram histórias de gente simples.

Hâtim Tâi parece ter sido um personagem histórico e, embora alguns de seus poemas tenham sido conservados, dele mesmo pouco se sabe. Dizem que foi cavaleiro e poeta, famoso por sua grande generosidade, tendo vivido por volta do século VI ou VII da era cristã, por isso, na literatura, ele se tornou um ideal de generosidade. Distribuiu toda a sua fortuna aos pobres e, pelo que se diz, existe em seu túmulo um enorme recipiente de pedra que é interpretado como sendo a vasilha da qual ele ia retirando o alimento que, dia a dia, distribuía aos pobres de todas as suas terras. A todos ele convidava e alimentava, e quem quisesse podia ir a sua corte e ali residir. Quanto ao túmulo de Hâtim Tâi, o mais interessante é que há também em torno dele, uma mandala formada por figuras de oito mulheres dispostas nos quatro cantos, os cabelos soltos segundo o costume das mulheres enlutadas do Oriente, tendo por centro aquele recipiente de pedra, símbolo de sua generosidade. Como se vê, para uma velha alquimista junguiana, isso constitui uma fantasia extremamente feliz. Mas não é apenas a minha fantasia que se sente feliz ao saber da existência de tal monumento num túmulo; o povo daquelas paragens também parece ter sentido a mesma reação. Na Enciclopédia do Islã está escrito que até os dias de hoje existem ainda contos populares que aludem ao fato de achar-se esse túmulo localizado algures, contos que a ele se referem como a um lugar numinoso, como o castelo do Graal. Como o Graal, também ele precisa ser descoberto através de misteriosa busca, havendo a seu respeito inúmeras lendas de fantasmas e milagres. Até agora ninguém o encontrou ou descobriu. Portanto, o túmulo de Hâtim Tâi é uma verdadeira analogia com o Graal. No folclore persa desempenha o mesmo papel que, mais tarde, o Graal vem a desempenhar no folclore celta e germânico, visto ser este também um túmulo e um recipiente, respectivamente guardado e carregado por mulheres. Surgiram até mesmo teorias nas quais o tema do túmulo está relacionado ao tema do Graal de nossos países, tendo este sido importado do Oriente. A esse respeito, aliás, eu não estou assim tão certa. Quanto ao assunto daquele túmulo, nós o lemos em *Prados de Ouro,* de Masudi. Assim, parece ter sido esse o único legado histórico do Hâtim Tâi que, por seu caráter altamente simbólico, até hoje ficou gravado na fantasia do povo da Pérsia e do Iraque.

Assim relatam eles a fantástica história de Hâtim Tâi, "O Segredo dos Banhos Bâdgerd":

> "Quando a serviço da Rainha Husn Banu, Hâtim Tâi assumiu, como o sétimo dentre seus muitos encargos (ele é um desses cavaleiros que assumem tarefas a cumprir para seu Rei ou Rainha), o de ir em

busca dos Banhos Bâdgerd, o Castelo do Nada. Partiu para o deserto e, diante das portas da cidade, encontrou-se com um velho que o convidou a sua casa e lhe perguntou para onde se dirigia, ao que Hâtim respondeu que ia em busca dos Banhos Bâdgerd. Após longo silêncio, disse o velho: "Jovem, que inimigo te envia em busca dos Banhos Bâdgerd? Ninguém sabe onde se encontram eles; só o que sei é que nenhum daqueles que saíram a sua procura jamais voltou. Na cidade de Qâ'tan há um Rei, cujo nome é Hârith, que colocou uma fileira de guardas em torno da cidade para que todo aquele que ande à procura dos Banhos Bâdgerd seja levado a sua presença; ninguém sabe por que ele faz isso, nem se ele mata as pessoas ou se as deixa ir". Hâtim, porém, responde-lhe que precisa ir e que Deus vai ter que protegê-lo, pois não pretende desistir da tarefa. Então, o velho abençoa Hâtim, repetindo-lhe: "Volta! Esse Banho é um lugar enfeitiçado que ninguém sabe onde fica, pois dali jamais alguém regressou!", e assim por diante. Mas, ante a persistência de Hâtim, o velho lhe ensina como seguir o caminho, dizendo-lhe que tome a direita e que, quando chegar a uma montanha em cujo sopé houver muitos ciprestes e para além se estender o deserto, deverá virar às esquerda — o caminho da direita é menos difícil, porém, mais perigoso.

Hâtim, então, prossegue o caminho e chega a uma aldeia em cujas proximidades há muita gente reunida, sentada ou dançando numa espécie de festança com muita comida. Ele vai ao encontro daquela gente e pergunta-lhes a razão de estarem tão alegres. Respondem-lhe que existe, no deserto, um poderoso dragão e que, quando este assume forma humana, todas as jovens da cidade são trazidas a sua presença, e durante um grande festival ele escolhe a moça de que mais gosta. Agora estão todos celebrando esse festival, mas não por se sentirem dispostos a isso. São forçados a fazê-lo e só Deus sabe qual será a moça escolhida e deles arrebatada. O fato é que estão todos em absoluto desespero, embora finjam estar alegres. Aí, Hâtim exclama: "Então, este festival tão alegre é, na verdade, um dia muito triste para vocês", e todos concordam com isso. Hâtim declara que vai permanecer ali e ver o que pode fazer. Então, Hâtim é colocado ao lado do Rei desse país, e por ele fica sabendo que o dragão é uma espécie de *djin* (gênio) de natureza muito destrutiva. Hâtim pede ao Rei ordenar ao povo que se faça exatamente o que ele mandar. Quando o dragão escolher uma de suas filhas, eles deverão contar ao dragão que ali se encontra um nobre jovem que lhe ordenou que a moça não seja entregue sem sua permissão e, se em sua fúria o *djin* pode destruir o reino inteiro em um ano, o tal jovem pode mandá-lo de volta ao deserto em um segundo.

Tudo acontece como previsto e, quando o dragão chega como um djin, e a ele são apresentadas todas as moças, o povo dá-lhe o recado de Hâtim, concluindo que nenhuma moça deve ser entregue. O *djin* diz: "Pois bem, que venha aqui o tal moço!" Quando Hâtim se aproxima, diz-lhe o *djin:* "Jovem, eu nunca te vi antes por aqui. Por que desencaminhas este povo, que antes me obedecia?" Hâtim replica que não intenciona interferir em nada, mas que, no país de onde provém, o noivo tem que passar por algumas cerimônias antes de esposar sua prometida. O *djin* pergunta quais eram tais cerimônias e Hâtim lhe declara ter trazido consigo um talismã, herança de seus ancestrais, o qual é colocado dentro da água que o noivo deverá beber. Aí, Hâtim coloca o talismã dentro da água que o *djin* bebe mas, naturalmente, é tudo um engodo, pois o tal talismã retira os poderes do dragão. A segunda cerimônia, declara Hâtim, consiste em que o noivo se enfie dentro de um enorme barril que então é selado e do qual ele tem que sair. Se conseguir, estará tudo bem, ele pode receber a noiva; caso não consiga, terá que dar a Hâtim 2 mil diamantes para serem entregues à noiva. É claro, o *djin* acha graça e, julgando ainda possuir sua força mágica, mete-se dentro do barril, do qual, naturalmente, não consegue mais sair e no qual o povo ateia fogo. Pede socorro, mas é dolorosamente queimado, até morrer, após o quê, Hâtim faz com que o barril seja enterrado bem fundo no chão. Então declara ao povo — agora todos podem dedicar-se às verdadeiras festanças, porque a desgraça chegou ao fim. O Rei presenteia-o com muito ouro e muita prata, mas ele, de acordo com sua natureza generosa, distribui tudo entre os pobres e, passados três dias, põe-se novamente a caminho.

Depois escala a montanha e chega então ao imenso deserto, através do qual passa dias vagando, às vezes bebendo água de fresca nascente, às vezes bebendo água estagnada. Por fim vai dar a uma bifurcação do caminho e fica hesitante quanto à direção a tomar, a da esquerda ou a da direita, e fica confuso, mas ele acha que o velho lhe aconselhara tomar a esquerda e assim o faz. Passado certo tempo, porém, sente-se inseguro e, então, lembra-se do velho ter-lhe aconselhado tomar a direita. Pensa, então, que é necessário retornar, mas aí perde-se num emaranhado de espinhosos arbustos e sente-se muito infeliz, e pensa que o velho é quem estava certo, pois tal caminho é repleto de horrores e que os espinhos, certamente, fa-lo-ão meter-se em grandes dificuldades".

Aqui não sou eu quem está confundindo; existe no relato uma observação em que se declara que, a este ponto, todos se sentem confusos, pois até mesmo o próprio contador de histórias se embaraçou nas touceiras de espinhos. Pelas recriminações das quais Hâtim se torna alvo, parece que ele ainda se mantém no caminho errado, aquele contra o qual fora prevenido.

No entanto, ele consegue desvencilhar-se e, então, vê animais que correm em sua direção. Parecem vorazes raposas, chacais e panteras, dos quais Hâtim, aterrorizado, procura fugir o mais rapidamente possível, embora não saiba como escapar. Ao estacar, trêmulo e hesitante, surge repentinamente o velho, a dizer-lhe: "Jovem, deverias dar maior atenção às palavras das pessoas mais velhas e mais experientes, em lugar de desprezar-lhes os conselhos! Agora, empunha teu talismã contra esses animais e vê o poder de Alá!" Hâtim lança o talismã e o velho desaparece, enquanto a terra se torna, primeiro amarela, depois negra, depois verde e, por fim, vermelha; e ao surgir essa cor, os tais animais se tornam totalmente furiosos, estraçalhando-se uns aos outros. Hâtim surpreende-se ante aquela súbita inimizade e ante ao fato de os animais se voltarem contra si mesmos em lugar de investirem contra ele, mas agradece a Deus e, recolhendo seu talismã, retoma o caminho.

Mais adiante, vai dar numa floresta de bronze, repleta de farpas de metal que lhe perfuram os sapatos e lhe dilaceram os pés. Hâtim envolve os pés em ataduras e prossegue, mancando. Então, surgem gigantescos escorpiões, de olhos fulgurantes como olhos de lobos, porém o velho torna a aparecer, mostrando-lhe como deverá lançar ao chão o talismã; a terra torna a assumir outra vez aquelas cores todas e, ao surgir o vermelho, os escorpiões investem uns contra os outros, com tal ferocidade, que deles não resta nenhum vivo.

A seu devido tempo, Hâtim acaba por chegar à cidade de Qâ'tan e, então, coloca nos próprios bolsos dois preciosos diamantes, dois preciosos rubis, duas pérolas e aí, dirigindo-se para o palácio real, declara ser mercador vindo de Shahabad. Pede para ver o Rei Hârith e, então, entrega-lhe todas aquelas preciosas gemas. Mostrando-se muito amigável, o Rei convida-o para tomar assento junto ao trono e a passar com ele uma temporada. Após certo tempo, o Rei chega até a pedir a Hâtim que fique ali para sempre, enquanto Hâtim vai presenteando-o com novas pedras preciosas, de modo a manter o Rei sempre favorável a ele. Ao mesmo tempo, vai sempre sugerindo que ainda lhe resta um pedido a fazer. O Rei pensa, naturalmente, que Hâtim pretende pedir-lhe a filha em casamento e acaba por oferecê-la, mas Hâtim responde: "Não, eu nem mesmo pretendo esposar tua filha", e mostra-se tão ardiloso no diálogo que o Rei Hârith lhe promete atender seu desejo, desde que isso lhe seja possível. Somente após Hârith ter-se comprometido a lhe atender o pedido, ou a realizar-lhe qualquer desejo, é que Hâtim lhe declara que seu desejo é ver os Banhos Bâdgerd.

Ao ouvir tal coisa, o Rei senta-se e curva a cabeça em silêncio, enquanto Hâtim lhe diz: "Que tens tu, Ó Rei, por que estás tão triste?" Replica o Rei: "Jovem, muitos são os pensamentos que me vêm à mente; o primeiro, é o de que fiz voto de jamais permitir que alguém vá aos Banhos Bâdgerd (mas jurara satisfazer-lhe o desejo, de modo que agora se vê preso entre as duas promessas), e o segundo pensamento é o de que nenhum daqueles que para ali foram jamais voltaram, e seria uma pena permitir que tal coisa acontecesse a tão nobre e belo jovem; e, por fim, penso que caso não te dê permissão para ires lá, estarei quebrando a promessa que acabo de fazer-te e, portanto, não sei como devo agir!" Ao que Hâtim retrucou: "ó Rei, se Deus assim o quiser, hei de regressar com vida e rever-te, portanto, deixa-me ir!" O Rei, então, erguendo-se, abraça-o em sinal de consentimento e declara que vai ajudá-lo, mostrando-lhe o caminho. Então Hâtim deixa o Rei e segue alegremente seu caminho, conversando com os cavaleiros que o Rei lhe concedera. Logo adiante, ele avista um estranho objeto que lhe parece uma cúpula a recobrir o topo de uma alta montanha, e indaga a seus seguidores o que é. Estes explicam-lhe que aquilo é o portal dos Banhos Bâdgerd, que atingirão dentro de sete dias.

Decorridos os sete dias encontram um imenso exército e Hâtim indaga o que significa aquilo. Seus companheiros contam que Sâman Idrak é o guardião dos Banhos, que ali mantém aquele exército para recusar entrada a qualquer pessoa que não possua permissão do Rei de Qâ'tan (lugar de onde vinha Hâtim). Hâtim, então, mostra a permissão que traz consigo e é levado à presença do guardião, mas o comandante do exército declara sua desaprovação, considerando Hâtim um tanto louco, por querer entrar ali.

Sâman Idrak, proprietário daquele exército e guardião dos Banhos, interpela-o: "Estás tão cansado da vida, jovem, que não atentas no que te digo? Ainda é tempo. Se recuares, salvarás tua vida, mas se prosseguires, hás de lamentar tua obstinação e por ela hás de pagar com a própria vida!" Ao constatar, porém, que nada demoveria Hâtim de seu intento, Sâman Idrak conduziu-o até os banhos, e Hâtim olhou para o imenso portal que se erguia até as nuvens; jamais vira tão gigantesca porta em toda a vida! Por cima dela, havia uma inscrição em caracteres sírios, que dizia: "Este lugar encantado, construído na época do Rei Gayomardo, perdurará muito tempo como um sinal, e todo aquele que cair sob seu encantamento jamais dele voltará a escapar, pois o espanto e horror serão seu fado. Padecerá de fome e sede. Certamente, enquanto viver ser-lhe-á permitido comer dos frutos do jardim e ver o que há a ser visto neste lugar, mas muito dificilmente conseguirá tornar a sair".

Após ter lido aquilo Hâtim pensou que, efetivamente, aquela inscrição já revelava o segredo dos Banhos; portanto, para que ir adiante? Estava a ponto de recuar, quando se apercebeu de que ainda não descobrira o *verdadeiro* segredo e que portanto, disse a si mesmo, acontecesse o que acontecesse, era preciso prosseguir. Disse, pois, adeus a todos os seus companheiros e, dando mais uns poucos passos, transpôs o portal. Ao voltar-se para ver se os seus companheiros o seguiam, não avistou mais nada, nem porta nem gente, apenas um deserto sem fim, a estender-se até onde a vista alcançava. Só então se apercebeu, pela primeira vez, o que significava o nome de Banhos Bâdgerd, o Castelo do Nada, e compreendeu que, agora que transpusera o portal, estava caminhando para a própria morte. Dizendo a si mesmo: "Bem, Hâtim, neste deserto hás de enterrar teus ossos", olhou em torno, mas, por onde quer que olhasse, nada mais via a não ser o imenso deserto que o rodeava. Então, continuou a andar a esmo.

Passados muitos dias, divisou uma figura humana que vinha caminhando em sua direção e, ao aproximar-se mais, notou tratar-se de um jovem que trazia um espelho. O moço saudou Hâtim, mostrando-lhe o espelho no qual Hâtim se mirou, perguntando ao moço se ele era barbeiro e se por ali se poderia encontrar um banho. (Nesses banhos orientais havia sempre um barbeiro, pois as pessoas geralmente se barbeavam ao mesmo tempo que se banhavam, e os barbeiros sempre traziam consigo um espelho). Então, Hâtim indaga onde ficam os banhos e o rapaz responde que ficam um pouco mais adiante. Hâtim pergunta se são esses os Banhos Bàdgerd, ao que o moço responde: "Sim, esses mesmos". Hâtim se alegra, indagando por que o moço saíra de lá. Este responde que faz parte dos seus deveres ir ao encontro dos forasteiros que ali chegam, a fim de conduzi-los aos Banhos e, assim, ganhar sua propina. "Se quiseres", diz ele, "podes seguir-me até os banhos e eu espero receber a parte do teu dinheiro que for supérflua". "Está bem", responde Hâtim, "fiz longa viagem e gostaria muito de poder tomar um banho".

E continuaram a caminhar até que, após uma milha, surgiu diante deles uma imensa cúpula que parecia chegar aos céus, e Hâtim, então, indaga sobre aquele edifício, sendo informado de que aquilo era o Banho Bâdgerd. Ao chegarem, o barbeiro tomou a dianteira, dizendo a Hâtim para segui-lo e este obedece. Mas, ao querer fechar a porta atrás de si, Hâtim constata já se encontrar emurado por uma parede de pedra, pondo-se a pensar que jamais conseguiria sair dali! Então o barbeiro o conduz ao banho, aconselhando-o a entrar, enquanto ele vai à procura de um pouco de água quente. Hâtim, porém, faz-lhe notar ser impossível entrar no banho assim, todo vestido, era preciso uma toalha. O barbeiro, então, lhe traz a toalha, e Hâtim, despindo-se, entra no banho. O barbeiro retorna trazendo um jarro de água quente que lhe derrama sobre a cabeça. Por mais duas vezes o barbeiro retorna trazendo água, mas na terceira vez, quando joga água quente sobre a cabeça de Hâtim, ouve-se um imenso trovão e o local inteiro fica envolto em trevas, achando-se Hâtim em meio a completa escuridão e inteiramente confuso. Quando a escuridão vai lentamente se desvanecendo, o barbeiro e o banho haviam desaparecido, permanecendo só a cúpula, que agora mais parece uma abóbada rochosa, e o lugar está cheio de água que sobe até as canelas de Hâtim. Este, aterrorizado e surpreso, procura entender que espécie de mágica absurda é aquela — enquanto isso, a água começa a atingir-lhe os joelhos; aí, ele mexe de um lado para outro, procurando uma porta que não encontra em lugar algum; e logo mais, a água lhe atinge a cintura. Horrorizado, ele busca a seu redor uma saída, sem descobri-la, e eis que a água já lhe chega ao queixo! Durante esse tempo Hâtim vai pensando ser esse o motivo pelo qual todos aqueles que vinham aos banhos não regressavam, e se diz: "Eles simplesmente se afogaram, assim como tu, Hâtim, também vais encontrar a morte nestas águas das quais te é impossível escapar!" "Bom", pensa ele, "se o homem se defronta com a morte, só lhe resta voltar os olhos para Deus todo misericordioso", e aí, põe-se a rezar: "Oh! Deus, coloquei toda a minha força a teu serviço e só possuo uma vida; porém, mesmo que eu tivesse mil vidas, ainda assim haveria de submetê-las a tua vontade. Faça-se, pois, a tua vontade!" Assim, ele tenta consolar-se, mas a água sobe cada vez mais alto. Começa a nadar e a água continua subindo, subindo, e carregando-o para o alto, ao nível da cúpula central dos banhos. Cansado de nadar, ele tenta agarrar-se a ela e descansar um pouco, mas no momento em que toca aquela pedra circular, ribomba um tremendo trovão e ele, repentinamente, se vê de pé num deserto em que, até onde a vista pode alcançar, só existe desolação. "Bem", pensa ele, "se escapei da inundação, também é possível conseguir escapar ileso do restante dessa absurda mágica".

Por três dias e três noites caminhou ele, até que conseguiu avistar um alto edifício. Na esperança de encontrar alguém vivendo ali, para lá se dirige, avistando um grande jardim em torno do edifício. O portão está aberto mas, logo que Hâtim o transpõe, o jardim repentinamente desaparece e, ao voltar-se para sair, já não encontra sequer um vestígio do portão, é tudo um absurdo! "Ora", pensa ele, "que nova tortura será esta? Não terei ainda conseguido sair desse círculo mágico?" Enquanto isso, o jardim reaparece e, como ele se vê forçado a permanecer ali, resolve percorrê-lo. As árvores estavam repletas de frutas e havia toda espécia de flores das mais lindas cores. Ele estava faminto e, por isso, colheu uma porção de frutas, mas por mais que comesse, nunca ficava satisfeito. Comeu bem meia tonelada delas, mas continuava sempre com a mesma fome. Tendo, porém, recuperado a coragem, prosseguiu, reconfortado. Ao chegar mais perto do castelo, viu muitas estátuas de pedra ali plantadas, como se fossem ídolos ou deuses. Indagou-se, surpreso, qual seria o significado delas, mas não havia ninguém para desvendar-lhe o segredo.

Enquanto estava ali, parado, absorto em pensamentos, um papagaio, de dentro do castelo, pôs-se a chamá-lo, dizendo: "Por que estás aí parado, jovem? Como conseguiste chegar até aqui, e por que é que já dás por finda a tua vida?" Ouvindo-lhe a voz, Hâtim olhou para cima e, então, avistou a entrada do castelo, sobre a qual se lia a seguinte inscrição: "Oh! servo de Deus: provavelmente tu jamais deixarás este lugar com vida. Os Banhos Bâdgerd foram encantados por Gayomardo que, tendo saído à caça, certa vez, encontrou um diamante de um brilho radiante como o sol e opalescente como a lua. Ele, então, apanhou-o e, maravilhado, mostrou-o a seus cortesãos e aos eruditos, perguntando-lhes se jamais haviam visto uma gema semelhante, ao que todos responderam, afirmando que ninguém nunca vira algo igual. Então, Gayomardo declarou que a pedra iria ser guardada em lugar onde ninguém jamais a pudesse descobrir e, para protegê-la, criou toda essa magia e construiu os Banhos Bâdgerd. Até mesmo o papagaio em sua gaiola está sujeito a seus encantamentos! Oh! servo de Deus, dentro do castelo, sobre um trono de ouro, verás um arco e flecha. Caso pretendas escapar daqui, tens que tomar o arco e a flecha e com eles matar o papagaio, pois se o atingires, quebrar-se-á o encanto; mas se não acertares, hás de virar estátua de pedra".

Terminando a leitura Hâtim contemplou as estátuas de pedra e consternado, exclamou: "Ah! então foi assim que essas estátuas passaram a existir! Também tu, Hâtim, hás de findar teus dias neste caldeirão de bruxarias! No entanto, o homem põe e Deus dispõe!" E assim pensando, entrou no castelo, tomou o arco e a flecha pousados sobre o trono de ouro e atirou no papagaio; mas o papagaio voou para o teto, a flecha falhou e as pernas de Hâtim se petrificaram até os joelhos. O papagaio esvoaçou retornando a seu posto e exclamou, zombeteiro: "Segue teu caminho, jovem! Este lugar não é para ti!" Empunhando o arco e a flecha, Hâtim procurou, então, saltar para perto do pássaro de modo a ficar mais próximo do que da outra vez, mas teve que parar a uns cem passos do papagaio, porque seus pés estavam tão pesados que ele não conseguiu movimentar-se mais. As lágrimas vieram-lhe aos olhos, enquanto pensava: "Que horror! Ter que viver aqui, dia e noite, em tão mísero estado! Atira outra vez, Hâtim, ao menos para que fiques petrificado como os outros!"

E ele atira uma segunda vez, erra novamente e fica petrificado até o umbigo. O papagaio, que novamente voara para o teto, volta a repetir, como antes: "Vai-te daqui, jovem! Este lugar não é para ti!" Hâtim dá um novo salto, empunhando o arco e a flecha, mas outra vez se encontra a cem passos do papagaio. Então exclama, chorando: "Que ninguém perca a meta da própria vida, como eu!" Como ainda lhe restava uma flecha, Hâtim, mirando o papagaio, gritou: "Deus é grande!" e, fechando os olhos, atirou. Ao contrário de todas as suas expectativas a flecha atingiu o alvo. Ergueu-se uma nuvem de pó, um trovão troou pelos ares e a terra escureceu. Confuso com todo aquele barulho, Hâtim pensou ter virado estátua. Mas, cessado o trovão e tendo o moço aberto os olhos, o jardim, a gaiola, o trono de ouro, o arco e a flecha, tudo desaparecera e diante dele estava um enorme e lindo diamante. Hâtim, então, estendeu a mão e tomou-o. Suas pernas já não estavam petrificadas e todas as estátuas tinham voltado à vida. O jovem relatou-lhes tudo o que acontecera e todos muito agradecidos a ele, se ofereceram para servi-lo como escravos. Hâtim convidou a todos para seguirem-no até Qâ'tan. Ninguém sabia onde ficava tal lugar, mas como a sorte estava com eles, logo encontraram o caminho certo e, passados alguns dias, descobriram a porta pela qual haviam entrado nos Banhos Bâdgerd. Do outro lado do portal, encontraram Sâman Idrak, o guardião dos Banhos e a ele Hâtim contou tudo aquilo por que passara. Sâman Idrak, então, recebeu todos em sua própria casa e depois conduziu-os à estrada de regresso. Chegados a Qâ'tan, Hâtim foi à presença do Rei Hârith, contou-lhe as dificuldades que encontrara e mostrou-lhe o diamante que pretendia levar à Rainha Husn Bânu, como prometera. Depois, pediu ao Rei que distribuísse, entre aqueles que o haviam acompanhado, dinheiro e cavalos, para que eles pudessem voltar a seus países de origem. Feito isto, Hâtim despediu-se do Rei Hârith e retornou a Schahabad.

O povo da Rainha Husn Bânu, reconhecendo Hâtim, conduziu-o ao palácio, onde a Rainha o recebeu, ouvindo-lhe o relato e contemplando o diamante. Após a celebração do casamento da rainha com o Príncipe Munir, Hâtim retornou ao Yemen, sua terra natal, onde mais tarde se tornou herdeiro do trono de seu pai, vivendo feliz todos os dias de sua vida".

Provavelmente já foi notado que, em nosso primeiro relato, as coisas ficaram um tanto confusas, quanto à interpretação do significado do papagaio. Isso porque havia certas coisas que eu não podia mencionar, antes de ter-lhes relatado essa história dos Banhos Bâdgerd. Agora que já a conhecemos, podemos concluir nossa história espanhola, para então começarmos a interpretar esta.

Já dissemos anteriormente que o papagaio miraculoso é tema dos contos de fada orientais de um livro chamado *Tuti-Nameh* — O *livro do papagaio,* no qual é o papagaio que conta as histórias todas, a fim de impedir que a heroína venha a cometer adultério. O tradutor do *Tuti-Nameh* diz-nos que os originais pertenciam a uma coletânea de contos indianos, chamada *Cuka Saptati — As setenta histórias do papagaio*. Portanto, a terra em que se origina este tema é, efetivamente, a Índia. Na Índia, essa coletânea de histórias, em sua maioria de caráter levemente erótico, como o são em sua maior parte os contos do *Tuti-Nameh,* era muito popular. Em princípios do século XIV, o livro foi, porém, traduzido para a língua persa por um famoso autor chamado Naschebi, que o resumiu, modificou e embelezou, dando-lhe uma forma de romance persa, de modo que somente uns poucos fragmentos ainda revelam indícios de sua origem indiana. Mais tarde, foi também traduzida para o árabe. Nessa época, existia também uma velha versão turca, que já não existe, mas no século XVII foi feita uma nova tradução para a língua turca. Existe uma tradução inglesa da versão turca feita por Gladwin (Calcutá, 1801) que pode ser encontrada em antiquários, mas que dizem não ser muito bem feita.

Não precisamos aprofundar-nos muito nessa coletânea de histórias de papagaio, nem mesmo nas indianas, porque foi somente *o tema do papagaio* que peregrinou através de todas essas épocas e lugares, enquanto o conteúdo que o cercava, ia sendo completamente transformado. O que vemos é que, no país de origem — a Índia — o papagaio funciona como o vetala da famosa história de *O Rei e o Cadáver,* que vocês provavelmente conhecem através dos comentários do Professor Heinrich Zimmer. Nesse conto, um *vetala* (geralmente traduzido por "demônios") entra num dos cadáveres. Quando o Rei recebe ordem de retirar o cadáver da árvore na qual ele pendia enforcado, o *vetala* se faz cada vez mais pesado e, durante a noite inteira, conta histórias ao Rei e depois sobe de volta à árvore, de modo que no dia seguinte o Rei torna a encontrar o cadáver novamente pendurado ali. Pacientemente, torna a libertá-lo da corda e a carregá-lo nos ombros, e outra vez põe-se o *vetala* a relatar suas histórias durante a noite toda, enquanto vai sendo carregado nas costas pelo Rei. E assim, tudo se repete, noite após noite. O tema das numerosas histórias é sempre o mesmo, mas afinal o *vetala* vem salvar o Rei, impedindo que este seja assassinado por um monge pedinte, que pretendia matá-lo e que ordenara ao Rei carregar aquele cadáver. O *vetala* não só salva o Rei da morte como também o leva a unificar-se com o Deus Shiva, ou seja, conduz o Rei à mais elevada *unio mystica* com a Divindade.

Esse demônio — *vetala* — parece, de início, muito ambíguo, pois não se percebe qual seja o seu intuito. A impressão que se tem é tratar-se de uma criatura zombeteira, torturante, demoníaca, a viver dentro do tal cadáver. Só no final da história é que ele revela ao Rei seu aspecto positivo; antes, porém, o Rei se vê obrigado a suportar com paciência uma carga realmente torturante. Esse contador de histórias se assemelha muito ao nosso papagaio. Nas famosas *Mil e Uma Noites,* a contadora de histórias é a Rainha, que passada a primeira noite, deveria ter sido morta, mas que sempre conta uma nova história a fim de salvar a própria vida. Aqui, o papel da contadora de histórias é desempenhado pela figura da *anima*, o que corresponde à forma oriental comum. Posso recomendar-lhes, como exemplo, uma famosa história do século XII, de autoria do poeta persa Nizami, intitulada "As Sete Histórias das Sete Princesas", na qual a cada noite uma princesa conta ao Rei um novo e belo conto de fada. Este tema se repete fazendo parte de um único e grande quadro.

Na Índia, entretanto, o contador de histórias parece ser, na maior parte das vezes, alguém mais impessoal, como o *vetala,* que parece ser um demônio masculino; e nas "Setenta Histórias do Papagaio", enquanto peregrina pela Pérsia, é frequente ser uma mulher a contadora de histórias. No *Tuti-Nameh* já é novamente o papagaio quem as conta, assim como também é ele quem faz com que seja retardado o desastre, isto é, o adultério de Mâhi-Scheker.

O professor Arwind Vasavada, de Chicago, elaborou uma interpretação das histórias indianas contadas pelo *vetala,* que o professor Zimmer não incluiu em suas interpretações, focalizando principalmente a composiçao delas. Certa vez, o professor Vasavada veio discuti-las comigo e, posso afirmar-lhes, que se tem a nítida impressão de que todas elas têm um significado para o Rei, existindo uma íntima coesão entre elas. Na famosa história de O *Rei e o Cadáver*, o Rei é um tipo de herói cavalheiresco que, evidentemente, não está à altura de enfrentar o problema do mal. Ele é o tipo do homem justo, que desconhece o medo, não mente, que obedece às regras de um ideal heroico aristocrático e, consequentemente, só se encontra à altura de enfrentar inimigos que mantenham esses mesmos padrões. Porém, o tal monge pedinte que tenta matar o Rei é, na realidade, um perverso assassino, um feiticeiro negro, ao passo que o Rei é tão irremediavelmente ingênuo que, se não fosse o *vetala*, teria sido sumariamente destruído. Isso vem demonstrar que os padrões de comportamento aristocrático e o heroico, que prevaleciam na Índia daquela época, eram completamente insuficientes para enfrentar o problema do mal. A essa dificuldade se interpõe o *vetala*, que ajuda o Rei a desvencilhar-se. As histórias por ele contadas são todas de adultérios e de casos de amor em sua maioria, de caráter bastante sexual, tipicamente indiano, histórias de corrupção e de astúcia, de mulheres que enganam os maridos, e assim por diante. Não me é possível entrar em detalhes, mas o principal é que o *vetala* inicia o Rei no mundo da astúcia feminina, da maldade, da magia negra, da corrupção e de todos aqueles artifícios maléficos que um nobre herói, da casta brâmane da Índia, não tem aptidões para combater. E assim, lentamente, nessas muitas noites durante as quais o *vetala* vai relatando suas histórias, ele cura o Rei de sua falta de experiência da vida e de sua incrível, porém, bondosa, ingenuidade.

No *Tuti-Nameh* prevalece, também, uma ideia semelhante, pois Mâhi-Scheker, a heroína que pretende cometer adultério, é uma jovem terrivelmente ingênua. A princípio, mostra-se encantada com o marido, mas quando este está longe, ela se mostra simplesmente infantil, não podendo ficar sem um homem e, por isso, põe-se a olhar pela janela e, impensadamente, ter-se-ia lançado a uma aventura e teria sido morta pelo marido, no seu regresso. Obviamente, ela não se apercebe do que está fazendo nem do que está causando a si mesma, até que o papagaio intervém e impede tamanho contrasenso. Nas *Mil e Uma Noites*, essas mil e uma histórias são todas relatadas com o intuito de curar o Rei de seus falsos conceitos e de sua atitude errônea em relação ao princípio feminino. Parece, entretanto, que em todas elas, há uma estrutura, dentro da qual um personagem essencial relata certo número de contos, aparentemente desconexos, limitados a um por noite. Mas, ao observarmos mais atentamente, evidencia-se uma tendência terapêutica, isto é, a de curar o ouvinte de sua ingenuidade, ou falta de sabedoria, em relação a certo aspecto da vida. O que nos faz lembrar o 18º Shura do Alcorão, no qual Khidr também tem de curar Moisés de sua ingenuidade e de sua moralidade convencional.

Se compararmos essas histórias, constataremos que a ideia subjacente é a de que o contador de histórias, por meio de indiretas, prepara a mente do ouvinte, conduzindo-o a certas percepções que modifiquem ou curem sua atitude consciente, a qual é, eticamente, ingênua, ou então não se encontra à altura de enfrentar o problema da *anima* ou o problema do mal. Em *O Rei e o Cadáver* o ouvinte é levado à união mística com a Divindade. Em *Tuti-Nameh* o contexto religioso se esvaiu e o papagaio se limita a impedir que Mâhi-Scheker cometa adultério, porém o papagaio está identificado com Maomé, pois este é cognominado papagaio, ou seja, aquele que fala pérolas de sabedoria.

Assim, a princípio, o que chamou a atenção foi ser uma espécie de romance mundano com suas divertidas histórias, até que, alguma mentalidade dotada de maior discernimento, ao ler o livro, voltou a correlacioná-lo com os antecedentes religiosos, e então; nesse caso, naturalmente, com o profeta. (Talvez pudéssemos, ao invés disso, relacioná-lo a Khidr). No entanto, o papagaio na história espanhola perdeu todos esses aspectos, tornando-se apenas algo de muito precioso a ser buscado sob a premência de um grande perigo, algo que vem a proteger do mal as figuras de nossa história. Só subsistiram dois elos, a saber: o fato de esse papagaio branco contrabalançar os efeitos do mal e o fato de proteger as pessoas demasiadamente ingênuas; mesmo assim, porém, ele ainda conserva algo de sua natureza demoníaca, pois, se não o agarram de maneira imediata e correta, as pessoas se petrificam.

O tema da petrificação não é proveniente nem da história indiana, nem do *Tuti-Nameh,* mas obviamente, de uma versão da história persa, e de onde provém essa, eu lhes direi mais tarde. Se vocês têm em mente tais elementos, talvez agora consigam ver o motivo por que, ao interpretar o conto de fada espanhol, sempre mantive certa *reservatio mentalis,* declarando que está tudo bem até certo ponto, mas que o menino não enfrenta nem o leão nem a serpente e que, afinal, é a menina quem agarra o papagaio enquanto este dorme. Senti que tal solução não era a definitiva, embora ao terminar a história o quatérnio já esteja de posse de um papagaio branco que, aparentemente, é algo precioso e que os protegerá. Eu não senti, porém, que quaisquer dos outros problemas mais profundos tivessem sido solucionados. Assim, na história espanhola, o tema se tornou mais superficial, embora o papagaio nela ainda funcione como um símbolo do *Self,* ou como a voz central do inconsciente, e em certos temas secundários ainda sejam feitas alusões ao perigo de se aproximar dele.

No *Tuti-Nameh* os aspectos religiosos se restringem ao poema introdutório e a certas descrições poéticas do papagaio, pois toda vez em que ele abre o bico, dali brotam pérolas de sabedoria; ele fala a verdade e conhece as coisas ocultas, do presente e do futuro. É certo que possui qualidades sobrenaturais e quase divinas e que, como já o mencionei anteriormente, é "o limiar de maravilhosos pensamentos". Daí, a nossa interpretação de que ele personifica a voz do inconsciente em sua ambiguidade.

O papagaio se presta à projeção de ser a voz do inconsciente, porque ouvir, pela primeira vez, um papagaio falando a linguagem humana, é uma experiência bastante peculiar, havendo mesmo muita gente que acha isso estranhíssimo. Lembro-me de certa vez em que, ao entrar num restaurante, um papagaio lá do seu canto, repentinamente gritou: *Eine Suppe dem Herrn!* (Uma sopa para este Senhor!). Ele repetiu o que sempre ouvia o garçon dizer ao entrar na cozinha. Levei tremendo choque! Não se espera que uma criatura irracional abra o bico e fale uma linguagem compreensível! Além disso, é preciso ainda mencionar que os olhos dos pássaros são geralmente feitos de modo a que eles possam enxergar a distância e, por se acharem tão separados, um a cada lado da cabeça, os pássaros não conseguem focalizá-los. Um pássaro, ao olhar-nos, olha de lado e não diretamente como o faz a maior parte dos animais, fato que nos causa um sentimento estranho. Quando se fixa o olhar no olho de um pássaro, encontra-se ali uma estranha maneira de olhar, como se ele estivesse objetivamente olhando através ou por cima da gente, como se ele não nos estivesse vendo, ali, diante dele. Ele nos olha a distância. Além disso, pelo fato de um pássaro viver e voar nos ares, ele é geralmente interpretado como alma, ou como um ser-pensamento, algo espiritual. Mas esse ser-alma, passageiro e rápido, com o qual não se consegue relacionar diretamente, se for um papagaio, ele se põe a falar em linguagem humana de forma bem definida e clara.

Temos, portanto, que interpretar o papagaio como uma personificação do inconsciente, mas dentro de um aspecto bem específico. Na Alemanha, quando alguém tem uma porção de ideias estranhas, diz-se que a pessoa tem passarinhos na cabeça e, às vezes, até uma revoada deles. Os pássaros, portanto, significam pensamentos autônomos que nos entram pela cabeça e se vão sem que se saiba como! Tanto podem eles inspirar-nos, como no caso da pomba do Espírito Santo, quanto nos podem meter na cabeça toda espécie de ideias estranhas e diabólicas, dependendo tudo de quais sejam esses pássaros.

Como faz exteriormente o papagaio, também o inconsciente às vezes se manifesta de maneira estranha nos sonhos, são pensamentos inspiradores ou vozes bem nítidas que fornecem instruções bastante claras. Vocês provavelmente já devem ter notado que a maioria dos seus sonhos trazem em si uma mensagem em forma simbólica, a qual temos que decifrar através de sua interpretação (e eu poderia afirmar que isso ocorre em aproximadamente 92% dos sonhos que examino em análise). Uma vez ou outra, porém, surge uma voz que diz algo de bem nítido. As pessoas vêm a nós e, ao relatá-lo, dizem: "Só ouvi uma voz dizendo...", ou a voz aparece dentro da história do sonho: "Mas, de repente, uma voz disse..." Essas instruções ou falas no sonho são sempre muito concisas e impressionantes, pois geralmente tocam o ponto bem mais diretamente que as alusões implícitas nas figuras simbólicas do sonho. Por isso a maioria das pessoas, quando capta uma voz assim, sente logo que ela não é para ser discutida e sim, obedecida. Em geral, embora ainda precisando utilizar nossa mente crítica, podemos ver que tais vozes provêm diretamente do Si-mesmo, do âmago da personalidade, e que elas transmitem uma mensagem central e essencial. Embora também possam elas provir de outros complexos autônomos, são geralmente um fenômeno do inconsciente que precisa ser levado muito a sério, visto ser pouco comum o inconsciente mostrar-se tão definido. Caso haja um transbordamento que chegue até a assumir o aspecto de voz humana a exprimir fatos com palavras humanas, pode-se concluir que a carga, por trás de tal mensagem, é muito forte, pois representa o *non plus ultra* da claridade. Em tal tipo de manifestação, seja o que for que esteja constelado no inconsciente, está ativado acima do normal, motivo pelo qual se sente que a mensagem tem que ser levada a sério — não pode ser posta de lado. Muitos, mesmo dentre aqueles que não prestam atenção aos próprios sonhos, instintivamente *dão atenção* a tais mensagens devido ao enorme grau de perplexidade que lhes causam.

Pode-se dizer que o papagaio é símbolo bem apropriado desse fenômeno psicológico do espírito do inconsciente, pois ele fala de maneira numinosa e através de uma linguagem humana surpreendentemente clara. Quando isso acontece, sabe-se ser ela indício de algo essencial, o que vem justificar a explicação de que o papagaio é Maomé, o mensageiro de Deus. Até certo ponto isso explica, também, o papagaio do conto de fada espanhol, embora não explique o aspecto demoníaco do tema da petrificação, que nós guardamos para a história persa do Banho Bâdgerd, na qual ele se torna mais claro.

Já analisamos a estrutura daquelas histórias em que o papagaio originalmente apareceu, as versões indiana, persa e turca, e agora já podemos afirmar que esta composição consiste, realmente, numa imitação daquilo que faz o inconsciente nos sonhos. A cada noite, ou por noites seguidas, o inconsciente nos relata suas histórias que, embora aparentemente não tendo qualquer relação entre si, frequentemente acompanham e ativam um processo de amadurecimento da personalidade de quem sonha. A última frase do *Tuti-Nameh* declara que as histórias trazem em si um sábio ensinamento, oferecendo muitos conselhos bons e constituindo um dom, a partir do qual os estudiosos podem tirar proveito, visto apresentarem cada uma delas, até mesmo a mais sucinta, sugestões de grande ajuda. São como preciosas pérolas reunidas numa única fieira. Aqui, o poeta contador de histórias não somente recomenda que nos deleitemos com elas, como também indica, claramente, que o significado das mesmas precisa ser estudado. Insinua ainda que, embora parecendo casuais e caóticas, todas elas têm uma secreta conexão, o que vem reforçar a ideia de que o papagaio representa algo semelhante ao inventor dos sonhos que existe em nós, seja o que ou quem for tal desconhecido.

Chegamos agora à interpretação de "O Segredo dos Banhos Bâdgerd". O herói, aqui, é um jovem adulto, ao passo que na história espanhola os que buscavam o papagaio eram um menininho e depois, a menininha, impelidos pela feiticeira e auxiliados pelo velho sábio. A motivação inicial provém, portanto, de uma feiticeira mal intencionada, sendo o conselho salvador inspirado por um velho sábio bem intencionado; quanto aos que cumprem as ordens, são simples crianças. Psicologicamente, isso significaria que o discernimento foi mantido a nível infantil e que as forças secretas de renovação subsistiam na parte não deturpada e incólume da personalidade, parte esta infantil. Acrescente-se a isso o fato de todos aqueles perigos por que passam os dois irmãos não serem tão dramaticamente relatados, desde que se compare aos da história persa, na qual a gente realmente sente arrepios e tem noção da irracionalidade, dos perigos, e dos horrores do jardim encantado, no qual vive o papagaio. Na história do "Papagaio Branco" existem, porém, magias incríveis, como aquela, do leão, a dormir de olhos abertos, e o da serpente guardiã; no entanto, elas são ali minimizadas à maneira bem típica dos contos de fada europeus, onde isso corresponde a uma percepção incompleta do consciente. Isso se deve ao fato de, no Oriente, os adultos contarem histórias, existindo neles, portanto, muito maior sabedoria e discernimento intuitivo. Além do mais, os contos de fada nos países europeus foram sendo paulatinamente eliminados do ensino religioso oficial e, consequentemente, relegados às camadas inferiores e infantis da civilização, ao passo que, no Oriente, sempre permaneceram ligados à vida cultural consciente.

Como já mencionei anteriormente, Hâtim Tâi é um personagem histórico, um poeta do século VI ou VII de nossa era. Seus poemas, os "Kisse i Hâtim Tâi", foram traduzidos em 1830 por Forbes, em Calcutá, e são típicos poemas orientais. Mas o fato de ele ter-se tornado a figura lendária em torno da qual se desenrola nossa história deve-se, não a esses poucos poemas remanescentes, porém àquela estranha pedra tumular "alquímica", com suas oito estátuas femininas. Como vamos constatar, nossa história está repleta de simbolismos alquímicos e, praticamente, o estudo de cada tema pode ser desenvolvido de acordo com o primitivo material gnóstico alquímico. Suponho que Hâtim tenha sido um dos muitos príncipes orientais que promoveram o estudo da alquimia em seu país, tendo chegado por isso a ter esse símbolo da taça com as oito mulheres em torno.

Através de toda essa história Hâtim desempenha papel idêntico ao de tantos outros heróis de contos de fada do mundo inteiro: um Príncipe com poucos atrativos, mas bem educado, interessado por uma Princesa, mostra-se incapaz de realizar os feitos por ela solicitados; então surge o herói da história que atua em lugar do Príncipe e, sem aceitar recompensa, retira-se da história. Na Rússia, por exemplo, existe uma grande coletânea de histórias em que o herói é sempre um Ivã, que arrebata a Princesa, ou exorciza a Princesa encantada, ou então conquista a Rainha através de grandes feitos, em lugar do insignificante filho do Czar. Às vezes, porém, isso não dá muito certo, porque a dama prefere casar-se com o homem que realizou todos aqueles feitos e por isso rejeita o filho do Czar ao perceber que ele não é digno de desposá-la, de modo que ao término da história aparece um conflito. Quando isso acontece começa a brotar no seio do povo a percepção de que o modelo de comportamento consciente correto não coincide com o do ser humano real. O herói é uma figura-modelo — um ideal, um fator de direção ou ainda uma imagem — criada pelo inconsciente a fim de superar certas dificuldades incomuns.

Em geral, a imagem do herói aparece em sonhos quando o sonhador se acha em oposição a alguma coisa singularmente dura, quando a pessoa precisa tomar uma atitude heroica. Digamos que um jovem tenha, por exemplo, vontade de dizer a sua mãe algo tão simples quanto o fato de que pretende arranjar um quarto fora de casa na mesma cidade. Trata-se de uma questão humana bem simples! Mas todos sabem perfeitamente no que implica isso em certos casos: cenas, repressões, rompimentos e lágrimas. Sei mesmo de certa mãe que retribuiu ao filho, matando-se. Disse-lhe: "Só por cima de meu cadáver!" e então, tomou as providências cabíveis para tal e... fez-se cadáver, a fim de curá-lo daqueles impulsos de independência! Em tais situações, talvez o jovem venha a ter um sonho no qual é um herói que, por exemplo, mata um dragão. Isso significaria que o inconsciente estaria dando uma ênfase especial à situação. Superficialmente, o caso parece humanamente comum, mas, fatual e psicologicamente, requer atitude absolutamente heroica para que o obstáculo seja superado. Nesse caso, sobrevém em sonhos a imagem arquetípica do herói, que representa a justa atitude que, então, se faz necessária.

Quando estudamos os heróis na mitologia comparada, observamos que eles se caracterizam por possuírem uma vocação que levam avante sem quaisquer hesitações. Os homens de nossos dias, porém, experimentam grandes dúvidas, queixam-se e até mesmo lamentam um pouco, exclamando: "Pobre Hâtim, você vai enterrar seus ossos neste deserto" e assim por diante, embora este jamais cogite em voltar atrás. Portanto, ele possui essa faceta que é típica do herói: o de nem sequer discutir e fazer o que tem que ser feito, atitude essa que demonstra uma unicidade incomum da personalidade. Nós estamos, geralmente, divididos por dúzias de diferentes complexos, uns a discutir com os outros: "farei", "não farei", "porém...", "... mas, sim ...", "no entanto..." e, de acordo com isso, vamos fazendo rodeios, conforme a disposição de ânimo de nossas incertezas. O jovem toma a decisão de sair de casa, mas mamãe aparece tão pálida à mesa do café que ele já se sente mal do estômago e não tem mais tanta certeza de se o que ele pretende fazer é justo; aí, intervém o seu complexo de finanças e declara-lhe que vai ficar muito mais caro ter que pagar seu próprio quarto, e assim por diante; até que, mais uma vez, ele desanima e lá se esvai seu heroico *élan vital*. O *herói-símbolo* possui, porém, aquela unidade de *élan vi-*

tal, que é a certeza de que a coisa tem que ser feita — mesmo que ele e todo o mundo morra, ainda assim, tem que ser feita. Existe nele um senso de vocação, de obediência a uma suprema autoridade interior.

De certa maneira o herói também personifica o *Self* ou aquilo que o alquimista chama de *vir unus,* o homem uno, a personalidade unificada com toda a sua força. Ora, essa personalidade unificada não é o que nós somos, mas nós com ela nos identificamos ao ouvirmos as histórias de heróis, para assim nos consolarmos e nos fortificarmos com os feitos que não conseguimos realizar. Nos contos de fada mais recentes, é muito frequente verificar certa oposição entre tal figura heroica e o ser humano comum que não desempenha papel tão gentil quanto o do herói. Começa, então a surgir uma espécie de dúvida, ou de dificuldade, quanto ao que é o herói se comparado a nós, seres humanos comuns e vacilantes. Quanto mais de perto se analisam os anais europeus modernos — falo em plano geral, abrangendo uma escala de centenas de anos — tanto mais alterado se mostra o ideal de herói. Nossas civilizações cada vez mais se distanciam deste — digamos, antiquado herói heroico — até que surge, na própria lenda do Graal, a oposição Gawain e Percival, sendo Gawain o herói, no sentido clássico da palavra, e Percival muito humano. Gawain é o cavaleiro sem medo, de completa honestidade e coragem. Ele personifica toda a ideia medieval do herói: o homem que nada teme e cujo escudo de honra é sem mácula. É o oposto de seu par, Percival, que tropeça, que deixa de formular a pergunta do Graal, que a todo tempo vacila, de maneira mais que humana, que se abate mas que, por fim, ao contrário de Gawain, é quem encontra o Graal. Quanto a Gawain, que é quem realiza todos os feitos, quando afinal o Rei procura dizer-lhe do que se trata, cai no sono, fatigado de suas grandes tarefas. Quando o Rei lhe diz: "Agora, vou revelar-te o mistério do Graal", ergue os olhos e vê Gawain e seu cavalo dormindo! Portanto, é ele quem fracassa no último instante, ao passo que Percival fracassa no início. Percival é o homem moderno, o homem que tropeça, que duvida, que não tem mais certeza de coisa alguma e que perdeu seu primitivo *élan,* o ideal de herói de outrora.

Na história dos Banhos Bâdgerd, temos ainda a situação antiga, na qual o herói, embora diferente do ser humano comum, ainda não se encontra em conflito com este; trata-se ainda daquele tipo de herói concentrado em tarefas e que segue cumprindo-as. Tal imagem é compensatória de um real, mas muito primitivo contexto de vida, no qual a maioria dos homens não são heróis, mas corruptos e (bem, como todos os homens!), até certo ponto demasiadamente humanos, tal como eram os homens na Pérsia, ou em qualquer outro lugar do mundo. Após essa introdução geral à estrutura da história, vamos dar continuação aos episódios específicos.

Hâtim, estando a serviço da Rainha, tem por missão descobrir o segredo dos Banhos Bâdgerd, embora ninguém saiba sequer onde fica isso! Primeiramente, inicia-se a típica busca, a aventurosa procura de algo que anteriormente se ignorava, como no Graal. Desde o começo Hâtim recebe vários avisos que lhe mostram a dificuldade da tarefa, seu mistério e singularidade, uma vez que lhe compete descobrir algo que ele nem mesmo sabe o que é! Portanto, isso não é o mesmo que buscar um diamante, uma pedra preciosa, ou alguma pérola guardada por um dragão. O que realmente lhe compete é explorar algo terrivelmente desconhecido: o Castelo do Nada, como o próprio nome diz.

O fato de ter sido a Rainha quem o incumbiu da tarefa, significa ter sido a *anima* quem lhe meteu tal ideia na cabeça. Muito frequentemente a *anima* faz isso com o homem, de modo que nem mesmo ele sabe do que se trata. A *anima* às vezes cria no homem certa inquietude de procura, a constante sensação de que, seja o que for que eu viva, "não é isso", ainda não é bem *isso,* existe algo não encontrado, um inquieto anseio por alguma espécie de meta ou de aventura na vida. Caso lhe perguntem o que seria isso, você nem mesmo poderá dizê-lo, tropeçará nas palavras, balbuciando e tentando expressar uma vaga ideia de realização pela descoberta de algum mistério. Dir-se-ia que a *anima* é quem estabelece a meta do processo de individuação, pois sabemos que ela é a serva do homem em tal processo, mesmo que a meta ainda se encontre inteiramente indefinida.

No ato final, quando Hâtim visa o papagaio e erra pela segunda vez, ele exclama: "Que ninguém perca a meta da própria vida, como eu o fiz". Por essa exclamação, confessa estar buscando acertar o alvo de sua vida, embora não o soubesse quando iniciou viagem. A caminho ele foi-se apercebendo, aos poucos, de que estava se aproximando da realização daquilo que andava buscando. Começa a perceber do que se trata, e de que agora precisa realizar o feito: flechar o papagaio. Então, terá atingido o objetivo de sua vida e, se falhar, sua vida inteira terá falhado. Assim é a figura da *anima*, a excelsa Rainha, "Aquela a quem se deve obedecer", como denomina Rider Haggard, é ela quem estabelece a ignorada meta, a busca do misterioso banho, cujo nome diz ser nada! É o desconhecido que podemos perfeitamente identificar com o que chamamos de inconsciente, pois o inconsciente significa, simplesmente, aquela área da psique que nos é desconhecida.

Primeiro, Hâtim chega a uma cidade onde se celebra um grande festival e descobre que aquele é um dia terrível, pois uma jovem tem que ser entregue a um gênio do deserto, e a jovem escolhida foi a filha do Rei. Então Hâtim, por meio de artifícios, consegue salvá-la, como já lhes contei anteriormente. Não pretendo mais adentrar-me muito por essa parte da história; o salvamento de donzelas em aflição é um dos feitos clássicos do herói, como nos mitos gregos de Perseu, Teseu etc. Em toda parte o herói tem que salvar a filha do Rei de algum namorado destrutivo que, neste cenário oriental é, naturalmente, um gênio-dragão.

Segundo a crença geral, os djins eram deuses locais das eras pré-islâmicas, que tiveram a mesma origem que os demônios da natureza da nossa Idade Média. Habitualmente, quando uma nova ordem religiosa se sobrepõe a uma antiga, os deuses da velha ordem são rebaixados a demônios. Nos países europeus, por exemplo, o diabo tem uma pata equina que provém de Wotan. Em nenhum lugar da Bíblia está escrito que o diabo tem pata de cavalo, mas o velho Wotan ficou identificado ao diabo, e então emprestou-lhe sua pata equina. No Oriente, os demônios usualmente aparecem com a pata fendida do bode.

Geralmente no politeísmo pagão existem esses deuses locais, deuses que habitam certos templos e que são cultuados em certos lugares; mas se uma nova ordem religiosa ali se sobrepõe, os deuses locais continuam a assombrar tais lugares, como demônios, e são interpretados, em sua maioria, como forças destrutivas. Às vezes, porém, os tesouros da velha religião permanecem, por isso, quando as pessoas querem usar de magia negra, recorrem aos velhos deuses; eles conhecem melhor onde o tesouro foi escondido, pois são as pessoas mais velhas que mais conhecem os locais. Esses gênios das eras pré-islâmicas provavelmente foram deuses cultuados localmente que se tornaram demônios e a eles geralmente eram atribuídos os raptos de moças. Nos países do Norte da África, até hoje se diz que ninguém deve abordar uma mulher que vive sozinha nas vizinhanças do deserto, pois é quase certo que ela esteja possuída por algum gênio. Pode-se confirmar isso, porque certamente ela estará possuída pelo *animus*. Tais gênios em seu aspecto destrutivo, representariam portanto (psicologicamente), uma fascinação ainda contínua da figura arquetípica, que tem caráter regressivo. O diabo medieval, por exemplo, conserva ainda certa fascinação de Wotan, através da qual consegue apossar-se das pessoas, como o constatamos em eventos recentes deste século, pois o velho arquétipo revive e volta a tomar posse das *animas* dos homens. Hoje em dia, um homem pode sonhar que a mulher que ele ama anda por aí a prostituir-se com alguma criatura horrivelmente pervertida. Tratando-se de alguém que o homem conheça, tal figura pode ser interpretada como uma figura da sombra; mas, às vezes, se a mulher aparece dormindo com algum ser demoníaco desconhecido, isso demonstra que não se trata do homem em si, mas de sua *anima* que está possuída.

Que significa a *anima* de um homem estar possuída? É como se fôssemos colocando uma caixa dentro da outra, formando um ninho de caixas. O homem não está possuído, mas sua *anima* sim. Portanto, poder-se-ia multiplicar tais estados de possessão por todo o inconsciente. Nos sonhos, às vezes, surgem imagens muito complicadas de tais possessões, o que significa que o ego de tal homem é perfeitamente razoável, desde que seus sentimentos semi-inconscientes e o campo de suas relações não sejam atingidos. A partir do momento em que se toca em problemas de relacionamento ou de sentimentos, então, em vez de ter uma reação humana normal, ele explode repentinamente, agindo como se estivesse possuído, mas não é ele e sim sua *anima*, a sua função Eros, que está possuída. A possessão é sempre caracterizada pelo fato de qualquer discussão, por mais razoável que seja, ficar fora de questão, pois os fatos não mais são assumidos como fatos em si e o que vem à tona é uma espécie de ressentimento. Quando alguém se comporta de tal modo, logo se fica sabendo que algum complexo autônomo está de posse daquela área de sua personalidade.

Portanto, isso significaria que, desde que não se toque no problema Eros, os homens daquela cidade se comportam razoavelmente e tudo corre bem. Mas aqui, o problema de Eros e das mulheres, especialmente da filha do Rei, acha-se sob o encantamento do tal dragão-demônio. Isso significa que, nessa região, o que ainda domina o comportamento é algo de absolutamente inconsciente e primitivo. Hoje em dia ainda se dá o mesmo. No Oriente, por exemplo, uma mulher praticamente não consegue viajar sozinha, devido à impulsividade primitiva que ali impera sobre a maioria dos homens, a ponto de não haver segurança alguma para uma mulher. Os homens ainda são, literalmente, arrebatados e possuídos por impulsos sexuais primitivos que poderiam perfeitamente ser caracterizados como demônios que, em tais ocasiões, os arrebatam a ponto de não mais agirem de maneira humana.

Ora, sendo Hâtim um homem a serviço da Rainha e, portanto, um homem que estabeleceu por meta diferenciar sua *anima* e sua função Eros, naturalmente é ele a pessoa apta a lograr o dragão. E o faz por meio de um amuleto que enfraquece o dragão e, a seguir, por meio da clássica artimanha de colocar o dragão dentro de um barril ou garrafa, ou qualquer espécie de recipiente, à guisa de uma prova da qual não mais poderá escapar. Como se sabe, existem inúmeras histórias desse tipo, em que se expulsa um espírito desse jeito. Ele é desafiado, dizendo-lhe, por exemplo: "Ora, você é grande demais, jamais poderás entrar nesta garrafa". "Oh!", diz o demônio, "é claro que consigo!", então ele entra, e a pessoa arrolha a garrafa! Aqui, trata-se de um barril que tem a mesma função, a de lográ-lo. Pois bem, como é que um homem consegue tão facilmente aprisionar os afetos e impulsos primitivos dentro de barris, garrafas ou quaisquer recipientes? Que significa isso, na prática? Isso significa racionalizá-los. Quando se diz: "Ah!, bem sei que isso não é nada, mas...", e, se coloca isso na garrafa e tampa-se com uma rolha, então não é mais preciso ter medo de ser agarrado outra vez. Notem que tais recipientes são, todos eles, produtos da esperteza humana. A invenção de como se carregar um líquido num vaso ou qualquer recipiente, é uma das maiores e mais originais invenções da humanidade, quase tão importante quanto a descoberta do fogo, sendo um símbolo da capacidade do homem para aprisionar, por meio de sua sagacidade e inteligência, coisas que comumente lhe escapam. Nós geralmente desaprovamos a racionalização, pois usamos a palavra no sentido depreciativo. Dizemos: "Não racionalize!" Mas como em tudo o mais, existe um duplo aspecto nisso: de fato, constantemente temos que utilizar a mente e a inteligência para aprisionar gênios e outros demônios. Retornemos, por exemplo, ao jovem que pretende alugar um quarto só para ele. Ele comparece a sua sessão de análise e diz sentir-se estranho, acha que vai ter uma gripe, está febril. Então, poderia ser muito bom dizer-lhe: "Ora, isso é uma simples tendência regressiva de seu complexo materno. Ignore-o! " Então, ele se recompõe e vai em frente. Mas com isso, que fez você? Você racionalizou esse impulso regressivo, qualificando-o de "simples regressão do complexo materno". É como se você o houvesse enfiado dentro da garrafa, rotulando-o de "Regressão de Complexo Materno" e cortando-lhe, assim, toda eficácia.

Pergunta: Você afirmaria que colocar o *djin* na garrafa é uma frustração — isto é, uma racionalização — que produz sublimação?

— Se você atribui à palavra "frustração" um sentido simplista, então eu diria que sim, pois que, em nosso exemplo, eu estou frustrando o impulso de regressão do homem. Ele não consegue o que quer — assim como não o consegue o gênio quando está dentro do barril. Mas tenho minhas dúvidas quanto ao resultado consistir numa sublimação, porque o gênio nunca torna a sair em melhor forma. Há demônios que ficam muito mansinhos e imploram para serem libertados. Considerem, por exemplo, a interpretação do conto de fada "O Espírito na Garrafa", feita por Jung. Ali se chega a um acordo legal com o demônio, dizendo-se: "Está bem. Se te comportares, eu te libertarei novamente", e então se entra em entendimento com o espírito para conseguir sua ajuda, e ele fica domesticado. Isso sim, seria uma forma de sublimação. Mas o presente *djin* está enterrado; e isso é repressão. Portanto este não está tão sublimado, ele foi, simplesmente, cortado fora pela racionalização.

Observação: Há perigo de que o espírito venha a explodir a garrafa, portanto a coisa não é assim tão segura!

Tem razão! Trata-se de solução temporária que os homens muito frequentemente têm utilizado. Jung, por exemplo, interpretou um conto de fada alemão em que um jovem encontra uma garrafa debaixo de um carvalho, abre-a e de lá sai um espírito. A esse respeito, Jung diz na sua interpretação: "Há muitas centenas de anos atrás, alguém deve ter aprisionado esse espírito e agora...". Portanto pode-se imaginar que, a qualquer momento, possa aqui chegar um outro herói que desenterre o barril, e então, a história inteira haverá de recomeçar! Está claro que esta solução não é definitiva; só o seria se se pudesse converter o demônio. Mas aqui não é este o caso, pois ele apenas foi racionalizado e tal solução é sempre temporária.

Observação: O demônio nos ilude. O problema que se busca racionalizar surge sob forma diferente. O gênio vem para fora através de um artifício, dizendo: "Deixa-me sair apenas por um minuto, para que eu possa esticar as pernas", ou algo assim — e aí ele já está de fora!

Bem, voltemos ao exemplo do rapaz. Se lhe disser: "Pois bem, a estranha sensação que você tem no estômago é apenas um sintoma histérico, porque o que você quer mesmo é voltar para Mamãe", você com isso esmaga-lhe a tendência regressiva e o sacode para fora do ninho, o que constitui uma boa solução temporária. Mas, que fez você de errado? Você assumiu a liderança! Assumiu o papel da Mamãe, ou do Papai, de um guia adulto qualquer, e com isso não chegou a qualquer solução real. Só resolveu o problema por um certo tempo, à custa de ficar o jovem dependendo de você, uma vez que ele mesmo não teve coragem, nem para racionalizar o demônio nem para enfrentá-lo. No caso exemplificado podemos, portanto, ter certeza de que, passado certo tempo, a coisa voltará a emergir. É por isso que certos analistas se mantêm tão atentos ao problema, que nem se atrevem a dizer tais coisas. Eles estão sempre lá, à espera de que o analisando descubra a solução, sem nunca interferir por meio de racionalização tão cortante. Mas, penso eu, mesmo assim é preciso que se empregue uma mistura de certo e de errado, sabendo-se o que se faz e quando se deve fazê-lo. Às vezes, tem-se que assumir tal papel e interferir, mesmo sabendo que mais tarde se terá de pagar por isso, pelo fato de se estar apenas parcialmente certo. Isto é semelhante ao que teria acontecido se Hâtim tivesse dito ao povo da cidade: "Bem, o problema é de vocês; enquanto não amadurecerem, não se livrarão do *djin*, portanto, como um analista experiente, não vou lhes dar ajuda contra ele! Adeus!" Quem quer que leia a história simples e ingenuamente sente que foi gentil da parte dele ter ajudado aquelas pessoas, mesmo que elas não se achassem maduras e que mais tarde, provavelmente, algo haveria de acontecer ao *djin*.

Pergunta: Em vez de ter consigo apenas uma garrafa vazia, não seria melhor ter dentro dela alguma espécie de líquido transformador?

— Sim, isso seria muito melhor! Foi isso que os alquimistas tentaram; todo o esforço da alquimia não é outro senão este — ter não só um frasco, mas também um líquido transformador!

Observação: Hâtim sabia muito de alquimia, mas neste caso não utilizou seu conhecimento.

Não, neste caso ele não o utilizou porque, provavelmente, ainda não achara o diamante, a meta de sua vida. Está a caminho de encontrar o *Self*, a *prima materia* e tudo o mais, porém ainda não chegou lá. Como se há de ver quando chegarmos ao talismã, que é um símbolo alquímico, Hâtim já possui certos aspectos da *prima materia*, mas ainda os utiliza de maneira mágica, isto é, sem *insight*. Isso se confirma pelo fato histórico de que a alquimia, por longo tempo, pendeu muito mais para a inconsciência, por seu uso e aspecto mágico. Já no tempo de Zózimos, alguns afirmavam estarem buscando o objetivo religioso espiritual, declarando não serem pessoas que praticassem a "magia dos metais". Já então havia cisão dentro do esforço alquímico, quanto a utilizar a alquimia como magia ou como meio de tornar-se consciente.

Observação: Esses demônios têm um tremendo poder, que o indivíduo bem poderia utilizar e, por isso, eles não deveriam ser completamente destruídos. Alguém poderia tomar-lhes o poder e, colocando-os no líquido transformador, tal poder se tornaria dele e a destrutividade dos demônios, eliminada.

Isso seria aventurar-se em um terreno muito perigoso, pois isso conduz à exploração do inconsciente. É verdade que se você reprime um complexo, ou o racionaliza, ou o secciona de seu sistema de vida por ser destrutivo, então ocorre uma perda de vitalidade, uma perda de poder: Isso se evidencia melhor, numa forma exacerbada, naquilo que clinicamente se chama de reconstrução regressiva de persona, após um episódio psicótico. As pessoas se mostram razoáveis, estão novamente adaptadas, mas perderam algo, perderam a vitalidade, perderam seu *élan vital* e, às vezes, quando se torna a vê-las, pensa-se: "Meu Deus, como elas eram mais ricas e encantadoras quando eram bem doidas!" Verifica-se um empobrecimento! Elas eliminaram fora o complexo autônomo destrutivo, mas também perderam, *literalmente,* todo o poder do mesmo! Você está certo, seria um *desideratum* se conseguisse colocar essas coisas bem arrumadinhas numa garrafa, transformar-lhes o aspecto destrutivo e conservar sua vitalidade e o aspecto dinâmico. Mas, como diz o ditado, isso é cobrar a conta sem ser o patrão, coisa que o ego não pode fazer. E se o pudesse, seria destrutivo, pois se tornaria inflado — um ego mágico, senhor de poderes celestes e terrenos. Para o ego, dizer "Vamos pegar todos esses gênios e demônios e, em lugar de enfiá-los na garrafa, vamos retirar-lhes o poder e utilizá-lo", corresponde a um ideal ditatorial. É esse o ideal de certos homens de hoje em dia, mas todos eles, como se observa, contrariam isso! O inconsciente se recusa a compactuar com tal coisa. Portanto, se se deseja transformá-los, necessita-se da ajuda do *Self,* uma vez que quem tem o poder é o *Self* e não o ego.

Pergunta: Você acha que enterrar o gênio representa uma atitude emocional negativa mais do que uma racionalização?

— Sim, acho que isso significa racionalização, aliada a uma atitude emocional de rejeição levemente negativa. Se se pensa no barril como o oposto da retorta química, vê-se a diferença. Nós isolamos certos fenômenos a fim de estudá-los, de modo que eles possam operar por si mesmos, o que corresponderia à retorta e, nesse caso, não existe qualquer sentimento negativo subjacente. Mas colocar o espírito de um gênio dentro de uma garrafa implicaria numa atitude emocional de rejeição, que geralmente se entende por racionalização, no sentido negativo da palavra: nós o racionalizamos a fim de distanciá-lo. Por detrás, o que existe é uma sensação de medo, razão por que dizemos, com uma certa displicência: "isso não é nada", ou então chegamos mesmo a dizer: "é apenas isso e isso". Refiro-me, portanto, à racionalização na sua tendência negativa que, nos homens, geralmente implica no envolvimento da *anima*. Se um homem não consegue ser objetivo, mas possui este tipo de atitude "isso não é nada", por trás do que ele diz, então logo se pensa "Ah! dona *anima* anda metida nisso!" O mesmo se aplica ao *animus* de uma mulher, pois, se ela não pode ser objetiva e encarar as coisas tranquilamente, se tem medo de um afeto negativo, isto confere uma nuance de "isso não é nada", ao seu julgamento.

Isso sempre ocorreu quando um novo ensinamento religioso se superpôs a uma velha religião. Essa espécie de postura negativista e racional, "isso não é nada", acha-se bem evidente na literatura apologética cristã antiga, em contraposição aos mistérios pagãos e também na oposição dos mestres islâmicos ao paganismo. Uma vez que esses gênios pertenceram àquelas velhas camadas da antiga religião e da superstição norte-africana, a atitude de "isso não é nada" também foi utilizada de forma hostil a tais figuras, e esta foi, provavelmente, a garrafa na qual Hâtim aprisionou o gênio. Poderíamos pôr um ponto de interrogação após este episódio, dizendo que o gênio não foi sobrepujado, e que, mais tarde alguém desenterrá-lo-ia novamente. Tal coisa não ocorre na nossa história, mas podemos afirmar com certeza que esta nunca foi a maneira de sobrepujar qualquer demônio. Esta é sempre uma solução temporária, que pode ser bem sucedida se, no momento, tivermos algo mais importante a fazer. Às vezes, certos problemas têm que ser reprimidos quando não temos tempo para lidar com eles e precisamos, levar a cabo a tarefa principal.

Isso acontece várias vezes enquanto Hâtim segue seu caminho dos Banhos Bâdgerd: tendo fixado sua mente na principal tarefa, ele reprime e elimina outras possibilidades de desenvolvimento interior. É claro que o gênio está interessado principalmente em mulheres, sendo que a cada ano, ele arrebata uma delas dessa cidade, e afinal de contas, Hâtim não se casa! Somente encontra o diamante, retornando ao lar sem ter estabelecido qualquer ligação com o elemento feminino. Pode-se, então afirmar que, em fase ulterior de sua vida, cada vez que ele se deparar com seu problema de *anima*, Hâtim estará novamente enfrentando o gênio. Em nossa história, só se acha delineada uma parte do caminho, mas vê-se aí a conexão gênio-feminino, que no momento é posta de lado para que seja alcançado um outro objetivo.

Então, Hâtim deixa a cidade que livrara da maldição. A seguir, surge o problema do velho que o aconselha a ir, primeiramente para a direita, mas que, uma vez chegado a uma bifurcação, não mais deve continuar pela direita. O caminho da direita não é tão difícil, mas cheio de horrores, ao passo que o da esquerda é muito mais difícil, mas será o melhor para Hâtim. Este procura obedecer ao velho, mas já não sabe mais se está no caminho certo ou no errado. Infelizmente, o tradutor nos diz numa nota de rodapé, que a lenda é confusa e por isso ele procurou corrigi-la, não havendo, pois, esperanças de que se possa reconstituir o texto original.

É uma infelicidade que os filósofos explorem os textos com a ideia de que toda frase tem que ter um significado racional; quando isso não acontece, eles começam a achar que houve algo de errado com a cópia do manuscrito — se bem que, em cerca de 75% dos casos isso seja verdade. No entanto, alguns textos são extraordinariamente confusos, quando o inconsciente do escritor ali interfere e, então os filósofos, na sua paixão por racionalização, fazem deles uma salada ainda pior, enquanto nós, que podemos ler a confusão do inconsciente, teríamos chegado a concluir alguma coisa daquele original. Ora, infelizmente não conheço árabe e, visto estarmos impossibilitados de chegar ao texto original, temos que desistir do enigma, dizer que o tradutor mudou o texto e que ignoramos a confusão original.

Ao que me parece, Hâtim pôs-se a seguir o caminho da esquerda e sentiu-se muito infeliz, porque o caminho era ruim, mas isso é tudo que podemos deduzir. No deserto, ele é atacado por certos animais selvagens demoníacos que mais parecem um misto espúrio de raposas, chacais e panteras — deveriam ter certa semelhança com hienas. Aterrorizado, ele toma o talismã, ou amuleto, que recebera de uma mulher, durante uma aventura anterior (que não é descrita em nosso conto). Ao atirar o talismã ao chão em meio aos animais, a terra a princípio se torna amarela, depois negra, verde e por fim vermelha. No momento em que surge a cor vermelha, aqueles monstros selvagens tornam-se inteiramente desvairados e se estraçalham uns aos outros, de modo que Hâtim consegue prosseguir caminho. Abordarei em seguida o próximo episódio, uma vez que eles são paralelos. Noutra parte do deserto, ele é atacado por enormes escorpiões, grandes como chacais, com garras como de pássaros e olhos reluzentes como os de lobo e, mais uma vez, consegue salvar-se atirando ao chão o amuleto, de modo que a terra muda quatro vezes de cor e os demônios se destroem uns aos outros.

Primeiramente, temos que ampliar o tema das criaturas demoníacas que se destroem umas às outras. Existe aí um claro paralelo ao mito grego de Cádmus, herói que, por sua vez, é comparável ao Hermes itifálico (falo ereto). Europa, a irmã de Cádmus, foi raptada por Zeus na forma de um touro e Cádmus decidiu-se ir à procura da irmã até encontrá-la. Por desígnio divino, porém, recebeu ele ordem de abandonar tal busca e seguir os passos de certa novilha, até que esta se deitasse para repousar. Ao mesmo tempo, foi-lhe prometido que ele teria por esposa Harmonia, filha de Ares e Afrodite. Quando a novilha deitou-se, Cádmus, pretendendo sacrificá-la, enviou seus companheiros em busca de água para o sacrifício. Eles a encontraram num bosque sagrado, pertencente a Ares e guardado por um dragão, filho de Ares, que matou a maioria dos companheiros de Cádmus. Isso tanto o enfureceu que ele matou o dragão e tomou Harmonia por esposa. Cádmus semeou os dentes do dragão na terra e destes brotaram homens armados, a lutar uns contra os outros, até que só restassem vivos cinco deles que, então, escolheram Cádmus para seu líder. Afixaram a pele do dragão num carvalho.

Esta história pode ser encontrada em qualquer manual de mitologia, mas sua interpretação encontra-se em *Mysterium Conjuntionis*, de Jung (§ 86-87). O autor nos diz que Cádmus perdera sua irmã-*anima* porque o deus — instância mais elevada do inconsciente — a arrebatara consigo, ou seja, ela desaparecera no inconsciente. Cádmus, então, pretende regredir ao incesto irmão-irmã, mas é proibido de fazê-lo pela voz de Deus, sendo obrigado a prosseguir e encontrar nova esposa . Sua *anima* regride, então, sob a forma de uma novilha (correspondente ao touro de Zeus) que o guia para seu novo destino, que é o de tornar-se um herói e um matador de dragão. Matando o dragão, Cádmus consegue encontrar Harmonia, que é irmã da fera. O dragão é o oposto de Harmonia, é a desarmonia, como bem podemos ver pelo fato dos dentes, os elementos do dragão, terem lutado uns contra os outros qual guerreiros. Cádmus se apega à Harmonia, ao passo que, no inconsciente, os opostos se devoram entre si, de forma projetada. Esta é, para nós, a parte essencial da intepretação. A imagem dos guerreiros destruindo-se uns aos outros representa um ato de cisão que prossegue e que se dissolve em si mesmo, como os opostos Yin e Yang, da filosofia clássica chinesa. Nisso está implícita certa inconsciência sobre o problema ético dos opostos.

Somente com o cristianismo é que o conflito metafísico do Bem e do Mal começa a penetrar na consciência humana e a criar um terrível problema, que levou à teoria da *privatio bani,* no cristianismo. Enterrando o gênio, Hâtim torna a escapar de um conflito ético por recursos mágicos. Lançando seu amuleto em meio àquelas figuras demoníacas, consegue reprimi-las fazendo com que elas se matem; desta forma reprime o conflito que elas representam, a fim de poder prosseguir seu caminho. O escorpião demoníaco, por sua vez, é algo que nos faz lembrar o nono capítulo do Apocalipse:

— Tocou o quinto anjo, e vi uma estrela caída do céu sobre a terra; foi-lhe dada a chave do poço do abismo;

— E ela abriu-o e do poço saiu uma fumaça como a de uma grande fornalha e com ela obscureceu-se o sol e o ar.

— Dessa fumaça irromperam, depois, gafanhotos sobre a terra, dotados de poder semelhante ao dos escorpiões da terra.

— O aspecto dos gafanhotos era o de cavalos preparados para a batalha. Tinham na cabeça coroas como de ouro, rosto como de homens, cabelos como de mulher, e dentes como de leão.

(Como veem, aqui está novamente a mistura de figuras demoníacas, não um único animal, mas uma mistura deles).

— Tinham couraças como couraças de ferro, e com as asas produziam um rumor como o estrondo de carros de muitos cavalos de corrida para a guerra.

— Têm cauda e ferrão como os escorpiões, e na cauda é que está o seu poder de fazer mal aos homens durante cinco meses.

— Têm sobre si, como rei, o anjo do abismo, o qual se chama, em hebraico *Abaddón,*[1] isto é, "Perdição"* (9,1-3.7-11).

---

[1] Em hebraico *Abaddón* — e em grego *Apollyon.*

* Tradução do texto original, com notas, dirigida pelo Pontifício Instituto Bíblico de Roma — Edições Paulinas (N.T.).

Depois disso, surge uma forma diferente de demônios que podemos comparar àquele misto de chacais (embora, no Apocalipse, eles tenham principalmente forma de leões), mas também são um misto de animais demoníacos capazes de torturar homens.

Por conseguinte, o fato de os demônios serem representados por essa forma mista e espúria de animais constitui velho tema oriental. Em geral, pode-se afirmar que, se em sonhos um animal aparece como tal, ou seja, se um leão aparece como leão, um lobo como um lobo, um urso como um urso, sem nenhuma mistura, então ele representa um determinado impulso instintivo definido, em sua forma positiva e negativa. Um urso significa apenas um impulso como o de um urso, nem sempre agradável de constatar, porém definido na forma, ao passo que misturas de seres, engraçadas e fantásticas, como os centauros, indicam tratar-se, não de algum impulso instintivo que busca expressão, mas sim de um conteúdo essencialmente *simbólico*. Pelo próprio fato de o inconsciente empregar uma figura que não pode ser encontrada na realidade, significa que ele não quer com isso se referir àquela figura em específico, e sim a algo que *não pode* ser encontrado na realidade, algo completamente fantástico que não existe concretamente. De forma desarticulada, o inconsciente procura descrever um conteúdo puramente psíquico, que não é equivalente a um impulso instintivo.

Se o inconsciente deseja trazer à tona um conteúdo psicológico que se encontra ainda tão distante da consciência a ponto de só poder ser representado através de um *mixtum compositum* de muitos impulsos animais, em seus aspectos positivos e destrutivos, isso mostra tratar-se de um conteúdo para o qual a consciência ainda não possui qualquer órgão receptivo; ele não pode ser enfrentado. Portanto é, em geral, experienciado como algo extraordinariamente demoníaco e destrutivo, porque se teria que eliminar a própria atitude consciente e tornar-se tão caótica quanto um animal daqueles, para entender o que isso significa. Normalmente, dir-se-ia que tal representação é psicótica, algo demasiadamente profundo para a integração e, portanto, muito perigoso; razão pela qual, neste conto, assim como na história de Cádmus, existem processos mágicos para lidar com o problema. Para enfrentá-lo, ter-se-ia que penetrar muito profundamente em si mesmo, até um plano quase psicótico, arriscando-se mesmo a certo estado de confusão e conflito interiores, e muita gente não pode correr tal risco. Por isso é que Jung diz que *não* lidar com o problema equivale a não levar em conta certo aspecto do conflito moral no homem, sendo preferível alguma orientação filosófica, ou outro princípio, a fim de se estar capacitado a olhar para longe e de se evitar de penetrar tão profundamente no âmago do conflito do bem e do mal.

Em astrologia, o signo do escorpião está relacionado às palavras *stirb und werde,* "morre torna a nascer", o que implica completa e absoluta aniquilação e ressurreição. O escorpião contém o simbolismo dos opostos vida e morte, pois possui a estranha qualidade de cometer suicídio quando completamente acuado. Dizem que isso é mero folclore, mas, certa vez, meu pai se achava sentado com alguns amigos, num templo do Japão, quando todos viram um enorme escorpião, caminhando ao luar. Procurando certificar-se da veracidade do caso, fizeram um círculo de fogo em torno do bicho e, efetivamente, o escorpião matou-se com a própria cauda. A princípio, deu voltas para ver se havia alguma possibilidade de fuga e, ao ver que não havia nenhuma, suicidou-se. Não creio que os pequenos escorpiões que há em Tessin façam o mesmo, mas parece que os grandes sim. Por não haver na natureza nenhum suicídio consciente intencional (não como o dos lemingues que, estupidamente, entram pelo mar e se afogam), o escorpião atraiu essa projeção, a de conhecer o segredo de se matar e de renovar a si mesmo, razão por que ele traz, em astrologia, o significado de destruição completa e de total renovação após autodestruição.

Esse tipo de processo mais profundo de destruição e renovação é como o da luta com o gênio, que Hâtim evita. Ele pega o talismã que, segundo o nosso livro, tinha sido obtido de algum ser feminino, em aventura anterior, e lança-o ao chão, em meio aos animais ferozes. A terra sobre a qual eles estão muda de cor e torna-se primeiramente amarela, depois negra, depois verde e, por fim, vermelha.

Essas quatro cores, como mais tarde facilmente se constatará quando chegarmos ao material do primeiro homem — o Adam Kadmon da tradição gnóstico-judaica — são mitológicas e geralmente as quatro cores das quais foi feito o primeiro homem, Adão. De acordo com inúmeras lendas, que mais tarde lhes contarei detalhadamente, Deus apanhou terra, que, às vezes, tinha quatro cores, dos quatro cantos do mundo para com ela criar o corpo de Adão, dentro do qual insuflou o sopro divino. Como estarão lembrados, os Banhos Bâdgerd foram edificados por Gayomardo, o Adão persa, o primeiro homem da antiga mitologia e religião da Pérsia. Por aí se vê que por esse amuleto Hâtim está de posse da *prima materia* do primeiro homem, do Adam Kadmón que é Gayomardo (mais tarde voltarei a tal significado). Contatando o princípio feminino, ele obteve certo recurso mágico, por meio do qual podia transformar a terra disforme nessa forma quadricolorida, material básico do primeiro homem. As quatro cores não na nossa presente história, mas em decorrência das amplificações que menciono — acham-se associadas aos quatro pontos cardiais.

Poder-se-ia, portanto, dizer que, a princípio, existia um mundo caótico no qual animais caóticos lutam uns contra os outros. Mas Hâtim, lançando ao chão o amuleto, estabelece, por assim dizer, subdivisões no caos; ele cria uma ordem suprapessoal, atirando um molde a cores dentro dessa massa caótica. Ao surgir a quarta cor, o vermelho, os chacais bastardos e, mais tarde, os escorpiões, começam a lutar e a se destruírem uns aos outros.

Daí em diante, Hâtim age à maneira de Cádmus, que se apoia em Harmonia, pois este seria um modelo de harmonia e integridade. Também ele estabeleceu um modelo de harmonia defendendo-se assim contra a irrupção do caos que destruia a si próprio, dentro de si mesmo. A solução poderia ser perfeita, mas por efeito da magia.

A magia está sempre relacionada ao desejo de poder do ego, como proteção contra algum conflito que se aproxima. A humanidade sempre a utilizou contra a fúria dos poderes destrutivos do mal e contra os impulsos psicóticos advindos do inconsciente. Nada há a dizer contra ela, a não ser que, por seu intermédio, o conflito não é plenamente suportado, não havendo, portanto, percepção consciente de tudo o que acontece.

Em nossa história, Hâtim lança mão de uma velha artimanha mágica, com a única justificativa, igual à de Cádmus, de achar-se a caminho de outra tarefa, não podendo, por enquanto, enfrentar o problema de outra forma. No entanto, pode-se afirmar perfeitamente que é por isto que os perigos nos Banhos Bâdgerd e com o papagaio vieram, mais tarde, a ficar tão sérios. Ele simplesmente protela a fúria de tal conflito até encontrar-se no centro dos Banhos Bâdgerd, e então, se depara com o conflito. Logo quando o barbeiro desaparece e a porta se fecha sobre ele, já não pode mais utilizar-se do amuleto — estranhamente parece já não mais tê-lo consigo. Mas, mesmo assim, a fúria do perigo se desencadeia logo a seguir; trata-se, portanto, de uma mera medida de protelação que, nesse sentido, pode ser às vezes permissível.

Desse ponto de vista, a justificativa residiria no fato das forças de ataque serem caóticas, não tendo ainda assumido forma suficientemente clara. Em tais casos, se não for por tempo muito prolongado, é justificável reprimir a fúria dessas forças destrutivas, declarando-se ao inconsciente que, caso ele deseje alguma coisa, que o diga bem claramente e manifeste-se de maneira que a pessoa o consiga enfrentar. Considerando-se isto, talvez seja até certo ponto justificável que Hâtim recorra a um passe de mágica para reprimir o ataque das forças destrutivas e prosseguir seu caminho.

A seguir encontra um Rei que o convida a ficar com ele, oferecendo-lhe até a própria filha. Esse Rei é o guardião dos Banhos Bâdgerd e, conhecendo seus perigos, assumiu por tarefa manter todo mundo longe dali; mas o jovem faz com que o Rei caia na armadilha com uma dupla promessa, de modo que este se vê forçado a ensinar-lhe o caminho. No entanto, demora muito a conduzir Hâtim até a entrada do banho. Aqui estou omitindo uma parte da história por ela ser compreensível; esta é uma maneira tipicamente oriental de fazer alguém experimentar uma terrível tensão. A pessoa fica apreensiva e sente que, se tanto esforço é feito para manter alguém longe do perigo, então é porque por trás dele deve haver algo de horrível, e nós sabemos que isso corresponde ao fato de que quanto mais alguém se aproxima do centro de sua personalidade, tanto mais aumentam as forças de repulsão. Quando partículas dessa mesma tensão se aproximam umas das outras, quanto mais são impelidas umas contra as outras, tanto mais forte se torna sua força de repulsão, até que atingem determinado ponto e se unificam.

Psicologicamente podemos dizer que, quando a parte inconsciente da personalidade se aproxima do símbolo ou do núcleo interno do *Self*, ela frequentemente mostra efeitos semelhantes, ou seja, uma reação simultânea de atração e de terrível medo, de querer e não querer ali chegar, de ser repelida ao extremo e de não ser capaz de recuar ou de prosseguir. Há até mesmo pessoas que permanecem em suspense entre um "sim" e um "não" durante anos, até que advenha o momento de liberação em que elas consigam transpor o limiar da repulsão do *Self*. Às vezes não é só em tais momentos cruciais que se tem a impressão do inconsciente estar prestes a trazer à tona alguma coisa, e então nós nos dizemos secretamente: "Está bem, enfrentarei qualquer coisa, contanto que não seja isto ou aquilo" — e, pode-se estar certo de que acontecerá exatamente isso. Você já pressente o que será e o que faz parte da sua personalidade, justamente aquilo a que você se refere ao dizer: "Enfrentarei tudo menos isto"; é o que caracteriza você e sua vida. Por isso é que tão frequentemente as fases ou episódios mais importantes da vida de alguém se acham rodeados por uma nuvem de resistências e de medo. Se a pessoa é inteiramente honesta consigo mesma, ela nem mesmo consegue saber se aquilo era o que ela mais desejava ou se era o que mais temia, porque desejo e medo se equivalem. Essa estranha sensação de que, "isto é pertinente mas não tenho nada a haver com isso", parece ser típico das zonas de consciência impostas pelo *Self.*

O Rei Sâman, ao perceber que não consegue manter Hâtim distante dos Banhos Bâdgerd, mostra-lhe a entrada onde se encontra a inscrição: "Este lugar encantado foi construído na época do Rei Gayomardo e por longo tempo permanecerá como um sinal. E aquele que cair sob seu encantamento, jamais escapará com vida. Espanto e horror será seu destino. Padecerá de fome e sede. Certamente, enquanto viver ser-lhe-á permitido comer dos frutos do jardim e ver o que há para ser visto neste lugar, mas muito dificilmente conseguirá tornar a sair". Ao ler isso, Hâtim pensou: "Bem, esta inscrição realmente revela o segredo dos Banhos Bâdgerd"; e assim, por um instante, tem a terrível tentação de pensar que sabe tudo a respeito disso e de que não precisa mais entrar. Mas então se apercebe de que é tudo uma trapaça e aí se decide a ir adiante, pois, como claramente se vê, a tal inscrição só faz uma alusão geral ao mistério que, na realidade, é algo completamente diferente.

Segundo os textos persas mais antigos, o primeiro homem criado, correspondente ao nosso Adão do Gênesis, chamava-se Gayomardo. Ele tinha uma forma cósmica e, ao morrer, todos os metais (isto é, os elementos básicos do mundo) brotaram de seu corpo, e dos seus pés brotaram duas plantas de ruibarbo das quais provieram o primeiro homem e a primeira mulher. Antes de existir a humanidade só existia essa única figura cósmica, a de um Antropos que tudo abrangia e que então se desintegrou, e das plantas surgiram os seres humanos. Essa é uma ideia arquetípica que se encontra em muitas outras civilizações e, em meu livro *"Patterns of creativity mirrored in creation myths"* (Zürich, Publicações Spring, 1972), eu me referi ao P'an Ku chinês. Este constitui um exemplo de tal ideia, porque ele era um enorme ser humano com forma cósmica. Quando ele cindiu-se, as diversas montanhas da China passaram a existir. Em todas as civilizações esse homem primordial é geralmente associado à mandala. Os dois pés de P'an Ku, por exemplo, transformaram-se em duas montanhas do Oeste, seus dois braços se transformaram em duas montanhas do Leste e sua cabeça é o centro. Portanto, após sua dissolução, P'an Ku é moldado, ou delineado, como uma mandala de quatro cantos, com um elemento frontal no centro.

No texto persa original, Gayomardo é simplesmente uma espécie de homem cósmico primordial que se você deseja usar uma expressão alquímica, pode-se chamar de *prima materia,* o material básico da totalidade da criação. Mas, nas últimas lendas e histórias referentes a ele, seu significado foi amplificado, pois também passou a ser considerado o primeiro rei, o primeiro sacerdote, ou então, mais precisamente, o primeiro rei-sacerdote a criar todas as instituições da civilização. Havia sempre a tendência de atribuir cada instituição a um plano, traçado pelo primeiro rei-sacerdote, Gayomardo. Assim, nas mais recentes tradições persas, ele foi amplificado com outros materiais, principalmente de origem judaica, tornando-se desse modo não apenas uma figuração do primeiro homem, ou da *prima materia* do mundo, não somente o pai da humanidade, mas também o modelo de toda instituição, o Criador de toda espécie de civilização. A figura do homem primordial persa, o Gayomardo, veio também a ser parcialmente absorvida na ideia gnóstica do Antropos, um redentor da espécie humana que guia o povo iluminado de volta para Deus, combatendo as trevas e recolhendo as almas pertencentes a Deus.

Outros diferentes textos podem ser lidos no livro de Jung sobre alquimia (Vol. 13 das Obras completas), onde ele aborda tudo isso, uma vez que, sob nosso ponto de vista, o livro contém um dos mais importantes símbolos do *Self*. Segundo algumas interpretações gnósticas, o homem primordial difundiu-se em matéria. Mesmo a respeito de Gayomardo, havia dúvidas se, mesmo tendo-se decomposto na matéria, teria ainda permanecido no mundo visível, na criação visível — teria ele se difundido ou se desmembrado na matéria. A tarefa consistia em juntá-lo e unificá-lo novamente, ajudando-o a retornar à sua integridade e origem, embora ele mesmo seja, às vezes, capaz de fazer isso, sendo os seres humanos partículas dispersas que ele tem que recolher.

No misticismo judaico essa figura é chamada de Adam Kadmon. Adam às vezes, é posto em certa oposição ao primeiro Adão do Gênesis, embora seja habitualmente identificado com ele. No Midrashim, este nome é geralmente usado para significar que essa figura de Antropos ainda existe, de modo secreto e oculto, no cosmo visível, ou então ele é considerado como sendo a psique da criação cósmica. Assim como a alma se encontra difusa no corpo, do mesmo modo a substância anímica se acha difusa em todo cosmo, sob forma de um homem gigantesco.

Esta ideia de uma figura oculta de Antropos, difusa por todo o cosmo material, é uma ideia fundamental que jamais se extinguiu e que sempre, de uma forma ou de outra, retornou à alquimia. Zózimos foi o primeiro a atribuir um nome à figura e a trazer à luz alguns ensinamentos referentes a ela. Jung apresenta, *in extenso,* um texto alquímico de Zózirnos referente ao Antropos, ou homem-luz, que se acha difuso e espalhado na matéria e dela tem de ser redimido. Os esforços da maioria dos alquimistas podem ser interpretados como sendo a re-extração do Antropos de seu estado de difusão e dispersão na matéria, fazendo-o retornar a sua forma original unificada, extraindo, assim, da matéria morta a alma do mundo e restituindo-a à sua integridade original. Este era o principal esforço da obra alquímica, e com isso era conectada, através da projeção, a redenção da própria psique da pessoa.

Essa figura mística do Adão ainda é, até hoje, uma figura religiosa viva numa seita que habita às bordas do Tigre e do Eufrates, a dos chamados Mandaenos, ou Nasoraenos. Esse grupo foi estudado por Lady Drower, que publicou material muito interessante, parte dele até então inédito, em livro que já recomendei: *The secret Adam* (Oxford, Clarendon Press, 1960). Em notas de rodapé, Lady Drower põe em evidência velho material persa e judaico desenvolvido pela tradição judaica de Midrashim, mas o interessante é que esse misticismo referente a Adão ainda permanece inteiramente vivo. Lady Drower conviveu por muitos anos com aquela seita batista antes de conseguir ter acesso a alguns dos seus escritos secretos e, em sua introdução, afirma que ainda existe muito mais que eles não desejam divulgar. Não querem que suas escrituras sagradas sejam divulgadas, traduzidas e nem mesmo examinadas. De acordo com a teoria de Lady Drower, da qual compartilha a maioria dos demais pesquisadores, os Mandaenos ou Nasoraenos, como seria preferível chamá-los, a princípio viveram, provavelmente, em Jerusalém, sendo idênticos aos Essênios que foram expulsos na época da destruição de Jerusalém, tendo imigrado para as margens superiores do Tigre, onde se estabeleceram. É por isso que entre eles e o misticismo judaico existem tão profundas afinidades. Ensinam eles que o cosmo de início foi criado sob a forma de um enorme homem, e que esse vasto "Adam Kasia" ainda é a alma oculta do cosmo existente. Segue-se um excerto do livro de Lady Drower:

> O Corpo, é o de... Adam Kasia, o Adão Místico e Secreto que antecedeu ao Adão humano, chamado homem físico, por miríades de anos, pois o macrocosmo precedeu ao microcosmo e a Ideia do cosmo foi formada em molde humano, de modo que através da criação de um, o outro veio a ser criado. Segundo a secreta doutrina, como veremos em capítulo ulterior, é

também através e por causa de Adam Kasia que uma alma incorpórea obtém seu corpo espiritual. A descrição detalhada da construção do Corpo de Adam Kasia é compreendida quando são lidos os manuscritos rituais, pois cada ato, no *masiqta,* é representado como parte do processo pelo qual o corpo novo e espiritual é construído para a alma que migrou do plasma para a perfeição, dentro do Útero cósmico. Como Homem Primordial, ele consiste numa figura gnóstica mais do que num conceito puramente judaico ou iraniano. As explanações concernentes a Adão e a seu Corpo são secretas.

Como se vê por esta documentação, o conhecimento desse Adão oculto coincide com o tornar-se consciente do que acontece à alma após a morte, pois quando uma alma deixa o corpo físico, após a morte, ela é então formada de maneira idêntica à de Adam Kasia. É aí que ela se torna tal como uma réplica dessa grande figura cósmica, espiritual e original. Portanto, já nessas seitas se encontra desenvolvida uma implicação que também vem a ser encontrada em Zózimos, isto é, a de que esse Adão cósmico está relacionado à alma individual e de que o processo pelo qual a alma individual se torna consciente e imortal tem que obedecer ao modelo desse homem cósmico. Assim prossegue Lady Drower:

> Adão é o Todo e abrange em si mesmo toda manifestação espiritual da Grande Vida, assim como do universo; o místico que tenta exprimir essa multíplice personalidade frequentemente se torna confuso na sua tentativa de explicação:
> Então ele ensinou a respeito de Adão, a quem todos os mundos chamam de Adão, e que todos os livros denominam por Adão; Adão é seu nome. E disse ele "Eu sou o Adão da incomensurável vida. Eu sou o Adão da Vida Imensa, pois brilho em louvor a meu Pai. Sabei que, quando Adão se uniu a Eva, Adão era a Alma e Eva era o corpo, sendo ela a Terra e Adão, o

Céu. E eis que um nome foi atribuído a eles quando eles iniciaram os mistérios dos reis e assumiram o Corpo e geraram filhos e propagaram gerações".

Num outro texto, um ser humano diz:

Eis que fui formado da Fonte e da Palmeira, Eu, o Rei que é Todo Luz. E milhares e milhares de anos, anos sem conta e sem fim, passaram-se antes que eu tenha cogitado em criar descendência. Então falou o Pai, dizendo-me: "Oh! sublime Rei, Oh! Árvore, a cuja sombra eles sentar-se-ão! Ergue-te, convoca teus filhos, os quais serão chamados reis".

Como veem, já aí nesses textos, ele é chamado de Rei, o que se pode comparar à nossa história, na qual Gayomardo é chamado de Rei, e vamos encontrar um texto nasoreano recente no qual ele é chamado de Primeiro Sacerdote. Ele é ainda a tamareira, a árvore do mundo e fonte.

E ele, o Adão (quer dizer: o grande Adão), subiu à margem da Fonte e a sua glória foi proclamada por todos os mundos. E então ele ergueu-se e sentou-se à beira de um poço de vãs imaginações e disse: "Eu sou um Rei sem par! Eu sou dono do mundo inteiro!" Ele viajou por todo o mundo, até que veio e repousou numa montanha; e então olhou em volta e percebeu uma nascente que provinha de sob a montanha. E ele se prostrou com o rosto em terra, e disse: "Existe alguém que seja mais exaltado e poderoso que eu? Esta é a Nascente das águas vivas, brancas águas que provêm de mundos sem limite e sem conta". E eis que sua mente se tornou inquieta. Ele ponderou e disse: "Eu declarei não haver maior rei do que eu, mas eis que agora sei que existe Aquele que é maior do que eu. Rogo que possa vê-lo e possa tomá-lo por meu Companheiro".

Ele descobre Deus, que está acima dele. Como fonte de vida, a princípio ele ainda sente certo orgulho, ou arrogância, mas depois se humilha perante Deus. E Lady Drower prossegue:

> O Primeiro Adão é uma vasta forma, abrangendo tudo o que haverá de existir no futuro cosmo. Como primeiro Sacerdote (aí está!), ele é identificado, num fragmento, como Mara-d-Rabutha e como assentando sobre a própria cabeça a coroa do sacerdócio, que é a coroa da intermediação entre os mundos da luz e os da matéria.

Cada órgão desse corpo de homem cósmico é, por si só, um mundo completo, em harmonia, de modo que os órgãos podem colaborar e, por assim dizer, formar um corpo imenso.

> A cabeça é um mundo, o peito é um mundo e cada perna é um mundo; sim, até mesmo o fígado, o baço, os intestinos, o estômago, o órgão masculino, o útero, a pele, os cabelos, as unhas, as costas, as vísceras, cada uma dessas coisas é um mundo em separado.
> E quando comungam juntos, é como se fossem pessoas entre as quais não existisse ódio, inveja ou dissensão. E se dentre todos esses mundos houvesse um supérfluo, ou algum que faltasse à estrutura do Corpo, o Corpo inteiro seria prejudicado, pois eles se contrabalançam uns aos outros, e a Alma habita em meio deles, tal como eles o fazem entre si.

Deve-se, portanto, imaginar o Antropos com um enorme ser, cada um de seus órgãos sendo, em si mesmo, um completo cosmo. O total de nosso cosmo seria, talvez, apenas uma célula de seu dedo mínimo.

Isso lhes dá uma ideia de como não apenas no simbolismo alquímico ocidental, mas também no oriental, subsistiu a crença nesse Adão cósmico primordial. Não é de admirar, portanto, que um conto de fada faça alusão a isso como algo conhecido nesses países.

O Antropos cósmico, ou Adão, consiste geralmente em quatro elementos, e desejo agora citar aqui, resumidamente, alguns dos muitos textos que Jung coletou, no volume *Mysterium conjunctionis*. Vou apontar somente alguns dos motivos relevantes.

O primeiro homem cósmico é, geralmente, andrógino e constituído pela *prima materia* do mundo inteiro. Diz Jung (§ 552):

> Para nós, o aspecto essencial da *prima materia* é o de ter sido ela definida como a *"massa confusa"* e o *"caos"*, relativos ao estado original de hostilidade entre os elementos, à desordem que o artífice gradativamente reduziu à ordem, por suas operações.

Em sua obra, *Book of balances,* o alquimista árabe Babir Ibn Hayyan diz o seguinte:

> Diz o Pentateuco, referindo-se à criação de seu primeiro ser, que o corpo dele era composto de quatro coisas, as quais foram, daí em diante, transmitidas por hereditariedade: o quente, o frio, o úmido e o seco. Ele era, efetivamente, composto de terra e de água, de um corpo e de uma alma. A secura lhe adveio da terra, a umidade, da água, o calor veio do espírito e o frio veio da alma.

Na alquimia medieval posterior também é dito que cada estrela está inclusa em seu corpo, pois ele é um microcosmo. Na tradição judaica, o Rabi Eliezer, relata-nos que "Deus juntou a poeira da qual foi feito Adão, colhendo-a dos quatro cantos da terra" e, num texto do século II, é dito que "Adão foi feito com o pó do mundo inteiro". Na tradição árabe, diz-se que "quando a terra se recusou a prover material para a criação de Adão, o anjo da morte surgiu, trazendo três qualidades de terra: preta, branca e vermelha"; mas em texto paralelo assírio diz-se ter havido quatro elementos e não apenas, três, enquanto o poeta Rumi nos fala de sete cores.

Há, portanto, três, quatro ou sete elementos. Estes são, geralmente, dispostos em forma de mandala. A sua mais elaborada representação encontra-se no livro sírio, o *Book of the cave of the treasures,* publicado por E. Wallis Budge, onde se diz que o corpo de Adão é um *quaternium.* Ele é moldado com terra dos quatro cantos do mundo, ou seja, com terra de cor vermelha, preta, branca e verde. Portanto, a não ser pelo fato de o branco aqui substituir o amarelo de nosso texto, a ordem é a mesma que a que temos no talismã. Jung escreve o seguinte:

> Segundo um Targum, Deus colheu poeira não apenas dos quatro cantos do mundo, mas também do ponto sagrado, do "Centro, centro do mundo". Os quatro cantos reaparecem nas letras (gregas) do nome de Adão — Adam: *Anatole* (aurora, leste), *dysis* (poente, oeste), *arktos* (Grande Ursa, norte), *mesembria* (meio-dia, sul) (§ 555).

Isso, naturalmente, é jogo de palavras com significado grego, que volta a repetir-se no texto de Zózimos, em *Psicologia e alquimia.*

Adão nasceu e viveu ali onde a cruz foi posteriormente erguida em Jerusalém. Foi sepultado no Gólgota e morreu numa sexta-feira, na mesma hora em que morreu Cristo. Tinha quatro filhos: Caim, Lebhudhâ, Abel e Kelimath, que depois vieram a casar-se uns com os outros. Portanto criou ele um casamento quaternário. A sepultura de Adão encontra-se na "caverna dos tesouros", no Gólgota, razão do título do livro. Todos os seus descendentes têm que se colocar a serviço perante seu corpo, sem jamais deixá-lo, sendo este o motivo da cruz ter sido erguida ali naquele lugar, pois, como se sabe, Cristo foi o segundo Adão.

Contamos agora com material suficiente para constatar a ideia de Antropos, o ser do início e do fim do mundo, que aparece em formas ressurgidas e, às vezes, em diferentes figuras de Salvador. Essa ideia, quando interpretada sob o ponto de vista psicológico, é um símbolo do que chamamos psique inconsciente e da sua totalidade, sendo, portanto, como diz Jung, uma imagem da divindade.

Entre os Mandaenos, essa figura de Antropos ainda é, até hoje, chamada de *estátua*, e eu faço questão de que se lembrem disso quando chegarmos a discutir a petrificação das figuras postadas em torno do diamante, nos Banhos Bâdgerd. O Antropos, especialmente ao término de seus dias, em sua forma redimida, torna a aparecer como estátua, embora às vezes também surja como estátua no início de sua existência, antes que Deus lhe tenha insuflado o sopro de vida. Assim, quando ele é chamado de estátua, ou se encontra em seu primeiro corpo morto, antes de achar-se dotado de uma alma, ou então encontra-se em seu corpo ressuscitado, já ao término de seus dias. Só menciono isso agora para que nos adiantemos neste ponto, mas voltarei a falar no assunto, posteriormente.

Estamos, atualmente, vivendo um momento crucial na atitude das ciências naturais em relação a suas realizações. Nos últimos quarenta ou cinquenta anos, em consequência de nossa atitude extrovertida, ingenuamente acreditávamos poder confiar em nossos sentidos e, ao medirmos e examinarmos os fenômenos materiais externos da física, da química etc., pensávamos que nossas descobertas fossem verdades absolutas, ou pelo menos estatísticas. Só agora é que, lentamente, vamos percebendo, primeiro no âmbito da física teórica, mas depois, também, no de outras ciências naturais a ela relacionadas, que não podemos e jamais conseguiremos ter certeza do que é o mundo exterior em si. Podemos somente estabelecer, ou criar, modelos mentais da realidade exterior aos quais nos referimos; caso tais modelos coincidam bem e com relativa frequência com as reações dos materiais exteriores, então nós os chamamos de imagens verdadeiras; caso isso não se dê, os chamamos de imagens ilusórias. Por esse processo tentamos melhorar nossos modelos e interpretações dos fatos exteriores. Na física moderna, estamos até hoje nos deparando com a seguinte indagação: de onde surgem modelos e conceitos tais como os de partícula, energia etc.? De onde surgem os axiomas matemáticos que, de forma tão elaborada, utilizamos para representar os processos energéticos externos? Os olhos dos físicos teóricos começam, paulatinamente, a voltar-se para o inconsciente humano como origem desses modelos.

Em 1962 encontrei-me com um físico que estava fazendo trabalho de pesquisa, em Nova York. Ele acabava de regressar de um encontro de professores da Sorbonne, em Bruxelas, e declarou que achava aquilo muito estranho: a cada conferência ali realizada, repetia-se a história de que o famoso Henri Poincaré dizia, a si mesmo, que as equações "Fuchsianas", que o tornaram famoso, foram por ele descobertas através do inconsciente. Após um duro e mal sucedido trabalho para encontrar a solução dessas complicadas equações específicas, ele abandonou o problema. Mas então, sentindo-se descontraído, após o café, a solução repentinamente lhe afluiu de forma muito nítida. Como se encontrasse momentaneamente ocupado, não a pôde anotar de imediato, mas ela mostrava-se tão clara que nem mesmo precisou anotá-la; estava seguro de que a conhecia e de que conseguiria redigi-la mais tarde. Surgia-lhe como uma nítida visão. Desde então, foram coligidas evidências muito maiores. Dentre os notáveis teoremas aritméticos que Gauss descobriu, e que o tornaram famoso, houve um que lhe ocorreu da mesma maneira. Gauss contava que por longo tempo trabalhara nele sem nada conseguir quando, de repente, "ele me surgiu aos olhos como um relâmpago". Em certa carta a um amigo, Gauss acrescentava: "apesar disso eu não consegui reconstituir qualquer fio de pensamento que me houvesse levado à solução!"

Acho muito sintomático que, justamente agora, no mundo das ciências naturais e das matemáticas se tenha percebido que o modelo, ou hipóteses e teoremas matemáticos pelos quais obtemos uma visão "objetiva" do mundo exterior, nos advenham daquilo a que chamaríamos de inconsciente, e não de estímulos exteriores. Poder-se-ia dizer que todo conhecimento adquirido do mundo exterior é antropomórfico e que, em última instância, corresponde a certos modelos, a estruturas inerentes a nossa constituição psíquica, ou seja, empregando nossa terminologia, as ideias básicas da matemática e da física modernas são representações arquetípicas que emergem do inconsciente coletivo. Por isso se vê claramente porque em todos os textos antigos, Adão, que sob nosso ponto de vista é um símbolo do inconsciente coletivo, está identificado com o macrocosmo. Para essas pessoas, o inconsciente coletivo é idêntico a todo mundo circundante que tem essa forma de um enorme ser humano, ou de um ser humano psíquico.

Não se trata apenas de um salto intuitivo ao se falar de Gayomardo, dos Nasoreanos e de física moderna. A ideia do Antropos, como modelo psíquico subjacente de todo cosmo, já existia no início do desenvolvimento das ciências naturais. Poder-se-ia, portanto, afirmar que a imagem arquetípica tem sido o estímulo por trás do qual nós temos criado, através da ciência natural. Desde o princípio essa imagem do Antropos, do divino homem cósmico, que tem que ser redescoberto pelo indivíduo e reconstituído pelo esforço científico natural, tem sido a ideia central de todos os grandes alquimistas e tem, portanto, conduzido diretamente ao desenvolvimento das ciências modernas, primeiramente da química e depois da microfísica.

O esfacelamento de Adão, de um corpo todo-abrangente, que é o cosmo visível, e de uma alma toda-abrangente que está mais invisivelmente oculta nele, prepara essa cisão, à qual agora chegamos quando estabelecemos uma diferença conceituai entre aquilo a que chamamos de fatos materiais cósmicos exteriores e o inconsciente coletivo. Hoje em dia temos um dualismo completo. A psicologia investiga o inconsciente coletivo olhando para dentro dos seres humanos, enquanto as ciências naturais investigam o mundo exterior, olhando para fora. Esta é, por assim dizer, uma cisão entre o corpo e a alma do Adão cósmico, ou seja, da totalidade. Fazemos uma dúplice hipótese, de que existe uma alma, dentro, e um corpo material, fora, e os investigados através de duas ciências diferentes. Essa cisão, dentro da qual vivemos agora e que será, provavelmente, o novo passo com o qual a ciência tem que se defrontar, vem-se desenvolvendo há mais de dois mil anos. A ideia de um homem primordial consistente num corpo material, às vezes, chamado de estátua, e a de uma alma invisível ali oculta, a qual é sua essência, naturalmente vem também contribuir para a cisão entre as ciências naturais e as humanas. Tal cisão já se achava contida, ou pré-formada, naquela primeira cisão na imagem do homem primordial.

Então, essa figura de Antropos é, geralmente, abatida, decai, é afogada, mergulha e se dispersa na matéria, da qual tem que ser novamente resgatada; e por esse aspecto, e pelo aspecto que os textos alquímicos lhe atribuíram, é mais bem concebida como *prima materia,* a matéria primordial do processo de transformação alquímica. Temos portanto, que especificar e dizer que ela é símbolo da totalidade quando aparece, primeiramente, no inconsciente o aspecto pré-consciente do *Self.*

A figura do Adão primordial, em alquimia, não é apenas chamada de *prima materia,* ela é o caos, o que demonstra que aqueles animais espúrios e os escorpiões ainda são um aspecto da *prima materia,* mas em seu estado de conflito e confusão, banido pelo talismã, ao estabelecer uma divisão quaternária. Isso é uma reminiscência de ideias alquímicas — da *prima materia* como caos — como quando o dragão abatido tem que ser subdividido em quatro partes, através do sinal da cruz, por uma espada; ou em quatro montículos que então são cozidos. Essa subdivisão em quatro é uma primeira tentativa de estabelecer ordem consciente no material caótico do inconsciente, pois, como se sabe, qualquer subdivisão quaternária é indício de estrutura da consciência. Sempre que se procura estabelecer ordem numa situação caótica, busca-se primeiramente delinear tal subdivisão. Nós ainda a utilizamos na trigonometria projetiva, por exemplo, pois a maioria das funções físicas são representadas como vetores sobre um ponto. Traçar quatro linhas e então subdividi-las, para conscientemente se representar um evento, uma força, ou o movimento de uma partícula, constitui o mais moderno dos talismãs, descoberto por Descartes. A estrutura arquetípica básica de nossa consciência nos força a agir desse modo.

Se estudamos o processo de individuação, tal como o entende Jung, geralmente constatamos que o fator dirigente, desde o princípio, é aquele que, afinal, vem a resultar numa meta, ou seja, em tornar-se consciente do *Self*. O *Self* existe desde o princípio, e, no processo de individuação é ele, geralmente, quem guia e regula o processo de crescimento interior. Assim é que o próprio *Self* é a *prima materia* de todo desenvolvimento. Nesse sentido, portanto, essa figura de Adão seria concebida como aquela que existiu desde o princípio do mundo. Ao mesmo tempo, sua reconstrução ou, uma vez que ela se encontra difusa em partículas de luz, sua reunificação numa só figura, e ressurreição, em função de ter estado mergulhada ou afogada na matéria, é a meta de todo processo alquímico. Em nossa história estamos certamente lidando com o aspecto *prima materia,* pois Gayomardo desapareceu, mas deixou essa incrível estrutura dos Banhos Bâdgerd contendo o diamante, que se em alquimia é o símbolo da meta, é portanto, efetivamente, idêntico a Gayomardo. O diamante simboliza, pode-se dizer, o aspecto terminal e Gayomardo simboliza o aspecto *prima materia* de uma só e mesma coisa.

O material de amplificação veio ilustrar o fato de que, muito frequentemente, o primeiro Adão é constituído por um quaternário, seja porque a argila de que foi construído seu corpo tenha provindo dos quatro cantos do mundo, ou por terem os anjos colhido terra de quatro diferentes cores, para formá-lo. Isso nos ajuda a compreender, retrospectivamente, a artimanha empregada por Hâtim, lançando ao chão o talismã para banir os espúrios chacais e os escorpiões; ele usou um recurso simbólico que estava, de fato, relacionado à meta de sua jornada. Por isso é que o interpretei como uma espécie de repressão, ou como um modo de afastar o conflito, ou aspecto caótico, mas por um meio lícito, uma vez que já havia estabelecido a sua meta. Por outro lado, pode-se afirmar que se ele assim o faz, se lança mão de um passe de mágica um tanto ilegítimo para expulsar longe de si o conflito, o aspecto caótico do inconsciente, no intuito de pôr-se a caminho na sua jornada para Gayomardo e os Banhos Bâdgerd, então tem que passar por tudo isso e encarar o que vem depois; pois, de outro modo, teria novamente que se defrontar com todos esses perigos no caminho de volta.

Em nossa história, chegamos até aquela inscrição no portal dos Banhos Bâdgerd que faz uma leve alusão às coisas incríveis por que Hâtim terá que passar. A inscrição diz que ele não regressará e tal qual acontece com o *lasciate ogni speranza, vai ch'entrate* de Dante — ele lê que, quem ali ingressar há de encontrar espanto e horror, terá que comer dos frutos do pomar enquanto viver, mas, provavelmente, não mais retornará. A princípio, Hâtim sente-se desalentado, mas depois resolve prosseguir e, uma vez transposto o portal, vê-se num absoluto deserto e exclama: "Ah! Agora compreendo porque este lugar foi chamado de Banhos Bâdgerd, que quer dizer Castelo de Vento ou Castelo do Nada!"

Quando comparada à descida de Dante ao Inferno, a coisa se mostra bem diferente. Aqui, o inconsciente não se manifesta como uma série de quadros caóticos e aterrorizantes ou, como noutras histórias, como animais a investir ferozmente, mas como nulidade absolutamente vazia, sem qualquer significado, o que é, também, um aspecto da psique inconsciente — justamente aquele que leva as pessoas ao maior desespero. Quando alguém em situação difícil se volta para o inconsciente, os sonhos não ocorrem ou, quando ocorrem, mostram-se caóticos e perturbadores, parecendo nada terem a ver com a situação atual. Aí então a pessoa se indaga o que poderia esperar que aparecesse nessa confusão. O tão generalizado, conhecido e terrível medo do inconsciente é parcialmente devido a esse aspecto. As pessoas dizem: "Bem, se eu me voltar para o inconsciente, acabarei ficando inteiramente louco". Nem mesmo sei quantas vezes já me disseram: "sei que sou louco, mas sei também que se eu entrar em análise e penetrar no inconsciente, então é que vou ficar *realmente* louco". Existe nisso um pouco de verdade, uma vez que, para eles, a coisa parece um castelo de nada, como se na psique não houvesse nada! "De Nazaré pode sair algo de bom?" (João 1,46). Justamente de lá, onde nada se pode encontrar, que surgem sonhos e fantasias decorrentes, e então a gente passa a estimular a pessoa, dizendo-lhe: "Desenhe suas próprias fantasias etc." Ao que elas respondem: "Mas isso não é nada! É um absurdo! Isso não vai me levar a nada!"

Após certo tempo de travessia no deserto, Hâtim encontra um moço que traz um espelho debaixo do braço, o saúda e mostra-lhe o espelho. Hâtim lhe pergunta onde se encontra o banho e se é possível utilizá-lo, ao que o moço responde que os banhos ficam um pouco adiante. Pergunta-lhe então por que motivo saiu de lá e o barbeiro responde que é parte de seus deveres ir ao encontro dos forasteiros e conduzi-los ao banho, e que espera receber de Hâtim alguma gorjeta. Hâtim concorda e declara que gostaria de tomar um banho.

O barbeiro é uma figura muito importante, que logo depois desaparece. Entrega a Hâtim uma toalha para cobrir-se, traz-lhe os cântaros de água quente que lhe derrama sobre a cabeça e aí, ocorre a catástrofe da transformação e não mais se faz alusão ao barbeiro. Ele apenas leva Hâtim ao terrível lugar, deixando-o então entregue a seu destino.

Vamos encontrar o barbeiro num outro texto muito significativo, ou seja, nas visões de Zózimos. Jung discorre longamente sobre essas visões, em *Psicologia e religião* (vol. 11 das *Obras completas*). Acham-se elas divididas em diversas e repetidas cenas, numa das quais Zózimos vê um sacerdote ao pé de um altar que tinha a forma de uma bacia rasa, num auto-sacrifício, comendo e vomitando a própria carne, e depois, uma variação desse mesmo sacerdote na figura de um barbeiro. Então, nas visões de Zózimos, o sacrificado e o sacrificante, que são uma mesma coisa, são simbolizados pelo barbeiro. Diz Jung (§ 348), que o corte do cabelo, ou da barba, é frequentemente relacionado ao escalpo de um ser huinano. Jung aborda, então, o simbolismo do esfolamento, considerando-o como simbólico da transformação do ser humano, comparação esta, confirmada pela muda de pele da serpente. A ideia era a de livrar-se da própria pele a fim de renovar-se a si mesmo. O escalpo correspondia, portanto, a um esfolamento parcial, com o significado principal de transformação espiritual. E prossegue Jung:

> Desde os mais antigos tempos a raspagem da cabeça esteve relacionada à consagração, à transformação espiritual ou iniciação. Os sacerdotes de Ísis tinham a cabeça inteiramente raspada e, como sabemos, até hoje a tonsura continua em uso. Tal "sintoma" de transformação provém da antiga ideia de que a pessoa transformada torna-se semelhante a um recém-nascido... com a cabeça pelada. No mito da viagem por mar dentro da noite, o herói perde todo seu cabelo, durante a incubação no ventre do monstro, por causa do terrível calor. O costume da tonsura, proveniente dessas antigas ideias, naturalmente pressupõe a presença de um barbeiro ritual. Bastante curioso é o fato de virmos a encontrar um barbeiro, naquele velho "mistério" alquímico de 1616, o *Casamento químico* (de autoria do fundador da Ordem Rosacruz). Ali, o herói, ao ingressar no castelo misterioso, é agarrado por barbeiros invisíveis que lhe ministram algo de muito semelhante a uma tonsura. Uma vez mais, o processo de iniciação e de transformação é acompanhado de uma raspagem de pêlo.

Obviamente existe, por trás do nosso conto, uma influência de ideias alquímicas, podendo o barbeiro ser considerado como um sacerdote iniciador. Literalmente, é ele quem inicia, pois conduz as pessoas ao banho e traz consigo um espelho. A inferência pode parecer bastante vaga, uma vez que no Oriente é normal um barbeiro trazer consigo um espelho; mas desde que queiramos tomá-lo simbolicamente, o espelho seria indício de seu desejo de levar Hâtim ao autoconhecimento e a ver-se em sua forma objetiva.

O barbeiro, que viera ao encontro de Hâtim, é quem o conduz ao banho, onde Hâtim vê a enorme cúpula que parece elevar-se até os céus. Ao entrar no banho e olhar para trás, a porta desaparece e ele se vê enclausurado.

Esse é um verdadeiro tema de pesadelo! Sabe-se que quando se está numa prisão e se busca por toda parte uma saída, vai-se ficando cada vez mais emparedado. É provável que todos vocês já tenham passado por agonias noturnas assim. Esse rígido aprisionamento é geralmente experienciado por quem sente que o *Self* vai-se fechando. No entanto, diz Jung, "a prisão só é símbolo do *Self* enquanto o medo do *Self* prevalece". Vocês provavelmente já experimentaram toda espécie de fantasias, quanto ao que viria, ou poderia, ou ainda ao que deveria acontecer, prontos a aceitar o que desse e viesse, exceto algo que lhes restasse lá num cantinho da alma. Sentiriam vontade de dizer: "Seja o que for, menos isto" e então, um dia, foi justamente isto o que lhes aconteceu, fazendo com que se sentissem como quem sempre tivesse sabido que era exatamente aquilo o que lhes haveria de acontecer. Como se um alçapão se fechasse por trás de vocês. Talvez houvessem pensado, por exemplo, que jamais fossem capazes de amar de um determinado modo, e então se viram exatamente naquela situação que se teria desejado a todo custo evitar, e bonito! Aí está ela! A gente, que de tal modo a temia e desejava, tinha uma espécie de conhecimento inconsciente de que seria exatamente a isso que um dia se haveria de chegar. Ou talvez exista algo sobre o que não se deseje executar! Uma ocasião eu tive a sensação de que precisava me debruçar sobre um determinado tema e escrever sobre ele, mas sentia que poderia fazer qualquer coisa que fosse, menos aquilo! De fato, à noite eu tinha medo de ir para a cama, pois sabia que meus sonhos me iriam conduzir exatamente àquilo! Eu poderia ter encurtado minha agonia, dizendo: "Sim, bem sei que tenho que fazê-lo, por sentir tanto medo!" Mas, naturalmente, não é isso o que se faz. A gente dá voltas, tenta fugir do assunto, alegando falta de tempo, ou então que existe algo de mais importante a fazer, e o tempo todo lá está o diabo atrás da gente, a murmurar: "O que você tem que fazer, é isto!"

Ora, Hâtim tinha água para derramar sobre si, sendo esta a maneira normal de se banhar em tais banhos orientais e, ao derramar sobre a própria cabeça o terceiro jarro de água, um estrondo terrível de trovão reduz tudo a trevas. Quando as trevas se esvaem, já haviam também desaparecido o barbeiro e o balneário onde ele se encontrava, estando o lugar inteiramente inundado, enquanto a água, na qual ele tem as pernas mergulhadas até as canelas, vai subindo lentamente. Quando ela lhe atinge os joelhos, Hâtim vagueia em torno, buscando uma saída por qualquer lado, sem encontrar porta ou passagem alguma. Logo a água já lhe chega ao peito e ele, horrorizado, torna a dar voltas em busca de saída, mas sem sucesso. E a água chegou-lhe até o pescoço e ele teve que nadar, chegando à conclusão de que se os homens que o antecederam não tornaram a sair dali, certamente se haviam afogado. "Tu também, Hâtim, vais encontrar a morte nessa inundação. Mas quando o homem se vê diante da morte, deve voltar seus pensamentos para Deus misericordioso", e então reza: "*ó* Deus, eu dediquei todas as minhas forças a servir-te. Só tenho uma vida, mas, tivera eu mil vidas, oferecer-te-ia todas elas. Faça-se a tua vontade!"

No mesmo instante foi ele pressionado contra o centro da cúpula, que culminava numa pedra circular, e, cansado de nadar, ansiando por um minuto de repouso, agarra-se à pedra. Nesse momento, ribomba um trovão e ele se encontra fora dali, num deserto, no qual, até onde a vista alcança, nada se vê nada além de uma desolação sem fim.

Hâtim está a afogar-se e nós poderíamos facilmente passar por cima dessa interpretação, dizendo que é isso o que acontece quando se é apanhado dentro do próprio ser, e forçado a encarar o inconsciente, que se avizinha de forma cada vez mais ameaçadora e opressiva. Mas existe aí um certo aspecto, tão interessante quanto o do antigo Adam Kadmon de vários textos alquímicos, ou de outras variantes medievais de Adão e Eva, em que estes, de fato, também se afogam dessa maneira.

No capítulo sobre Adão e Eva, em *Mysterium conjunctionis*, Jung comenta um texto do autor Basilius Valentinus, no qual se afirma que Adão estava sentado num balneário onde encontrou Vênus por companheira. O banho fora preparado por um velho dragão. Adão se une a Vênus mas entao a água inunda o par e ambos se afogam. Jung passa então a afirmar que o secreto Arkan, ou substância de transformação, surge aqui como o homem interno, ou primordial ou, para empregar um termo cabalístico, como o Adam Kadmon. Adão, é o homem interior inundado por Vênus, a deusa do amor, o que constitui uma definição muito boa, para uma situação psicológica típica. Ali, o ser espiritual mais elevado se afoga na matéria; banhar-se, imergir, inundar, batizar e afogar-se, todos esses sinônimos alquímicos simbolizam uma condição profundamente inconsciente e — coisa que desejo ressaltar — *uma encarnação do Self* —, ou melhor, simbolizam esse processo inconsciente pelo qual ele, o *Self,* torna a "renascer", ou muda para um estado em que pode ser experimentado. Para o *Self,* ingressar no campo de percepção consciente do ego é afogar-se, ou perecer; é uma descida à inconsciência. Seria como comprimir um ser cósmico dentro do âmbito de uma pequena e suja manjedoura. Nós sempre pensamos no processo de individuação como sendo uma maravilhosa experiência do ego a experimentar o *Self* — com exaltação espiritual, com inflação e tudo o mais. Mas, a partir do aspecto do *Self* que, em estado de inconsciência se encontra em estado de plenitude, isso implica em completo afogamento, o que é efetivamente representado nos sonhos.

Gérard de Nerval, poeta francês, tornando-se esquizofrênico, enforcou-se quando era ainda relativamente jovem, após um caso de amor mal sucedido. Pouco depois de seu primeiro episódio psicótico, ele teve um terrível sonho. Entrava num desses pátios típicos de fundos de hotel parisiense, onde se guardam latas de lixo e por onde os gatos vagueiam, quando viu cair um enorme anjo. O anjo tinha maravilhosas asas, com penas de mil cores brilhantes, mas achava-se todo torto e espremido, a tal ponto que um menor movimento seu poderia destruir o hotel inteiro. Tal imagem demonstra o processo de "afogamento" do *Self*. Conscientemente, Gérard de Nerval tinha uma mentalidade franco-parisiense demasiadamente estreita e racionalista, que poderia ser comparada a um desses pátios de hotel. Não se encontrava à altura de uma experiência interior daquelas e foi isso que provocou sua explosão esquizofrênica. Como diz Jung, quando a mente consciente ou o coração não se acham à altura de tão tremenda experiência interior, ela leva à esquizofrenia, pois, em tal caso, a invasão inconsciente faz explodir a personalidade consciente.

A mentalidade de Gérard de Nerval era, literalmente, estreita demais para receber de maneira apropriada essa invasão do inconsciente. Conta-se em sua biografia que ele encontrou uma *midinette,* dessas tão numerosas nos ateliês franceses, e por ela se apaixonou perdidamente, fato que o inspirou a escrever sobre ela poemas como os que Dante consagrou a Beatriz. Considerava-a uma deusa absoluta mas, depois, não conseguindo conformar-se com isso, acabou por romper com tudo, deixando uma observação: "*C'est une femme ordinaire de notre siecle*" (É uma mulher comum de nosso século). O que não conseguia admitir é que ela significasse tanto para ele. Essa é a mentalidade francesa de quintal: "*C'est une... femme ordinaire de notre siecle,* então eu não posso amá-la". Rompeu com ela e teve, então, sua primeira crise, após o quê tentou uma reconciliação. Mas não conseguiu levar o caso adiante, devido à terrível tensão de ver, claramente, que ela não passava de um ser humano comum a quem ele sentia como uma deusa, não conseguindo conciliar essas duas coisas paradoxais. Não conseguia entender que esse é o paradoxo do amor, divino mistério e, ao mesmo tempo, um caso inteiramente comum, para não dizer antropóide.

Esse sonho mostra o afogamento do *Self*, sua descida até a estreiteza do âmbito humano. No caso de Gérard de Nerval, o conceito do ego era demasiadamente exíguo e o *Self* devastou-o, vindo Nerval a enforcar-se de forma pavorosa. Porém mesmo quando o *Self*, em casos normais, avizinha-se da consciência, ocorre o processo de afogamento, de queda, tanto que se pode dizer que, para o *Self*, como para a maior parte da personalidade interna, ver-se aprisionado dentro dos limites da consciência é uma agonia. Por isso é que, muito frequentemente, antes de as pessoas realizarem alguma coisa no plano consciente, aparecem tais tipos de sonhos. Hoje em dia, por causa da modernização aparece no inconsciente um super-homem que desce de avião, ou um paraquedista ou coisa semelhante. Caso eu depare com isso em algum sonho, mantenho-me alerta e me previno de que, dentro de uns dois ou três dias esse analisando provavelmente irá passar por alguma espécie de tremenda realização, uma vez que o inconsciente já deu mostra de que algo, até então inconsciente, está descendo do infinito e vai saltar, ou tombar, no âmbito da compreensão humana. Muitas são as comparações, tais como as do tema disco voador, que Jung comentou extensivamente, com todas aquelas aterrissagens de seres sobrenaturais e queda de objetos parecidos com aeroplanos. Todas essas coisas representam antecipações de uma percepção do *Self*, como Jung claramente ressaltou, em seu ensaio. Esta é a mais moderna versão deste antigo motivo. Afirma-se, no dogma cristão, que Cristo existiu em Deus desde o princípio dos tempos, como o Logos, e que "Ele se exauriu" *(ekenàsen)*, para tornar-se carne humana. A ideia é a mesma, ou seja, a de que ele viveu numa espécie de plenitude divina, no

Além, e de que teve que "esvaziar-se" de toda a sua plenitude, a fim de tornar-se um ser humano; nisso consiste o famoso ensinamento do *kenosis*.

Aqui, é Hâtim quem se submete a tal destino. E isso significa que, ingressando no banho, ele se torna idêntico ao Antropos no qual se acha aprisionado, tendo portanto que submeter-se ao mesmo destino, pois o que agora lhe acontece é o mesmo que acontece ao *Self*.

Estabelecer contato com a própria personalidade interior maior significa um duplo destino para ambos; é como travar amizade com uma figura interna, pois daí em diante ou se morre ou se prossegue, juntos, estando o destino de ambos absolutamente entrelaçado. Por isso é que as pessoas têm a impressão de que o processo de individuação é como um alçapão — uma vez iniciado o relacionamento, não há mais escapatória. Só se consegue escapar cortando-se os próprios braços e pernas. Para exemplificar de modo mais simples e prático, frequentemente tenho notado e fico horrorizado ao constatar, que as pessoas que chegaram à psicologia profunda para após certo tempo vir a deixá-la, ou se tornaram diabolicamente maléficas, ou se tornaram terrivelmente neuróticas, ou então, morreram. Cheguei a declarar ao Dr. Jung que, às vezes, a psicologia junguiana me parecia ser um perigoso veneno, o veneno da Verdade. E ele concordou, quanto ao fato de que assumi-la, para depois deixá-la, é veneno absolutamente destrutivo. Desde que a pessoa se tenha apercebido suficientemente do que se passa em seu interior, sabendo em que consiste tudo aquilo, só consegue escapar à custa de tornar-se altamente neurótica. Por isso mesmo é que nunca se deve encorajar alguém a entrar em análise junguiana, uma vez que a pessoa apresente resistências, pois ninguém pode arcar com a responsabilidade de tal passo. Pelo amor de Deus, não cometam o erro entusiástico do principiante que sugere às pessoas que estas precisam se analisar, pois isso é o mesmo que encerrá-las naqueles banhos e fechar a porta, de modo que elas ou se afogam, ou não saem mais de lá. Só quem pode fazer isso é o próprio barbeiro interior de tais pessoas; nunca um outro ser humano, não você!

Certa vez vi uma mãe devorar alegremente o próprio filho, simplesmente impedindo-o de casar-se e sendo muito boazinha para ele, desde a manhã até a noite. Ele levava vida confortável, de modo que, naturalmente, engordou, permanecendo em casa, preguiçoso e feliz, aos 43 anos ainda solteiro. Sua mãe às vezes dizia não saber por que motivo ele não se casava, pois sempre lhe recomendara que o fizesse, mas ele tinha tão pouca sorte!... O engraçado é que ela não parecia sentir muito remorso por isso. O fato me perturbou tanto que fui conversar com o Dr. Jung a respeito, e ele me disse que, realmente, ela não tinha ideia e era honestamente inconsciente, de forma que, até certo ponto, não era culpada. Mas que se ela recebesse para ler um pequeno folheto psicológico, no qual se fazia menção ao complexo de Édipo e a uma mãe devorar o próprio filho, então veja o que aconteceria! Ela se tornaria uma cobra venenosa e nunca mais seria a mesma, porque não seria mais capaz de continuar a proceder inocentemente, como até então o fizera. Não lhe dei de presente o folheto, porque não me agrada espalhar veneno; mas alguém o fez, um freudiano que achou que lhe deveria ser permitido conhecer o complexo de Édipo. Daí em diante ela prosseguiu devorando o filho, tornando-se, além do mais, nervosa, inquieta, odiosa. Pode-se, portanto, afirmar, quando se chega a apreender uma verdade psicológica, não mais se consegue escapar a ela, e é isso que torna a coisa tão terrível e ambígua. Isso se encontra muito bem representado naquele trecho da estória em que a água vai lentamente subindo e Hâtim se vai afogando.

À medida, porém, que Hâtim vai-se afogando, o *Self* vai-se aproximando dele. De fato, é o *Self* que se vai afogando nele ou em direção a ele; literalmente, ambos se aproximam um do outro, pois enquanto Hâtim bóia, a água vai-se elevando até atingir a pedra central da cúpula. Ele é pressionado de encontro do *Self*, em direção à sua verdadeira personalidade. Quando os pedreiros colocam tal pedra no lugar, o edifício está terminado; ela é a parte indispensável, aquela que mantém no lugar todas as partes convergentes da cúpula. Sob o ponto de vista construtivo ela é, literalmente o fator central, regulador do edifício inteiro, aquele para o qual converge todo o edifício. Quando esse ponto central é atingido, ocorre uma espécie de transformação mágica e, por ora, a angustiante situação desaparece. Apesar dessa mudança, Hâtim se apercebe de que novas aflições lhe estão reservadas, pois agora se encontra no deserto, sem saber o que lhe acontecerá ali. No entanto ele faz uma observação bem interessante, ao dizer: "Já que escapei das inundações, provavelmente também haverei de escapar de outros encantamentos e maldições!" Tal observação é bem psicológica, pois durante o processo de individuação a pessoa se depara inúmeras vezes com essas terríveis situações sem saída, em que se sente que tudo o que até então se experimentou de nada serviu, uma vez que se tem novamente que enfrentar outros apuros. Experimentados os miraculosos passos e soluções que o inconsciente tem a capacidade de efetuar, a pessoa adquire uma espécie de fé. Sente-se, assim como Hâtim, que anteriormente já se esteve em tais situações e que então algo de miraculoso ocorreu, de modo imprevisível, e que, portanto, o mesmo vai tornar a acontecer. Por isso, a primeira crise, a primeira vez em que se fica prisioneiro do próprio inconsciente é, geralmente, a pior de todas, porque é então que realmente se tem a impressão de estar perdendo a cabeça, ou de estar cometendo um suicídio, ou coisa assim, mas, depois, ao verificar que o inconsciente pode mudar toda a situação, adquire-se mais fé.

O mesmo acontece, por exemplo, no caso de a pessoa ser dominada pelo *animus* ou pela *anima*. Da primeira vez, a dominação é sentida de maneira absoluta; mas da segunda vez, embora não consiga admitir, para ninguém, que está dominada pelo *animus* ou *anima*, algo profundamente arraigado nela reconhece isso, sabendo que o presente estado é bem semelhante ao anterior, quando teve que admitir que houve uma possessão.

É o que acontece nas piores situações, como por exemplo, nos episódios psicóticos. Uma de minhas analisandas, que passou por um episódio psicótico completo e foi internada, teve mais tarde terríveis "possessões" de *animus*, as quais quase a levaram a outro colapso. Tinha ideias paranoicas de perseguição — ou, como ela mesma as denominou, "bactérias Burghölzli". Se eu dissesse: "Veja bem, você está novamente com sua bactéria Burghöizli", ela simplesmente respondia: "Não, absolutamente não!, é assim e assim...". Mas de repente olhava para mim, sorrindo, e dizia: "Não pense que vou voltar outra vez ao Burghölzli! Eu sei onde estou!" Portanto, a despeito de ser novamente invadida, avassalada por ilusões paranoicas, internamente muita verdade se estabelecera, assim como a conscientização de que aquilo era loucura. Embora por um momento ela não o conseguis se admitir, fazia-o na sentença seguinte, pois essa outra personalidade normal já ficara um pouco mais reforçada, por ter conseguido atravessar e sair da primeira crise. Esse é um caso extremo daquilo que, por assim dizer, sempre acontece num tal estado psicológico de pânico, ou possessão. A despeito de que ele se repita, há sempre uma vaga fé em que a vida e o lado normal ainda possam sobreviver. Isso se acha lindamente representado pelo fato de Hâtim dizer: "Agora que escapei das inundações, é provável que eu escape de tudo aquilo que acontecer".

Ao escapar do banho e ver-se no deserto, Hâtim pôs-se a andar e chegou à porta de um jardim; mal, porém, ele ali entrou, a porta desapareceu, exatamente como nos banhos! E ele falou: "Que novas desgraças me estão agora reservadas? Como escaparei a este círculo mágico?" Deu uma volta pelo parque, que era cheio de árvores frutíferas e de flores. Colheu um fruto e comeu-o, porém por mais que comesse, nunca ficava satisfeito. Comeu quase uma tonelada, mas continuava faminto. Mas encheu-se de coragem e prosseguiu caminho.

Ao aproximar-se do castelo, viu uma porção de estátuas de pedra postadas, como ídolos, à volta do pátio do castelo. Queria saber o que significaria aquilo, mas não havia ali ninguém que o ajudasse a resolver o enigma.

Enquanto ali permanecia parado, perdido em pensamento, escutou a voz de um papagaio vinda de dentro do castelo, a chamá-lo: "Jovem, por que estás aí parado? Por que viestes até aqui? Terás chegado ao fim da tua vida?" Hátim olhou para cima e então viu a inscrição já anteriormente citada, aquela que dizia que o lugar pertencia a Gayomardo, o qual certo dia encontrara enorme diamante e que, para protegê-lo, erigira o castelo dos Banhos Bâdgerd. Acrescentava-se ali que o papagaio e sua gaiola também faziam parte do encantamento, mas que: "caso tu, servo de Deus, desejes retirar-te deste lugar, tens que tomar o arco e flecha, que repousam sobre a cadeira de ouro, e abater o papagaio. Se o atingires, terás quebrado o encanto, mas se falhares, serás transformado em estátua de pedra". Ao ler aquilo, Hâtim olhou para a figura de pedra e tristemente falou: "Ah! então foi assim que surgiram todas essas estátuas, assim como tu também, Hâtim, vais terminar tua vida neste caldeirão de feitiçaria. No entanto, o homem põe e Deus dispõe", e tendo em mente tais pensamentos, entrou no castelo, tomou o arco e flecha pousados sobre a cadeira de ouro, ajustou a flecha no arco e atirou no papagaio.

Primeiramente, deparamo-nos com esse jardim mágico que, naturalmente, lembra-nos o Jardim de Éden, com suas belas qualidades mágicas. Mas este tem algo de *fata morgana* do Oriente, por causa dos frutos que ali se comem e que não alimentam; a qualidade deles é simplesmente ilusória, assim como o é a maneira pela qual eles aparecem e desaparecem. Podemos dizer, portanto, que esse jardim é o aspecto maternal do inconsciente com seu elemento criador de ilusões, tendo muito a ver com a capacidade de imaginar. Embora o diamante deva ser encontrado nesse jardim, este por si mesmo pertence à mais diabólica invenção; não é a coisa certa. Isso pode ser traduzido para linguagem psicológica, dizendo-se que o inconsciente contém o diamante, a possibilidade de individuação, mas que ele é, também, uma espécie de *fata morgana* que desorienta completamente as pessoas, caso elas não contem com o guia certo. Basta que se preste atenção às ilusões dos loucos, nos hospitais, para que se constate o que significa achar-se perdido num tal jardim e em fantasias absolutamente irreais, e incapaz de controlá-las.

Lembro-me de uma terrível ruptura de meu relacionamento com uma cliente, à qual já me referi anteriormente, por causa do seguinte: repleta de fantasias, ela sempre ultrapassava sua hora. Eu tinha um cachorrinho que habitualmente ficava no meu colo durante as sessões. Certo dia, como já passava da hora, e eu já estivesse querendo jantar, sem entretanto, desejar interrompê-la muito bruscamente, mexi-me na cadeira e, pouco depois, como numa espécie de preparação para sustar aquela fluência (isso, antes de me levantar, para dizer que já passavam vinte minutos das sete e que deveríamos parar), coloquei o cachorro no chão. Mas nem sequer cheguei a falar nada, pois quando coloquei o cachorro no chão, ela ficou lívida e levantou-se, deixando a sala sem nem mesmo despedir-se! Eu não tinha ideia do que acontecera e, quanto a ela, desapareceu por três semanas. Mais tarde tornou a voltar, mas só mencionou o fato um ano depois, numa época em que estabelecemos muito bom contato. Aí, ela irrompeu, dizendo: "Sabe o que me aconteceu, daquela vez? Pensei em nunca mais retornar a você, pois eu era aquele cão e, quando você o pôs fora de seu colo, eu soube que você me poria para fora do mesmo jeito". Isto era bem compreensível, pois o que ela queria, por assim dizer, era ficar no meu colo e aí ser mantida. Ela não podia distinguir o fato exterior de eu ter que por o cachorro no chão porque eu queria jantar, e a fantasia na qual se achava envolvida.

A todo momento você se depara com tais ilusões, mas o terrível é que quando as pessoas são realmente apanhadas nesse jardim de ilusões, não mais se consegue controlá-las. Qualquer pessoa pode ser afetada por tal movimento, visto ser ele desagradavelmente simbólico, mas, com uma pessoa normal, pode-se discutir e verificar os fatos e, então, afirmar que eles não correspondiam com a fantasia, que o analisando fez uma projeção, e que a coisa toda vai ser sanada em dez minutos. Mas, no caso anterior, a pessoa estava tão longe e tão perdida em sua fantasia inconsciente, que a tomou por real. Não conseguiu nem mesmo verificá-la. Enfrentar uma ilusão, uma fantasia assim, (mesmo sendo simbolicamente correta) em que a pessoa não consegue estabelecer a diferença entre a mesma e os fatos reais, é muito perigoso.

Quando as pessoas perdem o contato emocional com o que as cercam e chegam a ficar isoladas em suas ideias persecutórias, frequentemente sonham que as pessoas a quem amam, morrem, o que é obviamente simbólico. Um sonho de aviso diz que você está perdendo contato com as pessoas que o cercam e que todas elas morrem. Imaginar que todos aqueles que nos rodeiam morrem, é sintoma pré-psicótico bem conhecido. A pessoa do caso a que me referi teve um dia um sonho desses e então telefonou para a polícia criminal, enviando-a a toda aquela gente, pois estava certa de que todos tinham sido assassinados. Ela não conseguia lutar contra o fato. Para ela, o sonho era real e, naturalmente, viu-se mal com a polícia. Por aí se vê o que significa estar no tal jardim. O inconsciente conta a pura verdade, mas em linguagem simbólica e, se alguém o interpreta literalmente, a verdade inteira se perde. Existe aí, porém, um lindo sintoma que demonstra que embora o tal jardim seja uma ilusória fantasia, Hâtim não vai ficar louco: ele percebe que o que ele come não o alimenta. Ora, para um louco, um bife ilusório e um verdadeiro são a mesma coisa; mas não para uma pessoa normal, cujo senso de realidade continua vivo. Hâtim, apesar de comer, constata não estar alimentado, e com isso ele se mantém são, distinguindo o ilusório e conservando seu senso de realidade. E então sente-se curioso a respeito das estátuas e descobre a inscrição que lhe diz do que se trata e, também, que ele tem que abater o papagaio para poder encontrar saída.

Discutiremos as estátuas mais tarde, quando chegarmos ao problema básico, isto é, o que significa abater o papagaio, e o que é esse papagaio, pois até agora não resolvemos tal problema.

Agora, vamos ao próximo tema, o de que o papagaio, seja o que for que ele represente, precisa ser abatido com arco e flecha.

Na época de Hâtim, arco e flecha eram armas ainda em uso, principalmente em esporte, embora já estivesse se tornando fora de moda e sendo substituídos por outras armas. O arco e flecha eram incluídos entre as mais inteligentes invenções da humanidade primitiva e, como todas as invenções inteligentes, sempre foram, por isso, considerados como algo de numinoso, de miraculoso, como uma espécie de milagrosa revelação. Os aborígenes australianos por exemplo, afirmam que arco e flecha vieram a existir quando o arco ancestral e sua esposa, a corda — que está sempre a enlaça-lo, com os braços em volta de seu pescoço — vieram à terra e revelaram à humanidade como fabricar arco e flecha, e então, desapareceram novamente, o que mostra que a ideia de se fabricar tal coisa veio de uma inspiração inconsciente. Não se poderia tê-los inventado conscientemente, a descoberta foi de um gênio e, pela primeira vez, tornava possível ao homem evitar a luta corpo a corpo, à qual os animais do mundo inteiro têm que se submeter, luta a que também o homem, a princípio, estava submetido.

Somente depois de ter lutado com os demais animais ferozes corpo a corpo, passou ele ao seguinte estágio, o de arremesso de lanças ou dardos, coisa que ainda requeria terrível coragem, para avizinhar-se ou ter acesso ao animal. Isso não só era perigoso, com referência a certos animais, como também tornava praticamente impossível a caça às aves, pois fazia-se necessário chegar tão perto que o pássaro antes disso fugia. Assim, a possibilidade de atingir a presa a distância, silenciosamente, constituiu tremenda vantagem, que se perdeu com a invenção da espingarda, pois com arco pode-se atirar sem fazer qualquer ruído. Isso determinou enorme melhoria na vida humana, um salto para a frente quanto à possibilidade de sobrevivência. Há também a qualidade mágica de se conseguir ferir a distância, sem atracar-se à presa. Portanto, desde o princípio, arco e flecha foram considerados como uma realização inteligente, como contrários à força bruta; isto foi uma realização da intuição. Além do mais, pode-se treinar a capacidade de pontaria, pois, como nas demais artes, afinal de contas não se depende apenas de uma boa mira e de mão firme; caso se tenha tido um mau dia ou, simplesmente, se tenha tido uma briga em família, certamente se errará o alvo. Isso, porém, faz parte de toda caçada, pois as pessoas constataram que para se atingir o alvo não bastava apenas usar de engenho, era também preciso usar magia para se colocarem em condição psicológica correta.

Desde o princípio, portanto, o uso de arco e flecha também significou, e exigiu, o estabelecimento do próprio equilíbrio interior. O mesmo acontece também no tiro, razão pela qual, antes das competições de tiro ao alvo, há todo aquele alvoroço mágico promovido pelos participantes, no tocante a alimentos especiais, dieta e tudo o mais. Falam de dia favorável, dia de sorte, ou dia agourento e, alguns, mesmo sem saber nada de psicologia, vigiam os próprios sonhos e, ao acordar, exclamam: "Hoje não é o meu dia de sorte; não vou acertar". Involuntariamente, começam a perceber o quanto tudo depende do próprio equilíbrio interno. Pode-se dizer, então, que acertar o alvo com arco e flecha requer uma excessiva concentração da inteligência e intuição, uma atitude de completo equilíbrio interior.

Sabe-se que, no Zen-Budismo japonês, o tiro com arco e flecha tornou-se uma daquelas práticas cujo significado simbólico é o de medir até que ponto o noviço chegou a entrar em contato com o *Self*, ou com o próprio Tao, pois é isso que o capacita a atirar, e não a grande habilidade técnica que ele tenha atingido. Como tudo o mais, o significado original perdeu-se e isso se tornou, em si mesmo, uma espécie de arte técnica e sofisticada. Quando praticado com intuito real, o tiro ao alvo significa apenas um sintoma, e por tal sintoma se avalia até que ponto a pessoa chegou a estabelecer equilíbrio consigo mesma.

É óbvio que também isso tem que ser feito aqui. O alvo é terrivelmente difícil de atingir, porque o papagaio sempre voa, e parece ser capaz de fazê-lo muito depressa, de modo que se faz necessário grande habilidade. Mas não obstante o fato de Hâtim ser um dos melhores cavaleiros de sua época e portanto, perfeito na arte do tiro ao alvo, ele por duas vezes deixa de alvejar o papagaio e, na terceira, só consegue atingi-lo graças a uma oração, e *não* pela mira.

Temos portanto, aqui, uma situação bem semelhante à do Zen-budista: não se trata de mirar o alvo exterior concentrando-se na própria habilidade de atingi-lo, mas sim de entrar em contato com o *Self*, o que se encontra literalmente explícito em nossa história. Hâtim faz três tentativas, e nisso vemos o ritmo arquetípico dos contos de fada, onde sempre a tensão se eleva em três gradações, até que advém o grande desenlace, ou *dénouement*. Quando Hâtim, tendo errado o alvo por duas vezes, vê-se petrificado até o umbigo, dá um grito e exclama: "Que jamais venha alguém a perder a meta de sua vida, como eu o fiz". Ele, então, compreende que atingir o papagaio de fato significa simbolicamente, atingir ou perder a meta de toda a sua vida. E aí, Hâtim mira, fecha os olhos e gritando "Deus é grande!", atira. Ele não está concentrando habilmente os sentidos no alvo, de um modo extrovertido; o que faz é olhar para dentro e, com seu brado "Deus é grande", o que ele realmente quer dizer é: "Na verdade, meu alvo é Alá, portanto não devo falhar, nem perder. Ele é grande". Naturalmente, por trás disso está a ideia-sentimento de que é provável que torne a falhar e o fato de ele confiar sua alma a Deus antes de ficar inteiramente petrificado, não somente consiste num pedido para que Deus o ajude, como implica também numa declaração de lealdade a Deus, naquele instante, provavelmente o último de sua vida. Desse modo, ele perde de vista o alvo, desiste da tentativa de alvejar o papagaio e se concentra inteiramente em conservar sua lealdade a Deus, aceitando o próprio destino, mesmo que seja o de errar, uma vez que Deus assim o determinou.

Poder-se-ia dizer que, naquele momento Hâtim abriu mão de todos os propósitos de seu ego, coisa particularmente difícil, quando já se atravessou todas aquelas misérias e já se chegou ao objetivo da própria vida, a algo que por tanto tempo se buscou e pelo qual se sofreu tanto. E eis que se faz necessário renunciar a tudo aquilo. É preciso dizer: "Está bem, se eu falhar, Deus é grande e há de saber porque eu tive que perder". É fácil renunciar à obstinação do próprio ego e ao que se deseja, quando nada se fez por isso em vinte anos. É fácil desistir de algo que foi adquirido ontem, ou de uma visita à Itália (se bem que, por causa disso, muita gente se deixe levar a ataques de raiva infantis), mas quando se tem que renunciar à obstinação do próprio ego por algo que se esteve visando e buscando por tantos anos, depois de passar por tantas aventuras heroicas, isso implica em terrível sacrifício; é fechando os olhos e dizendo "Alá é grande", que Hâtim faz esse sacrifício.

Ele abate o pássaro. Então, novamente ribomba o trovão, ergue-se uma nuvem de pó e, quando esta se dissolve Hâtim vê, no lugar do papagaio, o lindo diamante de Gayomardo, e todas as estátuas petrificadas retornaram à vida.

Precisamos agora desenvolver dois temas, a saber: o do papagaio e o do diamante que o substitui. O papagaio; evidentemente, corresponde a um encantamento negativo, que vale ou oculta a visão do diamante.

Desde o princípio, o diamante tem sido, sempre, um símbolo alquímico bastante conhecido da pedra filosofal, tendo despertado a admiração dos velhos alquimistas por seu fulgurante esplendor e sua absoluta dureza. Com o diamante podia-se até cortar o aço e, com os meios de que dispunha naqueles tempos, nada havia que pudesse cortá-lo ou parti-lo, de modo que ele se mostrava particularmente apropriado para ser depositário da projeção do corpo imortal, de algo incorruptível, que não pode mais ser alterado por quaisquer vicissitudes da nossa existência material corruptível. É por isso que, através de toda a história da alquimia, o diamante figura como um dos muitos sinônimos da *lapis philosophorum*. Ele é um símbolo do *Self*, algo cuja matéria é indestrutível.

A seguir, poderíamos indagar por que motivo, no conto espanhol, o papagaio funciona como símbolo do *Self*, ao passo que a presente versão o encobre e tem que ser removido, para que se chegue ao símbolo. Mas eu gostaria que vocês conservassem em mente essa indagação, até que eu tenha terminado com todas as outras peripécias de nossa história, inclusive com o estranho tema de que todo aquele que não abate o papagaio fica petrificado.

Todos os perigos provenientes dos Banhos Bâdgerd e de seu símbolo central acham-se, de estranha maneira, ligados ao simbolismo do *Self*. No capítulo sobre "Adão e Eva", em *Mysteruim... conjunctionis*, de Jung, há uma subseção intitulada "A Estátua"... (§ 559-569). Nessa seção, Jung compilou o simbolismo muito complexo da estátua, que consiste no fato de ter sido ela considerada, já em certos textos gnósticos e mandaenos, assim como no maniqueísmo e paralelamente em toda a alquimia, desde seus primórdios, como símbolo do corpo ressuscitado e, por conseguinte, também como o corpo do segundo Adão. Até mesmo as palavras de Paulo: "Pois assim como em Adão morremos, assim também, no Cristo, todos viveremos", são frequentemente citadas. Os alquimistas argumentavam que nós morremos no primeiro Adão, o corruptível, o homem físico, que o segundo Adão, ora identificado ao Cristo e, outras vezes, a outras figuras de salvador, conforme o sistema religioso, é o Adão incorruptível e o corpo imortal, o qual se supõe que seja por nós adquirido após a ressurreição; esse segundo corpo é uma espécie de estátua.

Isso provavelmente remonta (ou pelo menos assim penso eu) ao longo e complicado ritual de mortos dos egípcios. O derradeiro ato da liturgia num funeral, consistia em erigir uma estátua ao Rei morto ou, ulteriormente, de qualquer pessoa morta, dentro da câmara sepulcral. Sabe-se que esse corpo era mumificado, de acordo com os recursos e posses da pessoa, e encerrado dentro de vários esquifes. Em todos os túmulos egípcios existem várias câmaras externas, dentro das quais eram feitos sacrifícios ao morto, e também uma câmara central, onde jaz o sarcófago. Após a derradeira prece litúrgica e exatamente antes de o sumo sacerdote fechar e selar a porta da câmara funerária onde jaz o cadáver, é lentamente erigida e posta de pé uma estátua da pessoa morta, previamente transposta ao local e deitada ao chão. Durante a cantilena dos últimos versos da liturgia fúnebre — "Salve! eis que já és ressuscitado e agora segues para as imortais estrelas e és idêntico ao deus, pois atingiste a imortalidade e a capacidade de penetrar no mundo inteiro" — os operários puxam as cordas e a estátua é lentamente erigida. Tal ato enfim, representa, em forma simbólica, a ressurreição do morto. O falecido não ressurge em forma de múmia, embora toda a preservação seja feita sobre o "velho Adão", mas o ato da ressurreição é demonstrado pela estátua de pedra, que representa o novo Adão. Possivelmente, pelo menos em minha opinião, isso historicamente influenciou todas as ulteriores ideias gnósticas e maniqueístas que sustentam a ideia de que o corpo de ressurreição, o segundo Adão, é uma estátua.

Certos hinos maniqueus rezam que o mundo haverá de findar destruído pelo fogo, que os bons serão recompensados e os maus serão condenados, como no nosso sistema religioso, e que isso acontecerá, segundo o afirmam os textos maniqueus, quando advier a estátua. A palavra grega para "estátua", em todas essas correlações, é sempre *andrias*, que abrange também a palavra *aner*, que significa homem, sendo a palavra *andrias* empregada apenas para indicar uma estátua de pedra em forma humana. Quando, no final dos tempos, advier o *andrias* como Salvador, então o mundo será em parte salvo e em parte destruído. Às vezes a estátua é chamada de *eikon,* porém, mais frequentemente, de *andrias.* "No derradeiro dia ressurgirá o *andrias,* e na hora em que ressurgir, o Mal bradará. A primeira rocha no mundo é esse *andrias* de glória, o homem perfeito que foi chamado à glória. Ele carregou o mundo inteiro e foi aquele que arcou com todo o peso". Esses são apenas alguns excertos do Kephalaia de Mani. O tema da estátua ocorre, também, num dos mais antigos textos alquímicos, atribuído a Komarios, onde se diz que após a *prima materia* ter sido consumida e transformada pela glória do fogo, (prossegue o texto), o *andrias,* a estátua, surgirá em sua plena glória. Textos como esse fizeram com que os alquimistas mais recentes identificassem a estátua em forma humana com a pedra filosofal, concebendo esta como uma estátua e como a parte incorruptível da personalidade, que sobrevive à morte.

A estátua pertence, portanto, a todo o simbolismo de nossa história, pois Hâtim, quase a afogar-se, participava do destino do velho Adão que, normalmente, no simbolismo alquímico é afogado; e ao ser petrificado, Hâtim foi novamente submetido ao destino da *prima materia,* que é petrificada. Caso, porém, Hâtim houvesse sido petrificado, isso teria sido um evento completamente negativo em nossa história. Se ele tivesse sido afogado ou petrificado, teria sido assimilado à forma da pedra filosofal, símbolo do *Self,* mas de maneira negativa. Jung sempre põe em evidência que o processo de individuação, sendo o mais forte anseio do homem, sempre abre caminho através de cada ser humano, mas, desde que não seja conscientemente atendido, então ele acontece de forma negativa. Por exemplo: em lugar de encontrar a pedra filosofal no próprio interior, a pessoa se petrifica, isto é, transforma-se em pedra filosofal de forma negativa. Em lugar de dissolver-se no banho inconsciente para a renovação, a pessoa é dissolvida no inconsciente por dissociação. Dir-se-ia, portanto, que o processo sempre assume seu curso, mas o fato de ser este destrutivo ou positivo depende de nossa atitude consciente.

É preciso que indaguemos de nós mesmos o que isso significa, se a petrificação adquire essa forma negativa. Uma tradução árabe de um tratado perdido de Zózimos diz o seguinte: "Tome a pedra filosofal, aquela que é preta, branca, vermelha, amarela, aquela que é um lindo pássaro (aí temos nosso papagaio, visto ser a pedra, de certo modo, o pássaro), aquele pássaro que voa sem asas, nas trevas da noite e à luz do dia. Do amargor de sua garganta, podemos tomar a cor, que a tudo transforma. Esse amargor é colorante veneno". O mesmo amargor da garganta do pássaro, em outro texto anterior, é chamado de ácido que transforma o ouro em espírito puro.

Estas são apenas algumas das muitas citações possíveis de fornecer-lhes, para mostrar que o pássaro — quando a pedra filosofal ainda tem esse aspecto — tem na garganta, segundo o ponto de vista dos alquimistas, um amargor adstringente, e que as coisas tratadas por ele são, primeiramente, transformadas em sal e depois em ouro. Estou citando tal comparação, que evidencia o tema do amargor adstringente, por achar que este se relaciona ao tema da petrificação. Em vários outros textos alquímicos, o amargor adstringente é similar ao que hoje se chamaria de amargura no sentido psicológico da palavra. Segundo Jung, no ser humano, a amargura raramente provém de um destino infeliz. Muita gente passou por agonias e situações de vida muito difíceis sem ter-se tornado amarga; a amargura, porém, emerge naqueles que lutam contra si mesmos, nos que vagamente percebem que são eles mesmos os culpados da própria infelicidade. Noutras palavras, os que se tornam amargurados são aqueles cuja mão esquerda trabalha contra sua direita e que, devido a uma contrapartida inconsciente no interior de si mesmos, estão sempre no "fogo", sem perceberem isso. A amargura é uma espécie de afeto oculto, ou de raiva, mas voltada para dentro exerce sufocante efeito sobre a personalidade. Gente amarga, raramente se mostra amigável, calma e de trato agradável; tem sempre uma atitude contraída — como se vê, estou agora apontando a relação entre petrificação e amargura.

Em "Psicologia da transferência" (vol. XVI das *Obras completas)*, numa série de figuras alquímicas, Jung fornece o que parece ser uma explicação desse tema. Diz ele que a alma humana, ou psique, vive de relacionamentos, e por meio deles. "Não se pode individuar, diz ele, estando-se retirado lá no pico do Everest. Uma das necessidades do processo de individuação é que se esteja normal, natural e corretamente relacionado ao grupo que o rodeia. Ora, o processo alquímico, que é uma representação simbólica do processo de individuação, significa um fortalecimento e solidificação da personalidade individual. Por um lado, isso significa ser menos idêntico, menos diluído no grupo, através da *participation mystique,* e estar mais firme e independente sobre os próprios pés, ao mesmo tempo em que significa estar mais conscientemente ligado. Ora, se esse duplo processo, o de estar interiormente mais sólido, por meio do processo de individuação e, exteriormente, estar mais ligado ao grupo, desenrola-se inconscientemente, então apresenta resultado contrário, ou seja, a pessoa torna-se exteriormente dura, rígida, ao passo que, interiormente, é mole como um morango estragado.

Jung se refere, então, ao homem moderno massificado, dizendo que esse horrível amontoar-se da massa amorfa, em nossas grandes cidades, é um apelo para um movimento compensatório, da parte daqueles que sentem precisar proteger-se da nivelação, em meio às massas, e que, quando não se encontra o caminho da consolidação interior, então ocorre aquele enrijecimento interior contra os próprios semelhantes. Na Alemanha nazista constatou-se isso e ainda hoje tal se evidencia em toda parte, pelo aumento de crimes nas grandes cidades e, principalmente, pela delinquência juvenil: esses jovens e elegantes assassinos desumanos, que se vangloriam de não se importarem de abater as pessoas a tiros, ou de cortá-las aos pedacinhos. Eles são levados a isso com o fim de se isolarem, de se protegerem de ser esmagados pela psicologia das massas mas, em lugar de se consolidarem interiormente, tornam-se exteriormente enrijecidos. Quando se chega ao âmago dos sentimentos de uma tal pessoa, verifica-se, como já afirmei, a existência de algo parecido a uma massa confusa, a um urso adormecido ou qualquer coisa assim. Não existe ali, praticamente nada a não ser um amontoado de sentimentalismo ou de confusão, embora exteriormente tais pessoas exibam terrível força e dureza, por estarem completamente cortadas de qualquer espécie de relacionamento. Isso exemplifica um processo de petrificação, contrastante com a solidificação interna e, por assim dizer, uma tentativa de individuação mal sucedida.

Por estarmos oprimidos pela superpopulação e pela aglomeração das massas nas cidades, a premente necessidade de nossa época está em separarmo-nos e em consolidarmos nossas personalidades. Pessoas fracas que interiormente não conseguem isso e que não veem o processo de individuação como um processo alquímico de consolidação interna, tornam-se em vez disso duras, ostentando para com o mundo uma exteriorização falsamente superior, resistente, desligada, amarga. É por isso, diz-nos esta nossa história, que Hâtim e todos os que, antes dele, tentaram chegar ao diamante — *ao verdadeiro significado daquilo que se acha por trás do mistério do papagaio* — petrificaram-se. A dureza da pedra os avassala, mas de forma negativa e destrutiva, na forma de enrijecimento interior. Somente quando atinge o alvo, ou seja, quando chega ao significado positivo de toda constelação, é que Hâtim os redime.

Pergunta: Há pessoas que se omitem por completo de toda espécie de adaptação, fundamentando-se no fato de não valer a pena, e por uma espécie de atitude de superioridade. Seria isso um outro aspecto dessa mesma coisa?

Sim! É esse arrogante sentimento de que todos os demais são miseráveis criaturas de segunda classe. Quando as pessoas pensam assim, evidencia-se o sintoma de que sua função sentimento está começando a esvanecer-se e então, logo a seguir, todo relacionamento se esvai. A mesma coisa se evidencia na verdadeira loucura. Há alguns anos, li num jornal que um esquizofrênico de hospício havia se comportado tão bem que lhe fora permitido ir e vir, livremente, assim como trabalhar no jardim e em torno da casa. Ele fez amizade com a filhinha do Diretor, menina de uns dez ou doze anos, e costumavam brincar juntos no jardim. Ele cortava lenha e a criança conversava quando, certo dia, sem qualquer explicação ou preparação, ele pegou uma faca e, lentamente, cortou-lhe a garganta. No tribunal, ele calmamente declarou que teve que fazê-lo, pois o Espírito Santo lhe ordenara que degolasse a criança. Esse fato corresponde, em forma extrema, à mesma coisa.

Pergunta: Tanto nesta como na primeira história, aquele que é bem sucedido redime todos os outros que se tornaram estátuas. Você diria que estes outros representam os próprios esforços do redentor em diferentes vidas, ou que um único indivíduo poderia salvar muitos outros? Ambas as histórias ressaltam a mesma coisa.

Acho que isso se pode interpretar tanto num plano subjetivo quanto num plano objetivo. Encarado do ponto de vista objetivo, poder-se-ia dizer que o indivíduo que atinge o alvo, ou que descobre o que ele realmente significa, naturalmente redime, consigo, muitas outras pessoas, pois os demais também desejaram atingi-lo, mas foi em vão. É por isso que Jung procurou, por exemplo, conversar com os nazistas alemães, quando estes se achavam em plena agitação de sua primeira ascensão, dizendo-lhes que eles realmente estavam buscando uma renovação religiosa! Ele ainda tinha esperança de que se conseguisse fazê-los ver o que realmente significava aquele impulso e para onde ele se dirigia, talvez se pudesse transformá-lo em algo positivo. É por isso que ele se preocupou com o início do movimento nazista, fato este que lhe gerou posteriormente tanta hostilidade. Tentou mostrar-lhes onde eles se desviavam de seu objetivo, que o movimento que agora os possuía, estava de fato visando uma renovação religiosa interna e não o absurdo político para o qual eles estavam se dirigindo. Quando se consegue analisar a tempo um delinquente juvenil, mostrando-se-lhe que o que ele realmente deseja é ser uma personalidade, e não ser esmagado pelas massas, às vezes se consegue redimi-lo. É possível que se tire a amargura da garganta de seu pássaro, ou seja, a amargura da garganta de sua alma, ajudando-o a chegar à pedra filosofal. Existe algo neste amargor, nessa hostilidade pelas outras pessoas, a infelicidade e a repulsa por todas as miseráveis criaturas humanas. Isto decorre do fato de não se querer mudar de nível. A pessoa tem direito de ser ela mesma, mas não através do aniquilamento dos outros. Caso se conseguisse arrancar da garganta da própria alma esse adstringente amargor, para utilizá-lo de maneira certa, ele se tornaria a *prima materia* da individuação, podendo-se, portanto, dizer que quem quer que por si mesmo a encontre consegue naturalmente ajudar os outros, que estão tateando nessa mesma direção.

Se consideradas no âmbito da personalidade interior, então aquelas outras pessoas petrificadas corresponderiam a complexos, ou partes, de nossa própria personalidade. Em sonhos, às vezes acontece que o ego, por algum feito heroico, salva uma porção de gente, ou socorre e ajuda muitos outros. É provável que vocês já tenham tido tais sonhos, ou já tenham dito a palavra certa que, em nível subjetivo, significaria que se pode fazer com que todas as diferentes partes de uma mesma personalidade voltem a cooperar harmoniosamente. Se o processo de individuação, o principal processo de vida interior está bloqueado, então naturalmente todos os processos instintivos secundários também se veem perturbados. Quem quer que tenha sustado seu processo de individuação virá, provavelmente, a deparar-se com problemas em questões de prestígio, poder, sexo e problemas de toda ordem. Noutras palavras, todos os demais impulsos instintivos secundários ver-se-ão também perturbados e, desde que o fluxo de vida volte a escoar-se por seu principal curso, todos aqueles canais secundários voltarão à normalidade e as coisas retornarão a seus devidos lugares. É por isso que nós, geralmente, não damos muita atenção a sintomas, e não nos concentramos ou pouco nos preocupamos com sintomas secundários. Se alguém se queixa de frigidez ou de impotência, de dores de cabeça etc., tomamos isso como sinal de que existe ali algum bloqueio a ser removido, mas o principal é que se descubra, através dos sonhos, como é que a alma pode voltar a fluir ao longo de seu leito principal; e então, geralmente, aqueles afluentes late rais são simultaneamente, reabertos. Eles só ficam bloqueados porque a questão principal não está correta, isto é, encontrar o sentido, o significado da própria vida e manter-se na trilha certa.

Com isso chegamos, partindo de um outro ângulo, ao problema principal: por que o papagaio, como ele se apresenta, encobre o diamante? Por que é que existe, nessa história persa, um contraste entre o papagaio que tem que ser abatido e o diamante, que é o alvo?

Gostaria de citar aqui um trecho de *Misterium conjunctionis,* de Jung (§ 602), em que ele fala do velho Adão, que é uma analogia de Gayomardo. Diz Jung:

"O velho Adão" corresponde ao homem primitivo, à sombra de nossa atual consciência. Até mesmo o homem primitivo tem suas raízes no homem animal (o Adão "com cauda"), que desde há muito se esvaneceu de nossa consciência. Até mesmo o homem primitivo tornou-se para nós um estranho, de modo que temos que redescobrir sua psicologia. Portanto causou certa surpresa o fato de a psicologia analítica ter descoberto, nos produtos do inconsciente do homem moderno, tanto material arcaico, e não só isso, como também, a escuridão sinistra do mundo animal do instinto. Embora tanto "instintos" quanto "impulsos" possam ser formulados em termos psicológicos e biológicos, não podem ser classificados de tal maneira, porquanto também são entidades psíquicas as quais se manifestam num mundo de fantasia peculiar a cada um. Eles não são apenas fenômenos, mera ou consistentemente biológicos mas são, simultaneamente, e até mesmo m seu conteúdo, estruturas significativas de fantasias, com um caráter simbólico. Um instinto não apreende seu objeto cegamente, ao acaso, mas atribui-lhe certo "ponto de vista", ou interpretação psíquica; pois cada instinto se acha, *a priori,* ligado a uma imagem, ou situação correspondente, como se pode indiretamente constatar nos casos de simbiose de planta e animal.

Um dos grandes problemas dos zóologos que estudam o comportamento dos animais, é saber se estes funcionam mais ou menos como autônomos, ou como relógios de corda, ou se possuem alguma espécie de fantasia psicológica, ou pensamentos que os acompanham, ou algo assim. A fim de evitar a palavra psique, o zoólogo Adolph Portman sugere a proposição de que existe algo semelhante a uma "interioridade" em todo comportamento animal. No homem, isso facilmente se evidencia, pois se alguém é movido por impulso biológico, pode referir-se às suas fantasias e à emoção que tem a respeito delas; no animal, porém, só podemos observar do exterior e, como ele não pode falar, não pode dizer se tem fantasias concomitantes. Como experiência isolou-se, numa gaiola e por longo tempo, um pássaro, um passarinho macho da espécie dos que gostam de brigar. Deram-lhe então, por companheiro, um parceiro de brigas e os dois tiveram uma luta realmente boa, que os fez sentirem-se melhor e depois dormir e comer melhor. Aí um dos parceiros de luta foi removido e depois disso o pássaro, de tempos em tempos, quando sentia vontade

— e não como um autômato, à mesma hora todos os dias dirigia-se para o lado da gaiola pelo qual entrara o seu adversário e ali voltava a desempenhar a luta inteira, sem qualquer parceiro! Depois disso, ele se mostrava reconfortado, embora não tanto como com a verdadeira luta, ocupando-se então em comer e beber, sentindo-se melhor por ter posto aquele bicho danado para fora da gaiola!

Essa história é importante para mostrar que essa certa "interioridade", como a denomina Portmann, combina com todo impulso biológico. A dificuldade de investigar esse campo consiste em se encontrar um modo de vê-la, pois uma vez que o animal não pode falar, como seria possível prová-la? Isso para nós é simples, pois sabemos que todos os nossos moldes de comportamento biológico instintivo, tais como sexo, lutas, domínio, comer, dormir etc., todos eles se acham rodeados por uma enorme quantidade de material fantasioso significativo. Diz Jung (§ 602):

> O mundo do instinto, por simples que pareça ao racionalista, revela-se, a nível primitivo, como uma complicada interação de fatos fisiológicos, tabus, ritos, sistemas de classe e tradições tribais, os quais (e aqui temos novo fator) desde o início impõem ao instinto uma forma restritiva pré-consciente, que o faz servir a um intuito mais elevado.

Esse constitui um dos maiores problemas do homem moderno e um dos motivos principais pelo qual as pessoas de hoje, especialmente aquelas de formação racionalista, resistem ao inconsciente e à própria natureza instintiva. Supõem que o dar-lhe rédeas solta seria o mesmo que permitir que uma pedra role pelo flanco de uma montanha, até o fundo do mar. Desde que abrissem mão de suas inibições éticas, racionalistas ou outras, iriam perder todo controle. Isso é efetivamente o que acontece, desde que a base instintiva não seja sólida, ou que tenha sido por muito tempo reprimida. Nesse caso, naturalmente, dá-se uma explosão. Mas sob circunstâncias normais, e desde que a pessoa ceda a uma certa dose de sabedoria flexível, não se deixando desde logo arrebatar, em breve verifica que aquilo que julgava que fosse levar a um descabido absurdo não causa nada disso, uma vez que cada impulso instintivo contém em si uma espécie de freio inteiror que naturalmente o controla. Prossegue Jung (§ 603):

> A conexão primordial entre imagem e instinto explica a interdependência de instinto e religião, no mais geral dos sentidos. Essas duas esferas acham-se em mútua relação compensatória, e por "instinto" nós temos que compreender não apenas "eros", mas tudo aquilo que traz o nome de "instinto". A nível primitivo, "religião" quer dizer sistema regulatório psíquico, que é coordenado com o dinamismo do instinto. A nível mais elevado (e isso diz respeito à nossa estória, e a ela concerne), essa primeira interdependência às vezes se perde e então a religião facilmente pode tornar-se um antídoto do instinto; consequentemente a relação compensatória original se degenera em conflito, a religião é petrificada em formalismo (o papagaio) e o instinto se torna ineficiente. Uma cisão desse tipo não se deve a mero acidente, nem constitui catástrofe destituída de significado. Ela reside mais na natureza do próprio processo evolutivo em si, na crescente expansão e diferenciação da consciência. Pois se não existe energia sem tensão de opostos, também não pode haver consciência sem a percepção de diferenças. Mas, qualquer ênfase maior das diferenças conduz à polaridade e, por fim, a um conflito que mantém a necessária tensão dos opostos.

Podemos, portanto, afirmar que Gayomardo é o homem original, inconsciente e instintivo, para quem os impulsos instintivos, a existência puramente animal e a espiritualidade são completamente unos. Não existe tensão nenhuma entre o polo espiritual e o polo instintivo de sua personalidade. Se quiserem ter uma impressão do que isso significa, leiam o livro de Laurens van der Post, *The heart of the hunter*, a respeito dos mateiros das tribos do deserto de Kalahari. Se lerem a descrição dessa gente tendo em mente a presente questão, verão que suas caçadas, a vida sexual deles, sua luta por sobrevivência, sua vida espiritual, as histórias que contam e as suas danças, são absolutamente uma unidade viva. Estão todos juntos, um a acompanhar o outro, e jamais se poderia vislumbrar neles qualquer sinal do que se pudesse chamar de vida espiritual interior — a qual tem certos aspectos bem profundos e diferenciados — que de algum modo interferisse em sua vida animal puramente natural. Por outro lado, uma das maiores divisões de dois polos pode ser constatada na cristandade medieval, assim como em certos movimentos extremamente ascéticos no Oriente onde a espiritualidade se tornou uma oposição restritiva da vida humana instintiva. Quando tal contraposição se torna demasiadamente exacerbada, desenvolve-se então uma neurose e a gente se depara com aquele quadro que Freud, por exemplo, desencavou e tão frequentemente enfrentou na sua prática, a saber, o de uma espiritualidade errônea que, por alguma forma, envenenava e destruía a personalidade instintiva. Esse envenenamento da personalidade instintiva estabelece no próprio inconsciente, segundo Jung, um movimento para restabelecer a integridade original de ambos.

O diamante de nossa história representaria tal unificação. Ele é um símbolo da totalidade e do *Self*, no qual os impulsos instintivos e animais se unificam com a espiritualidade do homem, voltando a ser um só todo, que estava em possessão de Gayomardo. Mas o papagaio, sendo um pássaro e, portanto, simbolizando uma entidade espiritual, representaria apenas o espírito religioso ao envenenar o ser humano natural e ocultando, por trás de si, o verdadeiro objetivo religioso, que tinha de ser redescoberto, no caso, o diamante. Este está escondido atrás de um ensinamento espiritual que, em parte, ainda contém o símbolo da totalidade mas que, devido ao exagero de ênfase do polo espiritual, envenena a personalidade humana natural. Temos que levar em conta, portanto, que na época de nossa história o Islame dos Shiitas achava-se ameaçado, como continuamente se encontra o Mundo Islâmico — se bem que não apenas ele — de decair até o nível de uma atitude religiosa puramente formalista em que basta que se coloque no chão o tapete de orações, que se vá a Meca dizer mecanicamente as orações, que se leia o Alcorão, para se supor que a redenção se efetue. Mas isso tem, naturalmente, o efeito oposto, de envenenar e petrificar as pessoas. O herói é aquele que visa, aquele que encontra, ou cujo gênio intuitivo atinge o alvo originalmente determinado, ou seja, um símbolo de totalidade.

Lembrem-se de que deixamos incompleta a versão espanhola do "Papagaio Branco", que não examinamos sob todos os ângulos porque antes eu queria desenvolver o tema do papagaio e mostrar como são diferentes as funções que desempenha ele nas diversas histórias. Agora, porém, seria bom retornarmos a nossa primeira versão espanhola, na qual se pode notar que certos temas se perderam.

É preciso que se diga, pelo que sabemos da mais antiga versão, a indiana, que o papagaio é pássaro sábio e um contador de histórias, e não um demônio que esconde um diamante. No *Tuti-Nameh,* onde ele é um espírito mercurial de sabedoria, ainda o encontramos nesse papel positivo. E na nossa história persa dos Banhos Bâdgerd, o papagaio então se torna algo de demoníaco que precisa ser abatido por estar escondendo o diamante, o verdadeiro símbolo do *Self.* No conto espanhol anterior, o símbolo-pássaro é restabelecido em seu papel original positivo e constitui, por si mesmo, a coisa preciosa que a menininha e seu irmão trazem de volta ao lar, de modo que o quaternário familiar é restaurado. A cor branca também é, provavelmente, acrescentada para dar ênfase a sua natureza positiva e iluminada. Mas também aí o papagaio branco petrifica as pessoas que tentam agarrá-lo, quando estas o agarram apressada e impacientemente, como o fez o garotinho. Portanto ele ainda conserva alguns de seus aspectos demoníacos, embora tenha sido restabelecido em seu papel positivo original.

Existe aqui algo de fascinante — que por longo tempo intrigou os pesquisadores de contos de fada e que, até a descoberta de Jung e de sua maneira de interpretar o inconsciente, jamais havia sido explicado — o fato de que os temas migram. Eles perpassam e são emprestados de outras histórias, misturam-se em histórias novas e variam enormemente. Um mesmo símbolo, ora é descrito positivamente, ora é parcialmente positivo e, às vezes, tem efeito demoníaco e negativo nas diferentes tramas, tendo os pesquisadores, até hoje, estado presos à tentativa de julgar qual a melhor versão deturpada. Tentaram sempre dar sua opinião, atribuir critério de valor, critério literário, aos temas, em lugar de considerar que eles representam a função viva de um símbolo, e que aquelas diversas variantes exprimem diferentes processos compensatórios inconscientes, tal como o fazem no sonho de um indivíduo.

É preciso, portanto, que tomemos sempre a versão individual e a relacionemos com a situação cultural e psicológica do país em que ela é contada, aplicando-a a cada situação inconsciente cultural. Podemos verificar, no caso de versão tirada ou elaborada de um conto de fada de outro país, que os temas que não tenham nenhum significado compensatório para a consciência do primeiro são, ali, quase que instintivamente deixados de lado, ao passo que os importantes são postos em relevo, ou até mesmo reelaborados e amplificados por outros temas. Assim, *todas* as variantes de um tema têm seu significado.

Esta é outra razão pela qual temos que aprender a amplificar e circundar os motivos mitológicos, ampliando-os nos vários aspectos culturais, de modo a atingir sua importância funcional e seu significado básico. Caso um tema funcione destrutivamente numa dada situação, noutra, de forma construtiva e, numa terceira situação, de maneira ambígua, então se chega a uma espécie de intuição, quanto ao seu significado mais profundo. A amplificação é, portanto, a *conditio sine qua non* que *não pode* ser descuidada na interpretação mitológica. É por isso que ela é sempre útil, para se examinarem os diferentes ambientes culturais e para não se ficar preso apenas ao ambiente original em que se encontra o símbolo. Alguns pesquisadores de contos de fada (como Max Luth, por exemplo) reconheceram isso e por isso mesmo elogiam a psicologia de Jung, declarando que pela primeira vez foi encontrada uma explicação positiva para o fato de existirem tantas versões e variantes de cada tema mitológico, coisa que até então tinha sido considerada como empecilho e imperfeição formal.

Se tomarmos o papagaio como símbolo de atitude espiritual religiosa, podemos prosseguir através das diferentes situações. Como geralmente se sabe, um pássaro, sendo criatura alada, representa uma atitude espiritual, um conteúdo espiritual da psique. Os próprios alquimistas chamam os pássaros, literalmente, de *volatilia,* ou espíritos. Eles os interpretam como formas gasosas de matéria sublimada e, na alquimia, os espíritos, ou vapores e substâncias evaporadas são simbolizados por diferentes pássaros. Também na maioria dos contextos religiosos e mitológicos, a alma da pessoa que morreu é representada com asas, ou em forma de pássaro, indício de que o corpo se foi e a forma espiritual sobreviveu. Assim, o papagaio representa o espírito natural, no inconsciente e, na história indiana, ele conta a verdade em forma simbólica, tal como o faz o inconsciente, noite após noite, nos sonhos. Na Índia, porém, esse espírito aparece dentro de um contexto profano; pode-se dizer que ali ele não se encontra especialmente ligado a qualquer ensinamento ou sistema religioso. Mas na versão oriental, no *Tuti-Nameh,* o espírito de verdade acha-se identificado à sabedoria de Maomé.

Na versão espanhola, esse elo com o sistema religioso vigente torna a perder-se, pois de outro modo esse pássaro teria que ser identificado à pomba do Espírito Santo. Caso os espanhóis, ao adotarem a história, pretendessem atribuir-lhe um cunho de religião oficial, o pássaro teria que ser um pombo branco, em lugar de um papagaio branco. É claro que tal coisa não teria sido possível, pois então não se poderia dizer coisas tão chocantes, tal como ficar petrificado, quando o papagaio não é agarrado no momento exato. No entanto, vemos pelo exemplo do louco que cortou a cabeça da menina declarando ter sido o Espírito Santo quem lhe ordenou fazer aquilo, que a coisa não é assim tão fora de propósito! Na certa, ele agarrou o Espírito Santo no momento errado! Na versão espanhola, porém, ele mais uma vez se torna profano, e para isso tinha lá suas razões, tendo-se em vista o sistema religioso vigente, com o qual ele era incompatível e ao qual não podia ser associado. Não obstante, a ideia de se encontrar um pássaro que diga a verdade e, principalmente, que ajude a pessoa a enfrentar o problema do mal, parece ter sido tão fascinante e ter abrangido problema psicológico tão importante a ponto de ter sido introduzido nesse conto de fada espanhol. O papagaio branco tem, na estória, a função específica de proteger o Conde, a Condessa e seus filhos da influência maléfica do mordomo e da feiticeira, pois ali se faz necessário um espírito de verdade, vindo diretamente do inconsciente, possuindo um caráter mais ambíguo e mais natural do que o ensinamento oficial poderia atribuir ao elemento do espírito.

Isso demonstra como os contos de fada assumem uma função compensatória para uma atitude coletiva reinante. Numa espérie de forma romântica e vaga, encontra-se, em inúmeros livros sobre contos de fada, a declaração de que eles são sonhos dos povos e das nações. Os contos de fada parecem, de fato, exercer, no âmbito de um povo, uma função semelhante à dos sonhos, para o indivíduo: eles confirmam, curam, compensam, contrabalançam e criticam a atitude coletiva predominante, assim como os sonhos curam, compensam, confirmam, criticam ou completam a atitude consciente de um indivíduo. É esse o seu tremendo valor, e é por isso que eles jamais foram suprimidos ou absorvidos por qualquer ensinamento religioso vigente. Essa tendência contrária à atitude dominante sempre perdurou em todo lugar, porque os contos de fada atuaram como compensação onírica para a qual podiam ser vertidas aquelas necessidades psicológicas que não fossem suficientemente respeitadas na atitude consciente coletiva.

No contexto espanhol, o papagaio ajuda a enfrentar o problema do mal. No *Tuti-Nameh* ele também faz o mesmo; exerce função nitidamente ética, salvando a mulher de trair seu marido. Em lugar de ajudar a enfrentar o mal, ele salvaguarda a forma correta da atitude de eros. Na história persa, ele exerce uma diferente função, encobrindo o diamante de maneira negativa. Aqui, representa ele a espiritualidade que se tornou mecânica.

A maneira de Jung abordar o simbolismo religioso e mitológico é, a meu ver, de tal modo essencial, por conseguir tão frequentemente reabrir, como uma chave, os tesouros do significado original dos textos que, quando lidos sob outro ponto de vista, nos parecem absolutamente sem sentido. Continuamente as pessoas me declaram que, graças ao ponto de vista de Jung, elas pela primeira vez conseguiram ler algum texto, religioso ou mitológico, vendo o significado vivo do mesmo e sendo por ele vivificados, como se tais pergaminhos de outras eras já extintas, houvessem adquirido nova vida. Por meio de tal chave de uma nova compreensão, a análise às vezes leva as pessoas espontaneamente a agruparem suas velhas tradições religiosas e nelas reencontrarem vida. É como se subitamente divisassem o diamante, por trás do papagaio. Tendo sido repelidas pelo papagaio e tendo-lhe voltado as costas, acham-se elas capacitadas a encontrar o diamante por trás dele.

3
Quatro pequenos contos

1. *O Príncipe Hassan Pasha*

Agora eu gostaria de adentrar-me mais pelo tema do encontro de um pássaro redentor, ou demoníaco, examinando suas funções no processo de busca dentro dos contos de fada; isso virá a esclarecer mais o nosso tema do papagaio. Temos aqui uma história do Turquestão, escrita por um aluno do colégio do Tashkent, capital do Uzbequistão, na URSS. O conto foi compilado de *Contos de fada da literatura mundial* e intitula-se: "O Príncipe Hassan Pasha".

Certo Sultão, chamado Murad, tinha três filhos. O mais velho, era Ibraim Pasha, o segundo, Abdraim Pasha e o mais novo, Hassan Pasha. Um dia o Sultão sentiu-se muito triste, mas sem saber por que motivo essa terrível tristeza se apossara dele. (Bem, poder-se-ia dizer que ele estava num terrível estado de ânimo!) Seu filho mais velho, Ibraim Pasha, foi conversar com o pai, mas o Sultão virou-lhe as costas; o filho tentou aproximar-se dele, mas o Sultão tornou a virar-lhe as costas. O filho, então, foi em busca do Ministro e lhe disse que fosse falar com o pai e lhe perguntasse o que estava acontecendo. O Ministro dirigiu-se ao Sultão e lhe disse: "Grande Senhor, estamos todos muito consternados com tua tristeza. Conta-nos por que é que estás tão triste e por que não deste atenção a teu filho mais velho. Será que ele é um homem mau ou fez alguma coisa que o desagradou? Que se passa?" O Sultão começou então a pronunciar extraordinárias palavras (as mesmas que são pronunciadas pelos analisandos masculinos, quando se encontram em crise de *anima*!). "Não sei o que me aconteceu, mas sinto-me incrivelmente triste e irritado com todo o mundo", respondeu-lhe.

O Ministro, então, lembrou ao Sultão ser ele dono de quarenta dos mais belos jardins do mundo e sugeriu-lhe que fossem juntos visitá-los.

Então o Sultão, seu Ministro e seus três filhos partiram e visitaram trinta e nove dos lindos jardins, mas o Sultão permaneceu no mesmo estado de mau humor e irritação. Quando chegaram, porém, ao quadragésimo jardim, ele viu uma árvore maravilhosa, a respeito da qual fez perguntas ao jardineiro, que lhe respondeu: "Realmente, Grande Senhor, esta árvore é de fato miraculosa. Todos os dias, às seis horas da tarde, surge em seu topo um novo broto; às sete, dele brotam folhas, às nove, desabrocham-lhe flores e à meia-noite um fruto amadurece e a essa: mesma hora surge um estranho pássaro que nela vai pousar, até que, pelas três horas da manhã, ele já devorou o fruto inteiro; então ele se vai, levantando voo para só retornar na noite seguinte, e aí tudo se repete. A árvore, porém, é tão alta que encontro grande dificuldade em vigiar esse pássaro, e nem mesmo posso dizer-te que espécie de fruto é esse".

Mal o jardineiro acabou de contar sua história, a tristeza do Sultão desapareceu. Voltando-se para seus companheiros, ele disse: "Existe algum homem que possa apanhar o fruto dessa árvore?"

Imediatamente, o filho mais moço do Sultão declarou que ali se postaria e que colheria o fruto, logo que este amadurecesse. Sentou-se, pois, Hassan Pasha ao pé do tronco da árvore e pôs-se a esperar, mas pegou no sono e assim perdeu o pássaro porque, ao acordar na manhã seguinte, o fruto já fora comido.

No entanto, Hassan afirmou estar disposto a outra tentativa e desta vez permaneceu acordado; quando o pássaro chegou, ele o alvejou, mas errou o alvo. Entretanto, uma grande pena caiu do pássaro, e, ao apanhá-la, Hassan nela decifrou algumas palavras sagradas. E então levou a pena que entregou ao pai, o qual, naturalmente, mostrou-se mais desejoso ainda de possuir o pássaro. Eventualmente, os três irmãos se dispuseram a ir em busca da ave. Foram para o deserto e, subitamente, ocorreu uma terrível tempestade. Uma enorme coluna de poeira aproximou-se deles, soltando um lobo que, falando com voz humana, disse a Hassan, que estava à frente: "Dê-me algo para comer" e, apoderando-se de um grande pedaço de pão que Hassan lhe oferecia, desapareceu.

Logo os dois irmãos mais velhos alcançaram Hassan e juntos chegaram a uma grande pedra de encruzilhada, na qual havia uma inscrição dizendo: "Quem seguir pela esquerda, retornará feliz; quem for em frente, talvez retorne em segurança, talvez não; mas aquele que seguir pela direita jamais retornará". Discutiram, a respeito de que caminho deveriam tomar, quando Hassan sugeriu que cada um tomasse o caminho que quisesse e, quanto a ele, tomaria o que restasse. Os outros, naturalmente, escolheram os dois caminhos relativamente melhores e a Hassan coube o pior.

Assim, começou ele a andar pelo mau caminho e, apenas percorrida pequena distância, surgiu-lhe pela frente um lobo que lhe falou: "Não leste o que estava na pedra? Por que tomaste este caminho?". "Vai-te daqui", disse Hassan, "deixa-me em paz", mas o lobo disse que não, que Hassan o salvara da fome e que, por isso era seu dever servi-lo.

Hassan declarou não precisar do lobo, mas este se apegou a ele e afirmou que, sem sua ajuda, Hassan não encontraria nada. Aconselhou Hassan a deixar seu cavalo na floresta e subir-lhe às costas. Agarrando-se bem à cauda, em doze horas estariam na terra onde se encontrava o pássaro.

Mal Hassan lhe montara às costas o lobo partiu, veloz como o vento, para o reino onde se encontrava o pássaro. Era aquele um país repleto de terríveis demoniozinhos (que são o mesmo que *djins,* gênios), dois em cada portal. Ao transpor o último portal, o lobo anunciou que este iria abrir-se a quarenta aposentos — como os quarenta jardins precedentes — os quais continham os tesouros do lugar. Os aposentos eram dispostos em duas filas e no vigésimo, à esquerda, ele iria encontrar três pássaros. Diz o texto que estes eram aves do Paraíso, sendo um deles o miraculoso pássaro que Hassan procurava. Hassan teria de apoderar-se rapidamente daquele que ele buscava, fugindo sem olhar para trás. Mas ocorreu algo de embaraçoso: em lugar de capturar rapidamente o pássaro — eis aí um desenvolvimento do tema de se agarrar às pressas, sem delongas — ele não conseguiu furtar-se a admirar o lindo poleiro de ouro, sobre o qual o pássaro estava pousado, alimentando o desejo de carregá-lo também. No momento, porém, em que tocou o poleiro, ouviu-se um terrível alarido, pois o poleiro estava ligado, por fios invisíveis, a um sistema de campainhas que despertaram os demoniozinhos que aprisionaram Hassan e o conduziram ao Rei daquele país.

O Rei queria matá-lo imediatamente, mas ao ouvir o que Hassan tinha a dizer a respeito de sua viagem, declarou: "Pois bem, vejo que és um herói e estou disposto a dar-te os três pássaros, desde que me prestes um serviço. Existe, longe daqui, um Rei que tem quarenta filhas e se te dispuseres a trazer para mim a mais bela de todas, então, poderás ficar com os três pássaros". (Como frequentemente acontece nas histórias orientais, a busca, aqui, ocorre em cadeia:

uma conduz a certo objetivo e daí, então, surgem outras mais a serem cumpridas).

Hassan, então, voltou para junto do lobo sentindo-se muito deprimido, e disse que era preciso irem ambos em busca da bela dama prometida ao Rei. O lobo ficou muito contrariado, por Hassan não ter agido como ele ordenara e retirou-se negando-se a ajudá-lo; mas, após ter-se aplacado um pouco a raiva, voltou e declarou que levaria Hassan às costas, até o reino seguinte. Mas que se desta vez Hassan não o obedecesse, teria de ir sozinho à prucura do pássaro e da princesa. Disse a Hassan que este iria chegar a uma cidade onde havia um enorme monstro de muitas cabeças, mas que Hassan não tivesse medo e passasse por ele, entrando no palácio onde iria encontrar as quarenta princesas. Estas estariam adormecidas, e ele deveria prosseguir e capturar a nona, a contar da esquerda, arrebatando-a; mas que enquanto o fizesse, não deveria olhar para trás, pois de outro modo seria mal sucedido.

Hassan, é claro, voltou a cometer o mesmo erro: apoderou-se da jovem, mas, enquanto fugia, involuntariamente olhou para trás e viu uma linda bacia, que pertencia à moça. A bacia era toda ornamentada de ouro e prata, com pedras preciosas, e ele achou uma pena não carregá-la também. Mal tocou a bacia, ouviu-se terrível alarme, surgiram muitos criados e ele foi apanhado. O Rei queria executá-lo na mesma hora, mas, como anteriormente, acabou por dizer: "Está bem, dar-te-ei minha filha e a preciosa bacia, contanto que tu me tragas o cavalo baio pertencente a certo demoniozinho das montanhas".

Aqui, faz-se necessário citar um detalhe bem divertido, referente a essas coisas compensatórias. Como devem ter notado, esta história do Turquestão é igual à de um conto de fada alemão, chamado "O Pássaro de Ouro", em que a ordem é: pássaro, cavalo e dama, enquanto que na versão do Turquestão, a ordem é: pássaro, dama, cavalo! Por aí se pode ver ao que é que o homem dá maior valor, no Turquestão! Para esses excelentes cavaleiros, o cavalo significa muito mais que uma mulher; da mesma maneira por que, às vezes, a um homem moderno um carro significa mais do que a própria esposa; pelo menos ele trata aquele melhor!

  Chorando amargamente, Hassan retornou ao lobo que ficou novamente furioso e agrediu o príncipe. Mas pouco depois, já aplacada a raiva, disse-lhe: "Está bem, vou ajudar-te de novo, mas pela última vez!" Tornou a carregá-lo na garupa e, ao terceiro dia, chegaram ambos ao sopé de uma alta montanha. O lobo disse a Hassan que subisse a tal montanha, pois lá em cima encontraria uma grande casa. Nela, estaria dormindo o grande demônio tendo pendurada no pescoço uma chave, da qual Hassan deveria apoderar-se. Ali iria encontrar vários aposentos: no primeiro, haveria pregos, no segundo, uma longa corda de seda, e no terceiro estaria o cavalo baio. "Entra no primeiro quarto e toma 19 pregos; no segundo, toma 36 jardas da corda de seda e aí então, entra no terceiro quarto onde se encontra o cavalo baio. Num canto do quarto verás um grande poço e, ao entrares, o cavalo, despertando, relinchará. Não olhes à tua volta, mas, rapidamente, trata de amarrar a corda de seda em volta de um pilar e deixa-te escorregar por ela até o fundo do poço. Com o relincho do cavalo, o demoniozinho acordará e olhará tudo ao seu redor, voltando então a adormecer. Então poderás sair do poço, usando a tal corda. O cavalo baio voltará a relinchar e tudo tornará a repetir-se, diversas vezes, até que, como é natural, o demoniozinho se sinta aborrecido de se ver tantas vezes acordado. E então dará de comer, ao cavalo, uns ossos duros, em lugar de dar-lhe a comida habitual, feita de uvas secas, dizendo-lhe que relinche o quanto quiser, pois o cavalo já o enganou tantas vezes que ele agora não quer mais se preocupar.

Depois que o demoniozinho tiver dito isso, tens de sair do poço, dar ao cavalo as suas uvas secas, para assim lhe conquistares as boas graças, e então, enquanto o demoniozinho estiver dormindo, tu o cravarás ao chão e levarás o cavalo contigo".

Tudo aconteceu tal como fora previsto, e Hassan, desta vez, conseguiu levar o cavalo.

E então, resolveram que seria uma pena dar o cavalo em troca da moça; melhor seria que Hassan o conservasse consigo. O lobo ordenou, portanto, que Hassan fechasse os olhos enquanto ele, lobo, se transformava num cavalo baio, que Hassan teve de deixar com o Rei, enquanto fugia com a moça montada na garupa do verdadeiro cavalo baio. Quanto ao falso cavalo, logo que se viu dentro das cavalariças do Rei, tornou a virar lobo, mordendo o moço da estrebaria e escapulindo para a floresta onde se reuniu a Hassan, tendo ambos combinado de não restituírem a linda jovem. O lobo tornou a repetir a mágica transformando-se em moça, tendo ordenado a Hassan que fosse em busca do pássaro e que com este fugisse a cavalo, levando a Princesa.

Enquanto isso, a falsa Princesa que estava vestida com véus para a festa nupcial, e quando todos estavam embriagados, ela tornou a virar lobo, mordendo e arranhando o Rei, enquanto os demais, horrorizados, tratavam de fugir. Quanto ao lobo, voltou a reunir-se a Hassan, a quem levou para repousar em sua casa. Passado certo tempo, permitiu que Hassan retornasse ao lar, recomendando-lhe, porém, que tomasse muito cuidado com os irmãos, pois iriam ficar muito enciumados. É então que ocorre aquele célebre episódio, já conhecido de tantos outros contos de fada: os irmãos enciumados tomam tudo o que pertencia a Hassan, fingindo terem sido eles quem haviam encontrado o pássaro, a moça e o cavalo. Cegando Hassan, abandonaram-no no deserto, mas Hassan orou a Alá e em quarenta dias ficou curado da cegueira. Possivelmente o lobo o trouxe de volta ao lar, os irmãos foram executados, e Hassan casou-se com a Princesa. Quanto ao lobo, tomou parte no casamento e foi tratado com grandes honrarias.

A história termina com o fato de o velho Sultão Murad legar o governo a seu filho Hassan. A última frase da história revela que em cada pena do pássaro, chamado Anka, ou Anka-Kusch, achava-se inscrito, em santa escritura, algo de sábio, e como Hassan Pasha jamais deixou de ler tais inscrições, veio a conhecer todas as virtudes humanas, tendo-se tornado um governante muito sábio.

Guardem na memória o papel desse lobo porque, nas histórias paralelas alemãs e austríacas, o animal serviçal que, aqui, é o lobo, na versão alemã é uma raposa, que acaba sendo redimida e transformada em ser humano. Na história de Hassan Pasha, o animal não é redimido, pois continua a ser lobo, embora seja muito bem tratado por ocasião do casamento.

Não vamos analisar as peripécias da história, mas sim concentrar-nos apenas no tema central do pássaro, tal como o fizemos com o papagaio, isto é, acompanhando-o através das diversas versões dessa famosa história de buscas.

2. *O Pássaro Trinador de Flores*

Aqui temos um conto iraniano, paralelo à história de Hassan Pasha, intitulado "O Pássaro Trinador de Flores".

> Era uma vez um Rei que tinha três filhos: Malik Mhuhammad, Malik Dschamschid e Malik Ibrahim. Ibrahim era o mais moço, e seu pai o amava, tal como o filho amava o pai. Tendo o Rei adoecido, os médi-

cos de todo o império não conseguiram descobrir qual o remédio para sua doença. Mas aí um certo doutor declarou que o remédio existia, desde que se conseguisse encontrá-lo: pois havia no mar um peixe verde que trazia um anel de ouro na mandíbula, e que se alguém conseguisse pescá-lo, abrindo-lhe a barriga e colocando um pedacinho do coração de tal peixe sobre o coração do Sultão, este certamente se restabeleceria.

Os três filhos ofereceram dinheiro a vários mergulhadores e pescadores, para que os mesmos procurassem o tal peixe e, afinal, após alguns dias, estes conseguiram pescá-lo e o trouxeram a Malik Ibrahim. Tomando-o nas mãos, o moço ficou tremendamente impressionado com a grande beleza do peixe e, examinando-o, verificou que ele trazia inscrito na testa: "Alá é o único Deus, Maomé é seu profeta e Ali é o seu sucessor". Como se vê, é esse o credo Shiita maometano. Ora, ao ler aquilo, Malik Ibrahim sentiu-se profundamente comovido e exclamou: "Mesmo que meu pai possa ser curado por este peixe, não posso matá-lo", e lançou o peixe de volta ao mar.

Enquanto isso, todos aguardavam que ele trouxesse o peixe e, abrindo-lhe a barriga, curasse o pai, até que descobriram que o rapaz devolvera o peixe ao mar, o que os fez morder os dedos de espanto, sem conseguir entender o fato. Quando disseram isso ao Rei, este ficou furioso e falou: "Se na verdade Malik Ibrahim está esperando que eu morra para apoderar--se do trono, eu o deserdarei".

Daí em diante o Rei foi piorando cada vez mais, não tendo mais paz nem de dia nem de noite; mais uma vez os médicos se reuniram em torno de seu leito e declararam: "Ainda existe um remédio que conhecemos, que é o Pássaro Trinador de Flores. Toda vez que ele gorgeia, cai-lhe do bico uma linda flor e, se alguém conseguir aprisioná-lo e colocar uma dessas flores sobre o coração do Rei, ele ficará curado de sua enfermidade".

O Rei beijou seus outros dois filhos, dizendo-lhes: "Agora, minha única esperança é que vocês encontrem o Pássaro Trinador de Flores". Então, os dois filhos montaram seus cavalos e partiram, sendo seguidos por Ibrahim, pouco tempo depois. Os irmãos perguntaram o que estava fazendo ele ali, ao que Ibrahim respondeu que também ele ia em busca do pássaro, de modo que resolveram prosseguir juntos. Chegando a uma encruzilhada, onde havia uma árvore e uma fonte, desceram dos cavalos para descansar um pouco. Tendo os seus irmãos adormecido, Ibrahim foi dar um pequeno passeio e, de repente, avistou uma tábula de pedra onde estava escrito: "Aqueles que chegarem a esta encruzilhada precisam saber que a estrada da direita, não apresenta perigo e é muito agradável, mas a da esquerda é cheia de perigos e que nenhum viajante que por ela seguir poderá ter esperança de voltar".

Os dois irmãos, naturalmente, tomaram o caminho da direita enquanto Ibrahim tomou o da esquerda. Mas havia na tábula uma outra inscrição que dizia que quem tomasse o caminho da esquerda deveria levá-la consigo. E assim fez Ibrahim. Primeiramente, foi dar a um castelo cercado de um lindo jardim onde ele encontrou uma bela jovem que o flertou; ele se apaixonou por ela e esta já sabia o seu nome. De repente, porém, Ibrahim lembrou-se da tábula que trouxera consigo e, retirando-se para um recanto do jardim, viu que nela estava escrito: "Se tomares o caminho da esquerda, encontrarás belíssima e sedutora jovem, mas não te deixes atrair por suas tramas pois ela é uma astuta feiticeira que deseja matar-te. Ela vai desafiar-te para uma luta e, quando isso ocorrer, tens de arrancar-lhe a blusa e então verás em seu ombro um sinal negro. Toma tua faca e enterra-a com toda força nessa mancha negra, tratando porém de não errares o alvo, pois se isso acontecer tu serás transformado em pedra negra (eis aí, novamente, o tema da petrificação!).

Aconteceu tudo como fora previsto e Ibrahim conseguiu mergulhar sua adaga na mancha negra da feiticeira. Então surgiu um furacão, com raios e trovões, tendo Ibrahim desmaiado de terror. Ao recobrar os sentidos, viu a seu lado o cadáver de uma horrível e decrépita velha; quanto ao jardim e ao palácio, tudo desaparecera e ele se achava num deserto.

Então Ibrahim prosseguiu caminho e logo se achou num jardim muito semelhante ao primeiro; no centro, havia um lago e nele vagava um barco. Nadou até o barco e ali encontrou dez homens, dos quais apenas um manifestava sinais de vida. Malik Ibrahim alimentou-o fazendo-o comer pedacinhos de maçã, pois o homem estava demasiadamente fraco e faminto para poder falar. Após sentir-se mais reconfortado, o homem contou a Ibrahim que o barco fora colhido por um redemoinho e que, diariamente, ao meio-dia, surgia das profundezas uma grande mão que arrebatava um deles para dentro do lago, quer estivesse vivo ou morto, e que antes havia vinte homens a bordo, dos quais dez haviam sido agarrados e os demais tinham morrido de fome. Ibrahim recorreu novamente à tábula, na qual leu: "Se chegares a este barco, não te deixes distrair por qualquer coisa que vejas, ou que aconteça, ou que a dona da mão te relate. Essa mão que emerge do fundo das águas pertence à irmã da primeira feiticeira. Tens que apertá-la com toda a tua força, que é para romperes a maldição. Caso sejas superado na luta, perderás para sempre tua liberdade".

Aí, surgiu da água uma linda mão enquanto uma voz o saudava, dizendo: "Apertemos as mãos, em sinal de amizade!" Ao que Ibrahim respondeu: "Sim, com todo prazer", e estendeu-lhe a mão; reparando porém que a outra ia puxando-o cada vez mais para a água, ele se colocou sob a proteção de Deus e, com quantas forças tinha, apertou tanto a tal mão, que a esmagou; novamente desabou uma tempestade e ele viu a seu lado o cadáver da feiticeira, achando-se perdido novamente no deserto.

Pôs-se então a caminho e foi dar a um lugar onde havia uma árvore alta e uma fonte, com muitos macacos em torno da árvore. Ele não sabia como explicar a presença de tantos macacos, mas estes o cercavam, olhando-o com olhos tristes. Ibrahim recorreu à tábula e leu: "Agora, que mataste a segunda feiticeira, hás de chegar a uma árvore cheia de macacos e a uma fonte. Segue o veio da água e irás dar a um enorme edifício, onde encontrarás uma jovem; mas também é feiticeira e tentará cativar-te e iludir-te. Desta vez, terás que atirar-lhe à testa esta tábula, para que lhe quebres a cabeça e rompas o encantamento". Tudo aconteceu como ali estava escrito e, logo que atirou a pedra à cabeça da feiticeira, todos os macacos viraram lindas donzelas. A líder das moças era uma Fada-princesa, que fora à caça de uma gazela com suas damas. Mas a gazela que ela caçava era a própria feiticeira que, mal as jovens entraram na floresta, a gazela subitamente começou a correr em círculos transformando-se numa mulher horrorosa e, no mesmo instante, transformou as jovens em macacos. Agora que Ibrahim matara a bruxa-gazela, as moças estavam libertas do encanto.

Ibrahim levou a Fada-princesa de volta à casa de seu pai e pediu-a em casamento, porém o Rei confessou a Ibrahim que não tinha só essa filha, Maiûme, que ele desencantara, mas também um filho que tentara dar combate às feiticeiras e fora morto, achando-se sepultado num cemitério próximo. Todas as noites, porém, chegavam as feiticeiras e, como a bruxa de Endor, da qual fala a Bíblia, retiravam da tumba o corpo do filho do Rei, ainda envolto nos restos de sua mortalha; e a cada manhã o cadáver tinha que ser novamente sepultado até que, na noite seguinte, tudo se repetia outra vez.

Por isso, Ibrahim colocou-se, à noite, perto do túmulo e, tendo sido outra vez instruído do que lhe competia fazer, tomou uma lança e, quando duas feiticeiras apareceram para reiniciar suas artimanhas, em um só golpe ele as degolou, tendo-se desencadeado, no mesmo instante, uma terrível tempestade. Quando, porém, tudo se acalmou, o Príncipe morto ressuscitou e declarou que, por ter sido libertado por Ibrahim fazia-se seu escravo para sempre.

Depois disso, Malik Ibrahim casou-se com a Fada-princesa, embora continuasse determinado a partir em busca do Pássaro Trinador de Flores! Alguém lhe disse que o pássaro se encontrava numa grande montanha rodeada por milhares de demoniozinhos (a história é um tanto parecida com aquela do *djin,* que já analisamos antes) e que ninguém podia por ali passar. Mas Ibrahim simplesmente se dirigiu aos mil demoniozinhos e, quando estes o atacaram, destemidamente fê-los estacar, o que os deixou curiosos por saber o que é que aquele simpático e ingênuo rapaz pretendia ali. Em lugar de o matarem imediatamente, deram-lhe a chance de dizer porque viera. Ibrahim então confessou que desejava o Pássaro Trinador de Flores. Abertamente contou-lhes toda a verdade e os demoniozinhos, então, disseram que o pássaro se achava ali na montanha e que pertencia a Tarfe Banu, filha do Rei; acrescentaram que eles não lhe podiam trazer o pássaro e que Ibraim teria que roubá-lo sozinho; eles não se importariam. Chegaram mesmo a conduzir Ibrahim ao castelo encantado, onde, num dos aposentos, o moço, atraído pelos gorjeios do pássaro, encontrou Tarfe Banu adormecida sobre um coxim todo ornamentado com pedras preciosas. Ela era tão bela que não existe linguagem humana capaz de descrever-lhe a beleza. À sua cabeceira achava-se uma linda gaiola, dentro da qual estava o Pássaro Trinador de Flores, e a cada trinada que este emitia, caíam-lhe do bico flores suavemente perfumadas. Ibrahim, com grande rapidez se apoderou da gaiola e fugiu, pedindo aos demoniozinhos que o levassem para casa. Quando já se achava próximo do castelo em que morava, pendurou a gaiola numa árvore e caiu no sono. Então, como se pode imaginar, os irmãos apareceram e roubaram o pássaro, levando-o para o Rei, a quem disseram terem sido eles mesmos que o haviam encontrado. Mas o pássaro não cantava!

Eventualmente, Ibrahim consegue chegar à corte e, ao vê-lo, o pássaro logo se põe a cantar e as flores a tombarem-lhe do bico, de modo que o Rei logo ficou curado. Eis, porém, que chega ali um exército. Ao redor do palácio surge grande número de tendas e os irmãos, horrorizados, descobrem que Tarfe Banu viera em busca de quem lhe roubara o Pássaro. O ladrão, disse ela, teria que comparecer à sua presença, pois não falaria com qualquer outra pessoa. Todos empalideceram, mas Ibrahim declarou-se disposto a ir. Vestiu-se principescamente e compareceu diante da Princesa, que o recebeu muito afavelmente, declarando-lhe ter feito um juramento de casar-se com ele porque, a despeito da perseguição das feiticeiras, ele conseguira encontrá-la, bem como ao pássaro, e que, por isso, era ele o único que merecia tornar-se seu esposo.

Ibrahim casou-se, portanto, com Tarfe Banu, permitindo que mais tarde Maimûme viesse reunir-se a ele (como se vê, lá existia poligamia) e todos viveram felizes até o fim de suas vidas, como manda o destino.

3. *Gisar, o Rouxinol*

Vamos examinar, agora, uma variante intitulada "Gisar, o Rouxinol", proveniente da Albânia. *Gisar* deriva de uma palavra turca, *Hezâr*, que quer dizer: "mil", embora aí não se encontre qualquer razão definitiva para tal palavra. Segundo uma nota do texto, *Hezâr* tem a ver com "Mil e uma Noites", visto que o miraculoso pássaro também está relacionado a elas, ou então com as "Mil Histórias"; ou talvez por possuir ele mil penas; fato é, porém, que o chamam, sumariamente, de "Rouxinol Mil".

Voltamos a encontrar aqui uma encantadora variante dos transtornos pelos quais principia a estória:

> Era uma vez um Rei que tinha três filhos, e o de que ele mais gostava era entrar numa mesquita e orar. Construiu, portanto, uma bela mesquita e, uma vez terminada, ali entrou e pôs-se a rezar. Um Dervixe que ali chegara, declarou-lhe que, embora a mesquita fosse muito bonita, a prece do Rei não surtiria efeito algum. Ouvindo isso, o Rei demoliu a mesquita e edificou, algures, uma outra ainda mais bela. Tornou a entrar na mesquita e pôs-se a rezar. Mas o Dervixe voltou e tornou a declarar a mesma coisa, de modo que o Rei demoliu essa mesquita e edificou outra, empregando nisso todo o dinheiro que possuía, para que a mesquita fosse realmente linda. Uma vez pronta, estando o Rei ali a orar, surgiu novamente o Dervixe, que tornou a repetir o que antes já afirmara.
>
> De regresso ao palácio, o Rei sentou-se, muito deprimido por não mais possuir dinheiro, nem para demolir, nem para construir outra mesquita nova, e também por saber que suas orações não surtiam efeito algum. Os filhos logo notaram a preocupação do pai, ali sentado, absorto nos próprios pensamentos. Eles perguntaram qual era o problema e disseram que *eles* ainda possuíam algum dinheiro, que eles também eram reis e poderiam ajudá-lo. Insistiam em

saber por que ele estava tão triste e pensativo. O Rei respondeu dizendo que empregara todo seu dinheiro em edificar a mesquita, mas que suas orações não tinham valor algum, ao que os filhos perguntaram, então, qual o motivo disso. O Rei contou-lhes que cada vez que ele se punha a orar na mesquita, surgia um Dervixe a lhe declarar sempre a mesma coisa. Então os filhos o aconselharam a tentar novamente, pois eles agarrariam o Dervixe, para saberem o que se poderia fazer. Assim, logo que o Dervixe chegou e declarou ao Rei que a mesquita era muito bonita, mais que suas orações não surtiam efeito, os filhos o capturaram, perguntando-lhe o motivo. Respondeu o Dervixe que a mesquita era a coisa mais bela do mundo, mas que o rouxinol Gisar precisava vir cantar ali, pois só assim ela se tornaria algo a que nada mais no mundo se poderia comparar. Os filhos, então, perguntara-lhe como poderiam encontrar tal rouxinol, declarando estarem dispostos a partir em busca do mesmo, porém o Dervixe respondeu que apenas ouvira falar na existência do rouxinol, e não sabia onde encontrá-lo. Assim, deixaram-no ir e, como logo se imagina, o Rei quis que os filhos fossem em busca do tal pássaro.

De novo eles partiram e foram dar a uma encruzilhada onde encontraram uma pedra na qual se lia: "Por um caminho, voltareis, pelo outro, jamais retornareis, estareis perdidos". Novamente cabe ao filho mais moço seguir o caminho sem retorno onde ele encontrou tigres e ogres, mas um deles, um tigre fêmea sempre o protegia contra o macho e o rapaz escapou. (Tenho que saltar uma boa parte, pois não quero insistir nos detalhes da busca.) Finalmente, ele foi bem sucedido, pois era sempre instruído sobre o que fazer e, após ter sido abrigado por três águias que, durante três meses, transformavam-se em três belas jovens, elas o conduziram ao lugar onde se achava o rouxinol Gisar. A dona do rouxinol era uma Rainha chamada

"Bela-da-Terra", a qual também estava cercada de guardiões e animais selvagens. Quando se achavam todos adormecidos, o moço entrou nos seus aposentos e ali encontrou, sobre uma mesa, quatro velas acesas e quatro apagadas. As que estavam acesas, estavam quase acabadas, de modo que ele as apagou, acendendo as novas e, ao acordarem todos, as três águias o levaram de volta, juntamente com o rouxinol.

Ao voltar a encontrar-se com os irmãos, aconteceu tudo como anteriormente: os irmãos ficaram enciumados por ele ter conseguido capturar o rouxinol, arrebataram-lhe a gaiola e atiraram o jovem para dentro de um rio, mas então o rouxinol parou de cantar.

Então, a "Bela-da-Terra" chegou e perguntou quem lhe roubara o rouxinol; quando o irmão mais velho lhe contou, a moça quis saber onde ele havia encontrado o pássaro, e, tendo ele respondido que o encontrara num cipreste, ela mandou espancá-lo até que fosse morto. Quanto ao segundo irmão, ao saber que os canhões já estavam prontos para serem disparados contra o palácio e contra a cidade, já havendo destruído metade desta, dirigiu-se ao pai e confessou-lhe toda a verdade, que haviam atirado ao rio o irmão mais novo. O Rei então enviou homens em busca do filho, que se achava quase morto, mal podendo respirar ou falar. Os homens o retiraram do rio e, logo que ele conseguiu falar o rouxinol começou a cantar, tão maviosamente que todos se sentiram extasiados.

Logo que a Bela-da-Terra ouviu o canto do rouxinol, mandou estender o tapete vermelho desde o navio até o palácio, pelo qual o jovem se pôs a andar levando consigo o rouxinol, indo ao encontro de Bela-da-Terra que saíra para recebê-lo. Ele então contou-lhe exatamente onde encontrara o pássaro e de onde o trouxera. Casaram-se e ainda hoje continuam vivos e felizes, governando como Rei e Rainha.

4. *O Pássaro Wehmus*

E agora, vamos a uma variante de tipo muito mais campestre, um conto de fada austríaco de Siebenbürgen, chamado "O Pássaro Wehmus". A palavra "Wehmus" é uma distorção da palvra "Phoenix".

Era uma vez um pároco que tinha mulher e três filhos. Os dois mais velhos eram muito orgulhosos, e o caçula, modesto e humilde. Este é quem tinha de ficar em casa e por isso chamavam-no de Aschenpuddel (o mesmo que Cinderela, ou melhor Cinderelo!) O pároco achando-se gravemente enfermo, sentia grandes dores, e embora todos os médicos da paróquia houvessem sido chamados, nenhum conseguia dar-lhe alívio. Um dia, às 11 horas da manhã, apareceu um lindo pássaro que, pousando no telhado de sua casa, pôs-se a cantar; seus gorgeios pareciam música longínqua, e de seu bico tombavam pérolas. Desde o momento em que o pássaro se pôs a cantar, o pároco levantou-se e se sentiu inteiramente curado. Às 12 horas, porém, o pássaro levantou voo e então o pároco voltou a ser torturado pelas dores. Dia após dia retornava o pássaro e, durante uma hora o pároco se via aliviado da doença que, depois, voltava a afligi-lo.

"Mãe", disse o filho mais velho à mulher do pároco, "visto que papai pode ser curado pela música do pássaro, precisamos capturá-lo e colocá-lo em seu quarto. Prepare-me uns pedaços de bolo que eu vou sair a sua procura e agarrá-lo." A mãe preparou os bolos que o filho pedira, deu-lhe um pouco de vinho e ele partiu; à tardinha, chegou ele a uma planície, onde vira o pássaro voar. Cansado e faminto, sentou-se para comer e beber, porém mal o fizera, surgiu uma raposa que lhe disse: "Boa tarde, irmão, boa tarde, e Deus te abençoe a refeição. Não a poderias dividir comigo?". "Ah! Sim", respondeu o filho do pároco, "estás vendo esta vara? Pois é isto o que eu te darei!" E atirou a vara na raposa. Esta escapuliu, embrenhando-se na floresta. Afinal o lindo pássaro apareceu, a esvoaçar entre os arbustos, mas ao tentar capturá-lo, ele fugiu. Após ter passado longo tempo a procurá-lo sem qualquer sucesso, o moço voltou para casa. O mesmo aconteceu com o segundo filho, que também se mostrou muito altivo com a raposa e que, depois, tendo visto o pássaro esvoaçar e desaparecer entre os arbustos, também não conseguiu capturá-lo.

E então foi a vez do filho mais moço. Quando a raposa pediu-lhe um pouco de sua comida, ele consentiu em dar-lhe, de maneira que a raposa se instalou a seu lado e perguntou-lhe para onde ia e o que procurava. Após ouvir o que ele disse, a raposa retrucou-lhe: "Se pensas que o conseguirás por aqui, estás enganado; o pássaro apenas esvoaça por estes arbustos, mas depois vai para muito longe, ao encontro do Rei a quem pertence, ali permanecendo, pousado numa gaiola de ouro. Se o queres levar a teu pai, vou ensinar-te como fazê-lo e estou certa de que se o pedires ao Rei, certamente ele te permitirá levá-lo".

Puseram-se ambos a caminho e, após três dias e três noites, chegaram ao castelo do Rei. Havia dois monstros a guardar a entrada, mas, graças a um pequeno poema mágico que a raposa lhe ensinou, o moço os fez adormecer e entrou, tendo vencido pelo mesmo processo os dois dragões.

O Rei possuía duas lindas filhas que pareciam o Sol e a Lua, e o moço por tanto tempo as contemplou que quase se esqueceu da razão de sua vinda. E então, divisou o maravilhoso pássaro numa gaiola de ouro. Quando este cantava, era como música longínqua, e enquanto o fazia caíam-lhe do bico pérolas puras. O moço contou ao Rei sua aflição e este lhe respondeu: "Sim, leva para tua casa o pássaro Wehmus; mas quando teu pai estiver curado, tens que trazer a ave de volta".

Estando de volta, o moço contou à raposa que belas moças encontrara e, quando eles estavam se aproximando de sua casa, a raposa disse: "Agora, tenho de deixar-te, mas não pares junto a nenhum barranco, pois se o fizeres, serás empurrado para dentro dele. Quando precisares de mim, basta que batas palmas e digas: 'Siweklach' (mera palavra mágica sem nenhum significado), que logo te ajudarei". E então, é claro, a mesma coisa aconteceu: os irmãos se encontraram com ele e, num momento em que se achava desatento, atiraram-no para dentro de um brejo no qual se afundava cada vez mais. Mas aí lembrou-se, ainda a tempo, da palavra mágica "Siweklach"; no mesmo instante surgiu a raposa que, estendendo-lhe a cauda, conseguiu puxá-lo para fora. Depois disse: "Agora, trata de lavar-te e ir para casa, e não tenhas medo de teus irmãos, porque se há de descobrir que foste tu que encontraste o pássaro; no caso, porém, em que te vejas em dificuldades, torna a chamar 'Siweklach' que eu te ajudarei".

A raposa desapareceu e Cinderela foi para casa, sentindo-se ao mesmo tempo triste e contente, enquanto os irmãos riam-se dele, perguntando-lhe se agarrara o pássaro. O rapaz, chorando, queixou-se à mãe, revelando-lhe o que os irmãos haviam feito com ele; ela nem sabia se devia ou não acreditar nele. Logo que o moço entrou no quarto do pai enfermo, viu ali pousado o pássaro, de cabeça baixa, sem querer cantar. Mas, desde o instante em que o viu, bateu as asas e pôs-se a cantar. Pérolas caíam-lhe do bico e o pároco enfermo logo se levantou e na mesma hora ficou curado. Todos perceberam o logro causado pelos dois irmãos mais velhos e, por causa da maldade do coração de ambos, o pároco não mais quis saber deles, expulsando-os de casa.

Quanto ao Pássaro Wehmus, permaneceu por uma semana com o pároco, até que este se restabeleceu por completo e, então, o caçula desejou levá-lo de volta. Chegando à floresta, bateu palmas três vezes e exclamou "Siweklach". A raposa apareceu imediatamente e, juntos dirigiram-se ao castelo do Rei. Durante o caminho, o moço tornou a contar à raposa como eram belas as filhas do Rei, pedindo-lhe que o ajudasse a conquistar a mais moça, ao que a raposa assentiu. Ela disse que ao chegarem ao palácio do Rei, ela se transformaria numa linda loja de joias, da qual ele seria o joalheiro, no momento em que saísse do castelo; assim, teriam eles a possibilidade de atrair a jovem. Tudo o mais ficaria a cargo da raposa. Quando chegaram ao palácio, a raposa deu um passo para trás, um passo para a frente e uma cambalhota, exclamando "um, dois, três" e logo se transformou numa maravilhosa loja de joias. O rapaz, entrou no castelo, devolveu o pássaro e foi acompanhado pelas duas jovens que o conduziram até a saída.

Ao verem a maravilhosa joalheria, ficaram encantadas, por verem as lindas coisas ali expostas e por saberem que aquilo pertencia a Cinderela. Mal ali entraram, a raposa se pôs a correr, o mais depressa que podia, para bem longe do palácio do Rei. Só depois de elas terem olhado e comprado boa quantidade de coisas é que perceberam que estavam num lugar inteiramente desconhecido, mostrando-se furiosas por terem sido assim enganadas. A mais velha estava especialmente zangada e começou a injuriar o mercador, dizendo-lhe: "Maldito ladrão! Tu és uma raposa, um feiticeiro!" enquanto as lágrimas rolavam-lhe pelas faces. Mal porém acabara ela de dizer isto, e já a loja desaparecera, achando-se todos de pé, em meio a uma floresta verde, e em lugar da raposa via-se ali um lindo príncipe de cabelos de ouro. Este, ajoelhando-se diante da Princesa mais velha, disse: "Vossas palavras me libertaram de um terrível encanto. Eu vos agradeço! Um velho feiticeiro, com cuja filha eu me neguei a casar, arrebatou-me e, quando eu o acusei de ser matreiro como raposa, transformou-me numa, dizendo que eu assim permaneceria até que um dia uma jovem me libertasse empregando contra mim as minhas próprias palavras. Agora, estou livre e posso retornar a meu próprio reino".

Aí então, todos voltaram para casa e, como já se adivinha, Cinderela casou-se com a mais jovem e a ex-raposa com a mais velha.

Assim, realizou-se um dúplice casamento, dois nobres casais e, se nós tivéssemos comparecido, teríamos participado do banquete. Depois deste, cada um se retirou para seu próprio reino e, fossem eles humanos, ainda estariam vivos, se é que já não morreram...

Como se vê, essa forma serve para expressar dúvidas, quanto a serem eles personagens verdadeiros ou arquétipos! Arquétipos não teriam morrido, mas pessoas humanas sim, portanto a questão é essa, tão elegantemente expressa ao findar-se a história!

Acho que agora já conseguimos um resumo desse famoso tipo de histórias que, nos contos de Grimm, é chamado de "O Pássaro de Ouro". Também ali a raposa finalmente vem a ser redimida, ao contrário do que acontece na história de Hassan Pasha, onde o lobo não é libertado. Agora, porém, vamos concentrar-nos em apenas alguns dos temas gerais.

4
As quatro lendas examinadas

Na história de Hassan Pasha, o Sultão sofre de inexplicável depressão: "Estou triste e irritado com todos"; no "Pássaro Wehmus", o pároco acha-se enfermo; o "Rouxinol Gisar", o Rei não consegue orar de maneira satisfatória; e na história do "Pássaro Trinador de Flores", o Rei sofre de uma enfermidade que também tem algo a ver com o problema religioso, uma vez que ele poderia ser curado por certo peixe que leva inscrito na testa o credo islâmico Shiita. O tema tende abertamente para a discussão do problema religioso, fazendo-se óbvio que o passado também está relacionado com tais problemas. Não constitui simples acaso o fato de ser um pároco quem precisa ser curado pelo canto do pássaro, assim como o de que a doença do sultão dependa de um peixe que leva consigo o credo Shiita.

Portanto podemos chegar, aqui, à mesma conclusão tirada por Jung de um outro material, em seu capítulo sobre o Rei, em *Mysterium conjunctionis*: a de que este representa a atitude coletiva vigente, e principalmente, a de que o Rei corresponde à representação religiosa central de Deus. Basicamente, cada civilização é, sob todos os aspectos, dependente de sua ideia de Deus. Caso se tenha uma ideia central de Deus como sendo bom e mau, isso afetará a civilização de maneira diferente de como o seria caso se tivesse uma ideia de Deus como sendo unicamente bom; assim como uma civilização para a qual Deus seja unicamente masculino terá uma estrutura totalmente diferente de outra para a qual Deus seja hermafrodita, ou macho e fêmea, como por exemplo em certos sistemas hindus. Isso há de afetar a civilização em todas as suas direções; em suas leis, em seus rituais, na liturgia, na vida cotidiana e em tudo o mais. É por isso que o que Jung chama de consciência coletiva *predominante* coincide, tão frequentemente, com a imagem de Deus que é a representação central de uma cultura.

Sabe-se perfeitamente que, no mundo inteiro, os Reis (ou então, antes que existissem Reis, no sentido que nós atribuímos à palavra, os Chefes das tribos primitivas) representam o princípio divino, e que estes envelhecem e morrem. Praticamente em todo lugar existem rituais de matança e de renovação do Rei, os quais provavelmente eram, a nível primitivo, literalmente executados e, mais tarde, executados em forma simbólica, como a queima de um Rei de carnaval, ou o festival do Sed Egípcio, no qual o Rei é submetido, cada 15 anos, a um ritual de morte e de renascimento simbólicos. Isso corresponde a uma remanescência de épocas pré-históricas, em que o Rei provavelmente era morto e substituído por outro. Em tais civilizações considerava-se o Rei como sendo o representante terreno de Deus. O espírito divino, cultuado pela tribo ou nação, é visivelmente representado, ou encarnado neste mundo, tendo por isso que passar por repetidos processos de transformação.

Infelizmente, a representação consciente que fazemos da Divindade tem o mesmo destino de todos os demais conteúdos de nossa consciência: sofre de uma tendência a desgastar-se e a transformar-se em mero palavrório, perdendo o seu sentido de subestrutura emocional. Passa a ser uma fórmula abstrata e portanto completamente ineficaz e destituída de significado. Assim como, no mito do Rei, há duas possibilidades — a de vir a ser morto e substituído por outro, ou então a de submeter-se a um ritual simbólico de morte e de renovação —, existe a mesma possibilidade de representações dominantes. Ou são elas postas de lado e substituídas por um novo conceito, ideia ou símbolo, ou então o símbolo permanece o mesmo, tendo, porém, de ser apreendido sob uma nova forma.

Ao interpretar contos de fada, tal como o fazemos aqui, buscamos dar um novo significado, ou chegar a uma nova compreensão de antigas palavras que, de certo modo, vêm sendo repetidas e compreendidas em sua sabedoria essencial, se bem que não pela forma psicológica segundo a qual nós a compreendemos e interpretamos hoje. Com os dados da psicologia junguiana, sentimos que se pode renovar uma história como esta, de modo que ela volte a ter o significado vivo que as pessoas, antigamente, encontravam nela. Hoje em dia, os contos de fada só são relatados às crianças e só são considerados sob o ponto de vista literário e formal. Como um todo, passaram eles por um processo que os tornou simples palavreados poéticos, dos quais ninguém sequer esperaria que se pudesse extrair qualquer significado que pudesse ser compreendido de maneira adulta. Pode-se, portanto, afirmar que a interpretação junguiana funciona como uma renovação das palavras do conto de fada; o mesmo se pode fazer com qualquer outra representação. Ela pode ser renovada, desde que volte a ser relacionada com o substratum arquetípico, pois assim se torna uma experiência intelectual, sensitiva e emocionante completa. Chega-se novamente àquela reação do "Ah! Agora estou entendendo!" com todo o seu vivificante efeito psicológico.

Isso, naturalmente, é coisa importante para os mitos e contos de fada, ou mesmo para fatos simbólicos menos notáveis. Certa vez, por exemplo, conversei com um jovem artista que jamais ouvira falar em psicologia junguiana. Eu tinha certos detalhes técnicos a discutir, mas aí ocorreu algo em sua mente e ele me perguntou o que significava a árvore de natal. Quando eu lhe expliquei qual o seu significado simbólico, segundo Jung, ele golpeou a mesa com tal força que me deixou assustada, pondo-se a rugir como um leão e a exclamar: "Agora estou entendendo!" Era comunista e se havia lançado naquele racionalismo materialista completamente reducionista que caracteriza o ponto de vista comunista, mas a explicação do que era a árvore o cativara e ele declarou que tinha que saber mais a respeito do simbolismo dela (eu simplesmente lhe dissera que a árvore de natal significava o processo de individuação, e que, frequentemente, durante tal processo de amadurecimento baixavam luzes sobre a pessoa, porquanto o processo de amadurecimento é, simultaneamente, um processo de iluminação gradual, sendo isso o que lhe determinara aquela reação. O que eu lhe dissera podia não ser lá muito profundo, mas quando alguém está acostumado a comer pedras em vez de pão, tem uma reação igual à dele). Por aí se vê o que é a renovação: para ele a árvore de natal não passava, segundo a doutrina comunista, de uma espécie de superstição tola, uma espécie de "ópio do povo"; mas veio a ser renovada pela interpretação psicológica.

É assim que um conceito que se tornou vazio pode ser renovado; vocês poderão, naturalmente, dizer que isso tudo tem pouca importância; mas em se tratando do conteúdo central, de uma civilização, ou seja, da ideia simbólica de Deus, a coisa se torna profundamente essencial. Quando tal ideia cai no vazio, sem mais se reno var, a catástrofe se torna muito maior do que a incompreensão de certos detalhes, e é por isso que tantos mitos giram em torno desse tema da renovação do Rei. Se o Rei adoece, o país inteiro adoece — isso é superstição primitiva — mas, traduzindo-se para nossas palavras: se a ideia central predominante é falha, ou não mais se adapta às exigências psicológicas, então toda a civilização fica doente e em tal caso — como tão bem o expressou o Dervixe dançarino — por mais belas que sejam as mesquitas edificadas as orações não surtirão efeito algum.

Se estabelecermos um paralelo sinótico considerando, simultaneamente, todas as diferentes histórias, ver-se-á que (embora a primeira intenção não tenha sido esta) na maioria delas a chegada do pássaro implica numa experiência de *anima*. O tema do pássaro junto à linda donzela da corte do Rei é repetido. O pássaro é propriedade da Bela-da-Terra, ou de Tarfe Manu, a mais linda das mulheres; quanto ao herói, obtendo-o ou roubando-o, entra em contato com essa bela mulher, acabando por casar-se com ela, no fim da história. Nesse conto de Tashquent,[1] o cavalo é considerado superior à mulher, mas apesar disso também ali existe tal mulher. Além disso, o velho Rei nunca chega a ser eliminado, morto ou deposto de seu trono, mas pelo contrário, fica curado e supõe-se que ele continue a reinar por mais alguns anos, antes que sua velhice o leve, deixando o trono a seu sucessor. Portanto, não ocorre nenhuma mudança violenta nos princípios vigentes, apenas cura e renovação. Os princípios governamentais continuam a ser os mesmos de antes, porém contando com o pássaro de cujo bico brotam pérolas e flores.

A pérola é um símbolo do feminino. Em latim, ela é chamada de *margarita*, assim como o nome Margarida significa pérola e, em Alquimia, essa mesma palavra é usada para designar a substância semelhante à prata que é contraposta à substância masculina, o ouro. Nos primeiros textos alquímicos conhecidos, a pérola, devido à sua misteriosa origem dentro da concha da ostra, é sinônimo de pedra filosofal. Uma vez que desde a antiguidade se sabia que a ostra produzia a pérola, concluía-se daí que uma criatura muito carnal e corruptível produzia algo de incorruptível. Não se sabia, então, que a pérola se forma em torno de uma partícula irritante, tal como um grãozinho de pó, ou de areia; constatava-se apenas que as ostras pereciam rapidamente.

A ostra é verdadeiro símbolo da natureza corruptível, carnal e animal, mas dela provém, ou emana, essa coisa incorruptível. Isso, naturalmente, atraiu a projeção da ideia de que, de nosso corpo corruptível e de nossa existência corpórea, podemos emanar substância

---

[1] Cidade da Rússia localizada à leste do rio Syrdanya, na Ásia Central Soviética. (N.T.)

tão incorruptível quanto o corpo da ressurreição, o *corpus glorificationis*, o corpo imortal. Assim como ao abrir-se a ostra revela-se a pérola, assim também, na morte, esvai-se e perece a nossa natureza carnal e, a parte imortal de nossa personalidade, a pérola, torna-se visível.

Pérolas maceradas eram usadas como elixir de longa vida, ou de imortalidade, e continuaram a ser vendidas, até na Idade Média, quando se tomava uma espécie de líquido que continha pérolas maceradas para se garantir uma vida longa. No misticismo persa, desde os tempos mais remotos, ainda antes da alquimia, a pérola já era símbolo do âmago central e incorruptível da natureza. Mas também ela está relacionada com a *anima*, com a qualidade feminina e, quando surge numa produção masculina, é sinal de que há ali alguma qualidade de *anima*, por causa de sua natureza suave e brilhante.

Em algumas dessas histórias, o que se poderia chamar de substrato de *anima* de nosso pássaro, ou seja, o fato de que enquanto ele canta brotam flores e pérolas de seu bico, e de que sua música faz curar, são indícios de que a enfermidade do governante, seja ele Sultão, Rei ou pároco (pois o pároco é o dirigente da aldeia), tem a ver com uma perda de contato com a *anima*. Isso se acha lindamente representado na fala do Sultão "Sinto-me inexplicavelmente triste e estou irritado com todo o mundo!" Sabemos como geralmente se sentem os homens de quarenta e cinco anos, quando o problema de *anima* se faz presente, pois eles, já muito avançados no desenvolvimento da própria consciência masculina, facilmente caem em tal estado. Em geral, se se aprofunda nesta questão, logo se verifica que o problema de *anima* está prestes a vir à tona, e com ele todo o problema de Eros, podendo-se então afirmar que a atitude religiosa predominante está sem contato com o lado sentimental da vida. Provavelmente, porque ele se identifica demasiadamente com o Logos, tendendo excessivamente para o lado do intelecto, ou para a conservação de certas regras e pontos de vista, de maneira que o sentimento foi-se lentamente esvanecendo.

Assim, o intuito de renovação, sugerido no decorrer de toda a história, não consiste em mudança da atitude consciente predominante ou do seu principal conteúdo, mas sim na renovação, decorrente de trazer-se de volta a experiência do sentimento que está faltando, atribuindo-se-lhe cor e dimensão inteiramente novas. Depois que o rei morrer e que seu filho mais novo presidir à renovação, dar-se-á nova transformação, pois provavelmente sua maneira de reger será diferente. Em algumas das histórias, verifica-se mesmo que o herói que sobe ao trono torna-se um Rei particularmente sábio, por submeter-se à sabedoria das inscrições nas penas do pássaro, revelando-se assim um soberano diferente daquele que fora seu pai. Pela descoberta dessa nova dimensão na experiência do sentir, em questões de religião, a sabedoria e demais *insights* também se fazem mais apurados.

Excetuando-se a história do pároco, da qual constam cinco pessoas, vamos encontrar, nas outras, o clássico quaternário: o Rei e seus três filhos. Quanto ao elemento feminino que falta, ele é introduzido na família pela proprietária do pássaro. Portanto, o quaternário regente, que a princípio predomina, não está completo. No nosso conto austríaco, existe um quaternário masculino contendo um elemento feminino, e poucos são os indícios que melhor explicam isso, pois o Cinderela, quando maltratado, vai queixar-se à Mãe, tornando-se óbvio, portanto, ser ele o queridinho da Mamãe. O elemento maternal encontra-se, aí, inteiramente dentro do âmbito do consciente predominante, não se achando em falta, como nas demais histórias. Aqui a questão não reside no fato de se incluir o feminino e sim de criar-se o casamento quaternário. Esta é uma das poucas histórias que não termina por um casamento, apenas, mas por dois. O problema da inclusão do feminino já tinha sido resolvido, mas agora ele tem que ser incluído numa estrutura quaternária, inteiramente equilibrada ao final da história, o que explica porque a quaternidade não é enfatizada desde o início — consistindo, o problema principal em estabelecer o equilíbrio num fator já existente.

Na história de Sienbenbürgen existe relativamente pouca tensão. É curta, ingênua, e não dramática, o que mostra que ela corrige apenas um dos aspectos; muda levemente alguma coisa, mas não tem que percorrer todas as profundezas e alturas, a fim de chegar a algo inteiramente novo. Vemos que há certos sonhos em que não existe tendência a mudar a atitude consciente, mas apenas a acrescentar algum fator novo, ou a lhe atribuir um novo tom. Tais sonhos são, geralmente, de uma estrutura menos dramática que a daqueles nos quais a tendência é, realmente, a de romper com a atitude consciente e dar-lhe nova direção.

É de estranhar que na história islâmica do "Rouxinol Gisar" exista tanta carência de sentimento, na oração e na mesquita, visto a religião maometana conter tanto sentimento. Jung afirmava, frequentemente, que o grito do muezim, lá do alto do minarete, para ele soava como um ardente grito de amor, como um anseio, um suplicante apelo a Deus, e que não se pode entender o Islamismo considerando-o apenas por seu conteúdo intelectual, o qual, como se sabe, é bastante pobre! Quanto a mim, não consigo ler o Alcorão por mais de cinco minutos, sem cair no sono. Mas é preciso lembrar que o sentimento, no Islamismo, não provém de uma diferenciação de *anima*; ele tem mais o matiz do Eros homo-erótico. O amor de um homem islâmico por Deus é, realmente — peço desculpas por empregar essa palavra — uma espécie de amor homo-erótico por ele. O elemento *anima* não se acha aí contido, e é a isso que corresponde o mau trato e supressão das mulheres naqueles países; o aspecto religioso da diferenciação da *anima* está ausente. Jung, em sua autobiografia, diz que quando viajou pelo norte da África ficou chocado com a mentalidade adolescente de tais países. Descobriu, ao nível do sentimento religioso deles, uma atitude semelhante ao entusiasmo adolescente, levemente ambíguo e emotivo, com um tom homossexual exacerbado — muito semelhante à atitude que os jovens mostram quando têm uma "crise" apresentando-se imaturo, superemocional e ingênuo.

Esse tipo de sentimento sempre existiu na vida religiosa do mundo islâmico e até mesmo em seu misticismo, mas a necessidade de se desenvolver um sentimento amadurecido, através da diferenciação da *anima*, sempre foi um problema constante e premente naquela região, assim como continua a sê-lo até hoje. O Dervixe dançante que entra em êxtase é, portanto, o homem certo para mostrar ao soberano que suas orações não surtem efeito, pois aquelas camadas mais profundas do sentimento religioso estão ausentes.

Gostaria agora de comentar sumariamente um detalhe secundário, que se repete com frequência e de diferentes maneiras. Refiro-me ao fato do terceiro filho sempre cometer um erro que acaba por levá-lo do pássaro à jovem, ao cavalo etc., ou então, do pássaro a qualquer outro símbolo; tal erro consiste em ele voltar a olhar o poleiro dourado no qual pousava o pássaro, ou a bacia pertencente à princesa. No conto alemão que não relatei, porque pode ser lido em Grimm (O Pássaro de Ouro), isso é até mais rebuscado. Neste, o Pássaro de Ouro que o jovem procura está pousado numa gaiola de madeira, ao lado da qual está uma de ouro; o moço acha que a gaiola de madeira não é própria para um pássaro de ouro e, por isso, agarra a gaiola de ouro; ao fazê-lo, soa o alarme e ele é apanhado. No episódio do cavalo, que, na lenda alemã se segue ao do pássaro, ele considera uma pena colocar-se sela de couro sobre tão belo cavalo e por isso se apodera da de ouro, o que, mais uma vez, põe tudo a perder. No último episódio, ele permite que a Princesa vá dizer adeus a seus pais e lhes dê um beijo, mas aí os pais despertam e ele é levado à prisão. Apesar de ter sido avisado pelo animal generoso — pelo lobo, na história de Hassan Pasha, pela raposa, tanto na lenda do pássaro Wehmus como no conto alemão — para que *não* cometa tal erro, ele acaba por fazê-lo.

Fazendo um comentário geral sobre o resultado de tal erro, podemos chamá-lo de *felix culpa*. Na liturgia da Páscoa (não sei até que ponto isso se inclui no dogma), o pecado de Adão e Eva, por comerem da árvore do conhecimento, foi às vezes chamado de *felix culpa* (culpa feliz), pois acarretou a redenção. Não tivessem eles comido da árvore do conhecimento, tudo teria permanecido no Paraíso, eles ter-se-iam aborrecido mortalmente e a redenção e encarnação de Cristo não teria tido lugar preciso que se admita que foi sorte eles terem cometido o pecado proibido. Um dos temas arquetípicos gerais encontrados não só no nosso sistema religioso, como também nos contos de fada e nos inúmeros mitos de qualquer lugar, é o do herói que comete tal erro, um tipo de erro que, momentaneamente, provoca catástrofes mas que, retrospectivamente, revela-se ter sido afortunado. Como se constata aqui, pode-se dar graças a Deus por ele, uma vez que o herói não teria obtido a donzela, nem o cavalo (na história de Hassan Pasha), caso se tivesse limitado a capturar o pássaro sem olhar para o poleiro, ou para a linda bacia da donzela. Portanto, quando se leva em conta todo o contexto, é a culpa, afinal, que aprofunda a busca e que a estimula.

Isso acontece repetidamente no processo individual de tornar-se consciente, motivo pelo qual temos terapias curtas e outras longas: certas pessoas resolvem facilmente seus problemas, enquanto outras passam vinte anos a cuidar de uma perturbação aparentemente secundária, sem conseguirem livrar-se dela. Por aí se pode ver como é duvidoso que se tenha em vista uma cura rápida e que as pessoas depressa se satisfaçam, voltando logo à inconsciência anterior após terem parcialmente assimilado certo fragmento de seu inconsciente. Noutras palavras: há pessoas que são mais superficiais e outras que têm personalidade mais profunda. Algumas delas podem ter um sonho interessante que, depois de por elas compreendido, pode-lhes modificar a atitude consciente, deixando-as curadas do sintoma que as levou a iniciar a análise. Outras, simplesmente agradecem, pagam a conta e vão-se embora, não mais pensando no assunto ou, então, dando-lhes pouquíssima atenção. E há aquelas que, quando o mesmo acontece com elas, sentem-se abaladas, pois começam a indagar-se *como* chegaram a ficar curadas. Que foi que as transformou? Essas precisam entender melhor, aprofundar-se mais no que lhes acontece, fazer maiores indagações; e por isso são levadas a um problema mais profundo.

Aqui, não se trata de que nosso herói pretenda descobrir algo de mais profundo; ele simplesmente comete um ingênuo e fatal erro que o força a aprofundar-se mais. Tem uma espécie de reação de curto-circuito, e então o tal erro faz com que ele, sem querer, se aprofunde por não conseguir simplesmente obedecer às ordens da raposa, ou do lobo. É preciso que aqui se compreenda algo mais. Que, se o herói não contasse com uma raposa ou lobo anunciando-lhe o que não fazer, teria naturalmente levado o pássaro e a gaiola de ouro. A despeito, porém, de ter sido aconselhado pela raposa e pelo lobo a não fazer tal coisa porque isso lhe acarretaria contratempos, ele os desobedece.

Pode-se, portanto, afirmar que é a parte instintiva animal que lhe indica o caminho mais curto, ou menos profundo, a que ele desobedece. Se não faz o que lhe diz a raposa ou o lobo, está desobedecendo aos seus instintos, o que simplesmente significa que ele acha preferível a neurose à sua cura. Se desobedecemos aos nossos instintos, é que estamos divididos, somos duas pessoas. Nosso instinto impele-nos numa direção e nossa personalidade consciente estabelece uma outra. Quando se carrega tal conflito interior, tem-se dentro de si uma ameaça de tensão que cria um potencial energético e a possibilidade de uma experiência íntima mais profunda. Mas quando se obedece aos próprios instintos se está ingenuamente feliz, vivendo-se dentro do fluxo de vida, sem complicações internas. Isso se constata, por exemplo, em pessoas saudáveis, especialmente nas regiões agrícolas. Ali se leva a vida simplesmente seguindo-se, do nascimento até a morte, a natureza instintiva. Vive-se relativamente sem indagações interiores, ou sem transtornos. Quando lhes advém algum transtorno, logo surge um instinto providencial, o lobo, que lhes vem em auxílio. Se um homem desses perde sua mulher, por exemplo, por um certo tempo ele sentir-se-á infeliz e a lamentará, mas seu instinto descobrirá para ele alguma outra possibilidade de vida; tudo acontece sem grandes indagações interiores, sem grandes cogitações sobre os problemas. Nele, é, simplesmente, a raposa que lhe faz ver onde se encontra a nova perspectiva de vida.

Pode-se afirmar que o caminho "saudável" é o de obediência aos instintos, mas esse é também o caminho que não leva a uma aquisição maior de consciência, o que torna, portanto, necessário que às vezes se resista aos instintos. Tal resistência tem a vantagem de estabelecer terrível conflito, uma vez que só dele pode advir a percepção consciente.

Agora compreende-se melhor que o conselho do lobo e da raposa seja ambíguo, por significar, simplesmente, seguir-se o caminho da vida saudável, normal, instintiva, o caminho pelo qual sempre se resolvem tais problemas. Resistir dessa maneira significa trazer à tona algum desejo consciente. A ideia consciente é de que o pássaro de ouro devia pousar numa gaiola de ouro e que o belo cavalo tem de ter uma sela de ouro, e que o natural, para a jovem que está sendo raptada, é que ela vá dizer adeus a seus pais. Isso representa um nível mais elevado e mais humano do que simplesmente carregar a moça (e diabos, se ela gritar!) Pois mais tarde se sentirá feliz! Compreender que ela queira dizer adeus aos pais, já é mais civilizado, mas a esse comportamento civilizado corresponde um alijamento da base instintiva.

A gaiola é mais difícil de entender, mas implica no paradoxo de que o pássaro de ouro *tem que estar* em gaiola de madeira, e que o lindo cavalo *tem que ter* uma simples sela de couro. Isso provavelmente se refere ao antiquíssimo problema, que tão frequentemente se impõe à humanidade: o que fazer com uma preciosa experiência interior? Se você não se indaga sobre isso, tudo bem, mas se passou por uma experiência interior valiosa, o natural seria percebê-la, sem jamais relatá-la a alguém, exatamente como aquele homem que, encontrando a pérola, voltou a escondê-la guardando para si mesmo o reino do céu, em lugar de vangloriar-se disso em praça pública.

Temos um provérbio que diz: "o diabo nunca dorme" e, existe gente que, tendo passado por alguma valiosa e avassaladora experiência interior, começa a ser aguilhoada pelo diabo a dizer-lhe que aquilo por algum modo tem de transparecer, também, exteriormente. Quanto aos introvertidos, é natural que a sombra extrovertida inferior venha a indagar-lhes: "de que serve ser esclarecido, se ninguém me admira por isso?" Uma coisa dessas, embora absolutamente destrutiva, é bem inerente à natureza humana, a todo aquele que ainda não assimilou seu outro lado, a todo o introvertido que ainda não assimilou inteiramente a sua extroversão, ou vice-versa, de modo que a pessoa geralmente não consegue evitar tal erro. Não consegue furtar-se ao desejo de levar a experiência para dentro do campo da sombra, ou de fazer com que o campo da sombra se associe à tal experiência, dando-se então a catástrofe: tudo volta a perder-se.

Tempos atrás, quando se dava, interiormente, um passo à frente, a tentação era a de criar uma seita, um novo movimento, ou algo semelhante; quanto a nós, a tentação é a de se alegar possuir a capacidade para conduzir outras pessoas à mesma experiência, para se ministrar conselhos não solicitados aos que nos cercam, ou ainda, para se fazer disso uma profissão, embora não se tenha sido impelido a isso por qualquer injunção íntima. Desde que o próprio pássaro de ouro assim o decida, podem ser tomadas quaisquer dessas iniciativas. Contanto que se espere que o pássaro diga: "Eu quero a gaiola de ouro, por favor, pegue-a para mim", então sim, a coisa é diferente, pois se está de acordo com ela, com a experiência interna. Na nossa lenda, porém, é o próprio Príncipe quem decide que o pássaro de ouro tem que estar na gaiola de ouro, e então seu lado sombrio intervém levando-o a desobedecer ao instinto natural.

Em geral, é a eterna insatisfação e inquietude do complexo do ego que provoca a catástrofe. As mulheres geralmente pecam de modo diferente: tendo passado por algum tipo feliz de experiência amorosa, elas sempre indagam: "Quando nos veremos de novo?" — o que corresponde ao mesmo e deixa os homens furiosos. Sempre que ocorre algo de positivo, o diabo busca um modo de estragar a coisa atraindo para ela a cobiça do ego, querendo fazer dela algo de permanente.

Guardar intata uma experiência de *anima*, ou do *Self*, constitui tremendo problema, que está relacionado ao problema da gaiola. A experiência interior tem que ser salvaguardada e precisa ser enquadrada. Qual seria a melhor proteção? O instinto aconselha o recurso mais simples, isto é, de que ela permaneça em segredo, discretamente conservada em ponto indevassável ao exterior, por assim dizer, oculta por véu imperceptível, sendo esse o melhor meio de manter incólumes tais coisas. A ambição ou inquietude do ego ainda não integrado jamais aceitará isso e, por tais erros, acabará destruindo a experiência interior. Pode-se dizer, no entanto, que isso constitui uma *felix culpa*, pois demonstra que a personalidade ainda tem um âmbito mais amplo a preencher. A errônea ansiedade do ego persiste, sendo sinal de que a personalidade ainda não atingiu seu pleno desenvolvimento, então, aparecem tais catástrofes amiudamente e inevitáveis até que toda a experiência atinja um âmbito mais abrangente. Passado o evento, portanto, pode-se afirmar que o erro inevitável foi uma *felix culpa*, embora ele torne a pessoa neurótica. Na nossa história austríaca, onde não existe muita tensão, falta essa parte do tema, o que vem demonstrar como tudo isso confere.

Temos ainda a discutir um outro tema que se relaciona a este. Ele ocorre na história iraniana "O Pássaro Trinador de Flores", exclusivamente ali e em nenhuma outra. É a história do Sultão que tem três filhos: Muhammad, Dschamsched e Ibrahim. Ele adoece e os médicos declaram que para ele só existe um remédio, que consiste em que se apanhe no mar um peixe verde com um aro de ouro na mandíbula, o qual tem que ser pescado, cortado em pedacinhos que serão colocados sobre o coração do rei, pois só assim ele ficará curado. Muito dinheiro foi dado ao pescador que conseguiu trazer tal peixe a Ibrahim, mas este, ao vê-lo, descobre que o peixe tem inscrito na fronte o credo Shiita: "Não existe outro Deus senão Alá; Maomé é seu profeta e Ali é seu sucessor", e por isso sente que não pode matá-lo, ordenando que ele seja lançado de volta ao mar.

Esse tema é único e deve estar, portanto, relacionado a uma situação nacional específica, possuindo um significado geral menor. Se admitirmos a hipótese de que o Sultão corresponde à desgastada soberania de uma consciência coletiva dominante que necessita renovar-se, então a ideia do médico de que o tal peixe pode curá-lo está obviamente correta, pois o peixe simboliza, em geral, um conteúdo emergindo espontaneamente do inconsciente. Em muitos mitos o peixe tem caráter de reveladora sabedoria. O Oannes Babilônico, por exemplo, ensinava toda sabedoria, e os sacerdotes de Oannes, na Babilônia vestiam peles de peixe. Sob a forma de um peixe é que Manu salvou os Vedas quando estes se perderam no mar. Pode-se afirmar que onde quer que alguma sabedoria seja requerida, ou sempre que uma antiga sabedoria é perdida, necessitando retornar à consciência, o peixe entra em ação.

No *Aion*, Jung acrescentou vários capítulos referentes ao peixe na alquimia, aí também o peixe apresenta aspectos idênticos. A *prima materia* inicial é um peixe redondo, que deve ser cozido e dividido em quatro, e do qual é feita a pedra filosofal. Mais uma vez, portanto, o peixe representa o surgimento original do conteúdo central; se ele for predominante na consciência daquela civilização, significa que, nela, a atitude religiosa predominante tornou-se obsoleta, de modo que se faz necessário o peixe para que se promova uma renovação.

Visto o peixe trazer à testa o credo Shiita, o da religião predominante no Irã, o novo conteúdo provindo do inconsciente não traz em si uma mudança na atitude predominante e sim, provavelmente, apenas uma nova compreensão da verdade já aceita. Como sabem, muita gente recita sua profissão de fé, aprendida na escola ou em qualquer outro lugar, sem nem mesmo pensar ou sequer ter consciência do que significa, até que um dia vem a ter uma experiência interior; aí então, pode-se dizer: "Ah!, *agora* entendo! Jamais soube o que isso significava!" Isso mostra que, na sua própria psique, uma revelação, um peixe, veio à tona com uma mensagem que não é diferente da *Weltanschauung* já existente, mas que a renova e lhe confere novas dimensões.

Se fosse só isso seria ótimo, mas a questão é que os médicos declararam que o peixe deveria ser cortado em pedacinhos para serem colocados sobre o coração do Sultão. Existe aí uma nova sutileza. Dissemos anteriormente que o conteúdo central, emergente das profundezas do inconsciente, não constitui mensagem diferente daquela aceita pelo consciente; o mais provável é que ela corresponda apenas a um novo tipo de experiência. Mas a ordem do médico é que o peixe seja cortado, o que significaria ter que sacrificá-lo, e também analisá-lo psicologicamente, fazendo-o emergir na consciência. Portanto, se Ibrahim tivesse cortado o peixe, coisa que ele se negou a fazer, teria tido que reanalisar, com sua função pensamento, as profundezas e características dessa revelação do credo Shiita.

As religiões islâmicas, de ambas as seitas, são religiões de livro, o que significa que suas crenças básicas se acham fundamentadas em fato passado, o qual é considerado como revelação definitiva. Dessa nem uma única vírgula pode ser mudada, mas deve ser compreendida cada vez melhor e de diferentes maneiras, aprendida de cor e obedecida. Quanto ao evento básico original, não deve ser analisado. Um maometano ficaria loucamente escandalizado caso se lhe indagasse, por exemplo: "Estaria Maomé em perfeita saúde, ao receber aquela revelação? Outros já receberam tais revelações; como poderia você provar que a revelação recebida por Maomé foi diferente daquela recebida por Moisés, no Monte Sinai?" Ele simplesmente se atiraria à nossa garganta e diria que não existe, absolutamente, qualquer termo de comparação, que só uma é verdadeira e as outras são pseudo-revelações ou revelações de menos importância; que Maomé recebeu diretamente da própria Divindade a verdadeira luz que não pode ser discutida nem analisada. Seria absolutamente sacrílego perguntar se os problemas pessoais estariam relacionados com sua revelação.

Pode-se, portanto, dizer que analisar um fato básico desses é, de certo modo, o mesmo que destruí-lo, no sentido de o estarmos perscrutando com espírito crítico, com uma faca sacrificial, não deixando que ele permaneça intocável. É claro que, se existe crise na atitude cultural e religiosa predominante da nação, a coisa mais natural do mundo seria retornar aos fatos originais sobre os quais ela está baseada, a fim de analisá-los; exatamente como acontece quando um indivíduo toma consciência de se ter desviado do caminho e nós dizemos: "bem, vamos refazer todos os passos, para ver onde isso tudo começou".

Ao que parece, esse terrível feito que certamente teria curado o Sultão, mas que teria levado a uma profundidade muito maior o problema religioso, não era assunto de Ibrahim, uma vez que ele, por sentimento religioso, recusou-se a destruir o peixe. Devemos assumir a história tal como ela é, em lugar de criticá-la, ou de afirmar que Ibrahim foi covarde por se recusar a adentrar-se pelas profundezas da experiência religiosa. Se ele tivesse descoberto alguma revelação nova, ter-se-ia tornado um segundo Maomé. Tampouco se pode afirmar que ele tenha agido certo, voltando a lançar o peixe ao mar; só podemos dizer que a história nos diz aquilo que aconteceu. Ele recusou aquela possibilidade mas assumiu a obrigação de encontrar o Pássaro Trinador de Flores, que eu já interpretei como sendo um sentimento de renovação existente na atitude religiosa predominante. Quanto à revelação original, que não foi nem modificada nem tocada, adquire um novo aspecto sentimental. Todas as outras histórias aludem a essa renovação mas só Hâtim Tâi, nos "Banhos Bâdgerd", chega até o fundo do problema.

Podemos concluir que isso é necessário a partir do pequeno detalhe que diz que se o peixe tivesse sido cortado teria sido colocado sobre o coração do velho Sultão, o que torna óbvio, embora tal fato seja citado só de passagem, que ele sofria de alguma doença cardíaca — doença de gerente, quem sabe! E nesse órgão se projeta a função sentimento que tem certa necessidade de cura; é o sentimento dele que está enfermo e é por isso que o Pássaro Trinador de Flores, que produz flores ao abrir o bico, cura a doença cardíaca do Sultão.

Quando se lê a história de uma maneira ingênua, tem-se um sentimento bem diferente, pois de certo modo esse tema inicial lembra inúmeros outros contos de fada nos quais certo homem — ou mesmo o herói — pesca um peixe que pede para ser libertado, sendo, então lançado de volta à água. Então, numa fase ulterior da história, esse peixe se torna um animal tipicamente proveitoso, devolvendo alguma coisa que o herói deixara cair à água, ou então, trazendo para o herói algo que se achava no fundo do mar. Considerando-se o tema dessa maneira, parece justo que o peixe seja devolvido ao mar, pois em tal situação seria normal fazê-lo; na nossa história, porém, o peixe não torna a aparecer. Além do mais, teria sido um dever piedoso do filho sacrificar o peixe em benefício do pai, já que só assim este poderia ser curado.

O tema é, portanto, estranhamente ambíguo. Não se sabe exatamente como avaliá-lo, e ele não tem sequência na história. Não há recompensa por ele ter sido poupado, nem nada! Ele simplesmente aparece e torna a desaparecer, e eu, em casos semelhantes, geralmente procuro tomá-lo como um estranho tema de sonho, deixando a questão em aberto, sem afirmar que ele possa ser isso ou aquilo — tomando-o tal como a história diz que ele é. A primeira possibilidade de renovação seria a de analisar a experiência original a partir do inconsciente, o que provavelmente teria levado a uma nova e imediata revelação religiosa. Mas isso Ibrahim não podia fazer; porém, ele tomou a outra alternativa, a de encontrar o Pássaro Trinador de Flores, efetuando a renovação da atitude consciente vigente pela restauração de seu valor sentimento.

Vamos agora prosseguir a nossa linha de pensamento e comparar os diversos estágios nas cinco histórias.

Como estarão lembrados, em todas elas o herói chega a encruzilhadas trifurcadas ou bifurcadas e ali, então, tem que escolher dentre os caminhos, dois menos desagradáveis e um que leva à morte; ou então, tem que escolher entre apenas dois caminhos, um que é relativamente tolerável e sem perigo, e outro absolutamente sem esperança, implicando em morte ou em grandes dificuldades.

No conto iraniano "O Pássaro Trinador de Flores", existe mais outro motivo que não se encontra nos demais; está escrito na tábua que o herói tem que levá-la consigo caso escolha o caminho da morte, e com ela, ele supera todos os temíveis ataques das feiticeiras. Ele simplesmente recorre a ela, lendo o que ali está escrito e obedecendo às instruções. Por fim, acaba utilizando-a como arma, lançando-a à cabeça da feiticeira e matando-a. Portanto, a tábua também funciona como uma pedra, ou como uma espada, com a qual ele consegue até mesmo matar as feiticeiras. Em tais circunstâncias, a tábua simplesmente fornece indicação quanto ao caminho a tomar, e o herói o toma, seja por ser aquele o único que restou ou por seus irmãos já terem tomado o outro (ou outros), ou ainda, porque ele sente ser esse o caminho por que deve seguir.

Daí o indagar qual o significado dessa misteriosa tábula encontrada no inconsciente. É sempre ela que indica o caminho aos irmãos, após terem eles deixado o lar e se adentrado pelo deserto, de modo que poder-se-ia afirmar ser ela o limiar do inconsciente. Considerando-se que ela jamais erre, fornecendo completa e absoluta orientação, dizendo claramente o que vai acontecer e qual é a situação, poder-se-ia compará-la àquilo que Jung denominou de "conhecimento absoluto" do inconsciente. Em seu ensaio sobre "Sincronicidade" (vol. 8 de Obras completas), diz Jung que, dado um grupo de eventos sincrônicos que estejam significativamente relacionados, surge ali uma espécie de "conhecimento absoluto". Isto é, a coincidência de fatos, externos e internos, sem qualquer conexão causal, transmite a impressão de já haver algo de conhecido no âmbito do não-ego.

Para aqueles que não se adentraram pelo problema da sincronicidade, eu vou ilustrá-la por meio de um exemplo. Suponha que um homem tenha recebido oferta de um outro emprego e aí venha a sonhar que atropela uma criança com seu carro. Nós diríamos ser ele uma pessoa criativa a quem o novo emprego seria lucrativamente vantajoso, mas que iria cercear-lhe a criatividade. Portanto, se ele não o aceita, terá menos dinheiro, mas terá mais tempo para um trabalho criativo; caso o aceite, ganhará muito dinheiro mas verá excluída a possibilidade de um trabalho mais pessoal. E então ele sonha que atropela a criança com um pomposo carro de luxo, claro indício para ele de que se assumir tal emprego lucrativo ele vai destruir seu próprio núcleo infantil de criatividade. Suponhamos ainda que, nesse mesmo dia, ocorra um acidente enquanto ele está a caminho de assumir o emprego. Aí então, já se pode afirmar que existe uma coincidência do fato interno com os fatos externos; a situação simbólica interior do indivíduo e o evento exterior da criança que, justamente nessa manhã, correu em direção ao carro dele, coincidem.

É a isso que chamamos de evento sincrônico. Não se pode afirmar que a ação da criança tenha causado o sonho, uma vez que o efeito precedeu a causa, e também não se pode admitir que o inconsciente do homem tenha feito com que a criança se atirasse sob o carro dele, pois por trás do fato se encontra, provavelmente algum encadeamento causal bem diferente. Mas o que se pode afirmar é que nesse duplo evento sincrônico, interno e externo, existe um significado, pois, se analisarmos o simbolismo do atropelamento de uma criança, podemos afirmar ser esse o significado essencial do evento. O homem que passou por tal experiência certamente ignorava isso! Se o soubesse, ele provavelmente teria agido de modo diferente. Isso só pode acontecer quando se tem profunda inconsciência da situação, mas, ao que *parece — alguma coisa já era sabida, em algum lugar —* uma vez que a criança se atirou contra o carro justamente naquela manhã. Isso dá a impressão de que a situação já era objetivamente conhecida, de que algures, já existia um absoluto conhecimento dela, embora certamente não a nível do ego. Por isso, diz Jung, "por trás do significado dos eventos sincrônicos existe algo que se assemelha a um conhecimento absoluto".

Normalmente, os sonhos não predizem o futuro ou, se o fazem é apenas na proporção em que nosso futuro está condicionado a nossa atitude psicológica. Mas esse conhecimento absoluto surge tanto nos chamados sonhos telepáticos como nos eventos sincrônicos. Esses sonhos específicos predizem o futuro não só em forma simbólica como até mesmo de forma inteiramente concreta. Isso seria outro indício de que existe, algures, um certo conhecimento absoluto quanto à sequência dos eventos, como se as coisas já fossem sabidas de antemão, exteriormente àquilo que nós identificamos como a origem da consciência, o nosso ego.

Embora menos diretamente, esse conhecimento absoluto também surge dentro do campo de nossa percepção, quando alguém tem um definido pressentimento de que algo de específico está por acontecer, ou então, alguma sensação definida de que tem que fazer algo de especial, sem que haja qualquer motivo racional para isso. Geralmente, o efeito de agir de acordo com tal sentimento é positivo. Mas não ocorre com muita frequência, nem se pode confiar em atingi-lo, mesmo em se tratando de questões da maior importância. A pessoa tenta meditar, tenta consultar esse sentimento interior, mas ele se acha velado e não se consegue chegar até ele, pois suas idas e vindas pela psique humana são absolutamente irracionais e não se consegue mantê-lo sob controle.

Do ponto de vista psicológico, é a isso que, na história das religiões, se chamava de revelação irrefutável e absoluta. Ela é anotada em livro sagrado, tendo sido revelada, geralmente, por algum profeta ou alguém, que supunham achar-se mais perto da Divindade. É esse um paralelo histórico daquilo que hoje chamaríamos de experiência do conhecimento absoluto. Nas diversas religiões ela é frequentemente considerada como o absoluto, como algo a ser obedecido sem discussões, como algo exato. Essa mesma ideia acha-se implícita na tábula; não só naquela da lei que Moisés trouxe do alto do Sinai, como também naquela que contém o texto absoluto e indiscutível da religião do Antigo Testamento.

Outro paralelo é encontrado na Alquimia, onde existem inúmeras lendas referentes a sua fundação. Dizia-se que a alquimia foi transmitida por Deus a Set, filho de Adão, ou a um dos filhos de Noé (existem diversas versões, quanto a qual deles); ou se dizia ter Deus escrito as regras básicas do processo alquímico, entregando de pois a tábula para uma figura do Antigo Testamento. Se a alquimia for islâmica, ela foi dada por um de seus profetas, ou, se ela for da tradição greco-romana, então supõe-se que o egípcio Thoth (helenizado como Hermes-Mercurius) recebeu essa tábula, ou mesmo escreveu-a. Tal conhecimento era então transmitido como legado, através de todas as tradições secretas da alquimia. A lenda do fundamento da Tábula Smaragdina é a mesma: consiste numa tábula de esmeraldas na qual está gravado, em sentenças de elevado caráter simbólico, todo o processo alquímico revelado para ou por Hermes Trismegistus. Existe uma variante adicional dessa versão alquímica da lei básica revelada: a Tábula Smaragdina contém sentenças mostrando como fazer a pedra filosofal, e, ao mesmo tempo, ela é a própria pedra filosofal, então na verdade, as diferentes sentenças que descrevem como produzir a pedra filosofal acham-se inscritas na própria pedra. Ela revela sua própria natureza e como tem que ser feita, sobre si mesma e por si mesma. O tema é importante, pois na nossa história iraniana a tábua também é usada desses dois modos. A princípio, ela serve de meio de orientação, dizendo: se fores por este caminho acontecerá isso e mais isso. Depois, quando o herói a toma, consegue usá-la também como arma mágica e a tábua se torna sua própria sabedoria, podendo ser utilizada como meio de ação. Também aí existe a analogia de ser a tábua mais do que um mero instrumento de orientação, de ser ela, ao mesmo tempo, um amuleto sobrenatural ou algo comparável à pedra filosofal, embora em plano bem mais primitivo.

Essas revelações, baseadas na experiência do que chamamos de conhecimento absoluto, poderiam ser interpretadas de dupla maneira. Nós poderíamos dizer que elas são leis, razão pela qual se encontram em lâminas de pedra; ou que nelas existe certo absolutismo ou rigidez, o que poderia ser algo de negativo ou de rígido. Elas são leis rígidas, ou *insights* positivos, que dão à pessoa uma indicação quanto ao próximo passo. Todas essas diferentes tábuas têm uma semelhança, pois quer sejam elas simbólicas, ou parecidas com certas leis éticas do Antigo Testamento, todas são formuladas de maneira lapidar (pode-se dizer: de maneira pétrea).

Inscrever um *insight* ou uma palavra, na pedra, significa simbolicamente que ela passa a ser absoluta, não mais destrutível — é por isso que, segundo o Apocalipse, por exemplo, depois da ressurreição nós adquirimos um nome escrito numa pedra branca, que ninguém conhece exceto aquele que o recebe (Ap 2,17). Tal nome é muito mais que apenas um novo nome, pois atribui uma identidade absoluta, um *insight* dentro da real personalidade, uma consciência da verdadeira personalidade. Essa frase do Apocalipse é citada vezes sem conta pelos alquimistas, para quem a pedra branca tem o mesmo significado atribuído à pedra filosofal.

A ênfase sobre a necessidade de se ter a verdade básica gravada na pedra ou em outra matéria indestrutível torna-se, para nós, difícil de entender, pois vivemos numa civilização que sofre de uma verbosidade superficial e de palavreado impensado. Teríamos que examinar melhor as demais condições internas para compreendermos a importância de tal simbolismo.

Eu, pessoalmente, sinto um grande desprezo por palavras, e encontrei durante muito tempo grande dificuldade em compreender esse tema da tábula. A primeira vez em que ele se tornou claro para mim foi quando aconteceu o seguinte: uma analisanda, caso tipicamente *borderline,* teve terríveis experiências internas em que "a luz a visitava e ela se sentia perto da Divindade". Achava-se muito abalada por tais experiências e, no asilo em que estava internada, fizeram-lhe perguntas muito canhestras e inoportunas, motivo pelo qual ela se encerra em mutismo. Na época do sonho que lhes vou relatar, ela havia tomado a decisão de não mais contar coisa alguma e de mergulhar por completo naquela experiência religiosa interior que, vista do exterior, teria correspondência a um estado catatônico. Sob tais circunstâncias, teria ela sido obrigada a permanecer no hospital e, provavelmente, teria permanecido acamada por muito tempo sem revelar coisa alguma do que internamente se estava passando com ela.

Foi então que ela sonhou ver uma série de índios pele-vermelha, e que cada um deles tinha recebido um anel de ouro. Não tinham boca, pois sobre a boca de todos eles crescera uma pele. Aí surgia alguém que, com uma faca, lhes abria uma boca no rosto, enquanto uma voz dizia: "É isto que precisa ser feito". Ela acordou e, por si mesma, sem qualquer interpretação de minha parte, percebeu que tinha de falar com alguém sobre a experiência interna que tivera. Compreendeu que o anel de ouro que os índios tinham recebido era algo de semelhante à experiência que tivera, e que a faca que cortava bocas, abrindo-as, era importante. Foi esse o ponto decisivo, pois, pelo fato de então podermos conversar sobre sua experiência, ela não ficou catatônica e, portanto, não precisou retornar ao asilo. Conversando comigo a respeito, por si mesma ela permaneceu acertadamente ligada à própria experiência sem ter-se identificado com ela e nem tê-la perdido.

Acho que a voz, ali, foi uma manifestação do conhecimento absoluto. Jung dizia que, geralmente, quando se ouve uma voz, em sonho, ela resolve o problema com autoridade absoluta, removendo todas as possíveis dúvidas. Essa experiência de autêntica autoridade teria sido, penso eu, como um sonho telepático, uma invasão, um transbordamento daquela esfera, pois a voz lhe disse que ela precisava falar e ela ficou inteiramente convencida de que tinha que fazê-lo. O que é ainda mais interessante, embora ela própria não se tenha apercebido disso, é que as pessoas que tinham que ter as bocas abertas à faca fossem índios pele-vermelhas. Suas experiências religiosas eram vagas, embora não absolutamente pagãs; tinham certo sabor de barbarismo, e não eram muito ortodoxas, razão pela qual ela temia conversar sobre as mesmas. Por isso é que o sonho dizia que as bocas desses pele-vermelhas tinham que ser abertas à faca. Ela nada sabia a respeito de pele-vermelhas; só sabia que eles eram pagãos e primitivos. Portanto, poder-se-ia afirmar que tal experiência chegou até as camadas religiosas e pagãs isentas do preconceito de sua personalidade, o que então fez-se absolutamente essencial que essa parte dela abrisse a boca e falasse a respeito do que acontecera.

Na minha vida foi esse o primeiro fato que me inspirou um maior respeito pela "palavra". Pela primeira vez vi o que significa tornar-se avassalado, de modo primitivo, pela intensidade emocional de uma experiência interna, e incapaz de exprimi-la, a ponto dela vir a perder-se no inconsciente . Vi pela primeira vez que a palavra falada expressa a ação de permanência, ou de tornar-se consciente e conservar a identidade pessoal; que um *insight* formulado fica num nível mais elevado do que aquele que, por assim dizer, nos atinja o corpo, mas com o qual não se tenha estabelecido ligação a nível consciente. Provavelmente é por isso que a certo estágio da história da nossa civilização a palavra sagrada, registrada em todas as civilizações, desempenha papel tão importante, e é, como sempre foi, a essência da atitude cultural consciente do grupo humano cuja vida consciente está baseada em certo número de profundos *insights,* oficialmente formulados.

Acho, portanto, que podemos interpretar a tábula de nossa lenda com uma revelação do conhecimento absoluto, cuja característica é de caráter orientador. Em certas versões, ela significa até mais — é a coisa salvadora, como o é, por exemplo, contra as feiticeiras de nossa história iraniana.

Pergunta: Por que é que você desprezava tanto a palavra?

Penso que é porque não tenho muita dificuldade em formular meus próprios *insights.* Isso para mim não é nenhuma façanha e, por isso, até eu ter analisado aquela mulher, tão pouco instruída, para quem tal coisa se tornou uma realização, eu não havia encarado o assunto assim. Quando se nasce em ambiente culto não se pensa que isso seja grande coisa. Além desse aspecto pessoal, acho também que é por vivermos numa civilização em que a palavra é terrivelmente mal empregada: chavões, *slogans* e propagandas, bla-bla-blás, conversa fiada, o tempo todo. Em Berlim se exprime isso maravilhosamente: *Hirn ausgekoppelt, Maulwerk geht im Leerlauf Weiter* (quando o cérebro dispara, a boca trabalha automaticamente) e isso, penso eu, é característica de todo o mundo que nos rodeia, e por isso é que eu desprezo a palavra.

Pergunta: Como é que se consegue saber se a voz de um sonho foi efetivamente a do conhecimento absoluto, ou se foi uma voz de presunção e engano, acarretando desastre?

Não sabemos qual a diferença. Mas em geral podemos empiricamente dizer que nunca se viu a voz verdadeira conduzir a um desastre ou ser enganosa. Quando se apreende uma voz enganosa, em geral o caráter de quem fala é descrito dentro do sonho. Pode ser essa ou aquela pessoa, ou um personagem que pareça com esta ou aquela pessoa que afirma com segurança que isso ou aquilo precisa ser feito. Então você tem que usar seu próprio senso crítico para indagar: *quem* está dizendo isso? O sonho por si mesmo fornece o indício de quem o diz. Pode ser o *animus*, ou uma sombra feiticeira, ou quem quer que seja; mas normalmente, graças a Deus, em se tratando de uma parte enganosa da psique que produz tal voz, então o próprio sonho mostra quem é. Quando porém, advém a voz possuidora daquele cunho absoluto, não se percebe nela, ou por trás dela nenhum ser; ela é sem forma, é puramente uma voz, que abruptamente irrompe dentro do evento do sonho.

Observação: Mas a pessoa pode ter pacientes esquizofrênicos, que possuem senso muito grande do absoluto da voz que espontaneamente provém de Deus.

É, mas mesmo assim a voz em geral está simbolicamente certa — só a interpretação do paciente é que está errada. Eu acho que, na esquizofrenia, o erro está nas pessoas perderem seu poder de crítica e não verem em que nível as ordens da voz têm que ser observadas.

Conheci uma mulher que tinha uma voz que costumava mostrar-se extremamente benévola, salvando-a de acidentes e de toda espécie de coisas mas que, às vezes, dizia coisas absolutamente destrutivas, como: "Agora vá e se atire dentro do lago". Certa vez ela escolheu um homem muito agradável e iniciou com ele um bom relacionamento. Certa manhã, acordou com a voz a dizer-lhe: "Agora você tem que romper imediatamente esse relacionamento, e nunca mais voltar a ver esse homem". Seu analista pressionara-a suficientemente para que perguntasse à voz quem era ela, ao que obteve por resposta: "Sou Pan". Ora, Pan é um deus muito dúbio e, obviamente não pode, simplesmente, ser obedecido, por isso o analista ensinou-lhe como relacionar-se com Pan, como se este fosse uma realidade. Às vezes Pan dizia-lhe coisas inteiramente malucas, ditando-lhe comportamentos muito pouco convencionais, e então precisava ela retorquir-lhe: "Olhe aqui, Pan, você viveu há 2000 anos e desde então nós já passamos por um pouco mais de civilização; portanto, não posso fazer essas coisas que você sugere. No seu paraíso caprino isso era inteiramente justo, mas agora as coisas são um tanto diferentes". O personagem, então, geralmente cedia. Jamais mantinha seu absolutismo; acenava com a cabeça e supunha que talvez já estivesse mesmo um pouco fora de época.

Portanto, para ela, essa figura de Pan tornou-se, usando uma palavra primitiva, uma espécie de espírito familiar. Poder-se-ia dizer ser ele um aspecto de *animus* com dúplice capacidade: a de ser uma voz de *animus* e não provir do *Self*. Anteriormente o fenômeno fora diagnosticado por um psiquiatra como sendo um sintoma esquizofrênico, e como tal poder-se-ia ter definido, caso a mulher tivesse continuado a obedecê-lo irrestritamente, como se achava, aliás, inclinada a fazer. De repente, ela iria fazer as coisas mais loucas e destrutivas, passando a ser considerada como uma pessoa que não regula bem da cabeça. No entanto, aí não se tratava de nenhuma voz absoluta, e sim de um personagem específico.

Como se sabe, uma das coisas mais frequentes na esquizofrenia é uma voz repentinamente dizer: "faça isso ou aquilo". Quando se trata, porém de gente assim, consegue-se, às vezes, ensinar-lhes, indagando, por exemplo, se se tratava de voz feminina ou masculina, ou então dizendo-lhes: "Trate de caracterizar quem é que diz isso, e em que estilo". Então pode ser que as vozes comecem a assumir diferentes personalidades; uma, a feminina, haverá sempre de dizer coisas destrutivas, outra, dirá coisas construtivas, cada uma falando de modo um tanto diferente. Vozes realmente loucas geralmente usam estilos de linguagem diferentes; umas falam de modo muito pomposo, de maneira sacramental, havendo uma ou outra geralmente jocosa, que faz observações muito espirituosas em meio a uma situação pomposa. Em tal caso eu recomendo ao sonhador reparar que há diversas pessoas falando, não devendo ele, portanto, tomá-las apenas como *a voz;* porquanto há uma que é espirituosa, uma que é pomposa, duas femininas, cabendo-nos primeiramente verificar quem é que está falando. A gente tem uma espécie de discernimento, uma vez que já se tenha encontrado muitas dessas vozes e as tenha investigado.

Pergunta: Seria possível, em certos casos, pôr-se à prova o que aconteceria caso você obedecesse à voz? Às vezes ela pode apresentar-se muito destrutiva, porém, você — ou outra pessoa —, poderia perceber se é certo obedecê-la, ainda que pareça perigoso.

A dificuldade está em que, desde que se empregue tal crítica, logo se coloca o julgamento do ego acima da voz; é *você* quem dá a última palavra, é *você* quem decide se aquela é a voz, uma vez que se indague o que é provável que aconteça. Suponha que a voz diga: "Deixe sua família e vá para o deserto!" Foi uma exigência interior que mandou Nicolau von der Flüe deixar sua família — mulher e dez filhos, o mais moço com apenas 18 meses de idade. Ele obedeceu à voz e um famoso teólogo católico escreveu um artigo dizendo que ele era simplesmente um misântropo e um louco que abandonou a família, pois a voz de Deus jamais poderia ter ordenado a um homem casado que fizesse tal coisa! São Nicolau provavelmente considerou a mesma questão! O assunto é melindroso, mas eu encorajaria o analisando, dizendo: "Olhe, trate de examinar todas as consequências destrutivas de tal passo". Nesse caso, o ego pode· desobedecer, pode ser seduzido à desobediência. Mas obedecer cegamente também poderia ser bastante perigoso. O caso de são Nicolau foi um exemplo bem notável no qual a voz ordenou fazer algo que, do ponto de vista do senso comum, era loucura, como disseram muitos dos que o cercavam. Só o *consensus gentium,* nos últimos anos de sua vida, e um século depois o Papa, é que decidiram que para ele aquilo era o certo.

Pergunta: Num caso assim, deve o ego manter sempre uma dúvida? Ele obedece quando acha que deve fazê-lo, mas conserva a dúvida quanto a estar certo ou não.

Sim, acho que só resta isso a fazer, para uma personalidade mais civilizada, mais consciente. São Nicolau não fez isso. Ele jamais duvidou, mas era um camponês primitivo. Nós não conseguiríamos fazer coisa tão primitiva quanto a, simplesmente, obedecer sem restrições e dizer: "Estou seguro de que o certo é isso"; poderíamos apenas dizer: "Está bem, vou obedecer, mas conservo minhas dúvidas". A dúvida deixa uma porta aberta para que, a certo ponto, se possa voltar atrás caso se perceba que as coisas vão-se tornando demasiadamente destrutivas; ou então, poderá advir uma segunda experiência que venha corrigir a primeira, e a pessoa a bloquearia, tomando a primeira como demasiadamente absoluta.

Tomemos o exemplo de Abraão, que recebeu de Deus a ordem de sacrificar Isaac. Se ele não tivesse tido horríveis dúvidas e resistências pessoais, talvez não houvesse encontrado o cordeiro. Se ele prosseguisse naquela atitude de que *tinha* que fazê-lo, teria simplesmente fechado os olhos e matado a criança, na intenção de acabar logo com aquilo! Mas não foi isso o que fez. Continuou sofrendo, porque sentia que tinha que fazer, embora experimentasse toda espécie de resistência contra aquilo a que, naturalmente, ele mesmo se opunha; e eis que de repente ele olha e, no último instante, ali está o cordeiro para ser sacrificado em lugar do filho. Assim, penso eu, mesmo que a pessoa ceda, tem que conservar o próprio sentimento, caso se oponha ou tenha dúvidas. Isso é essencial, pois coisas bem estranhas podem acontecer, como no sacrifício de Isaac, em que repentinamente, no último instante, a voz interferiu e voltou a falar.

Pergunta: Não é a dúvida que causa o maior sofrimento?

Sim, é isto que inferniza a pessoa! Quando se sente estar obedecendo a Deus, isso é maravilhoso; quando se tem Deus a seu lado, não há mais perigo. Mas quando se duvida, então a obediência se transforma em realização ética.

O próximo passo importante da nossa história iraniana é o de que a tábua vem a ser especificamente utilizada contra a bruxa. Nas outras histórias, a maioria dos inimigos são demoniozinhos; no conto dos Balcãs há tigres e leões e, no de Siebenbürgen há dragões a serem vencidos pelo caminho. Mas na história iraniana, há feiticeiras com a capacidade específica de criar a *fata morgana:* há, primeiramente, aquela linda moça que, depois de exorcizada transforma-se num horrível monstrengo; e depois, a mão que sai da água e se revela pertencer à horrível bruxa assassina. Além do mais, elas empregam a magia e conseguem criar ilusões — e eu acho que a tábua desempenha, justamente nessa história, o principal papel, ao passo que nas outras ela simplesmente fornece as direções e, então, desaparece. Precisamos considerar isso em relação ao contexto: a capacidade de conservar essa profunda certeza íntima do *Self,* que se faz particularmente necessária ao lidar-se com o mundo ilusório de Maia, fator criador de ilusões, gerado pelo poder negativo da *anima* e, geralmente, pelo complexo materno negativo.

Em geral o ego não está à altura de tal diabrura e aí nada prevalece senão o relacionamento da pessoa com o Self, ou seja, a tábua. Hoje em dia, porém, as coisas se acham enormemente mudadas, pois os atuais analisandos frequentemente não possuem essa tal pedra — que tornaria a análise bastante supérflua — ou quando, às vezes, eles a possuem, isso facilita muito o trabalho, pois o analista, em lugar de tomar para si a responsabilidade do problema, limita-se a dizer: "Bem, olhe para sua tábula!" A maior parte deles, entretanto, não vem a nós com tábulas em seus bolsos; tombam nessa bruxaria da *anima*, nessa teia de ilusões e de sentimentos ilusórios, com transferências externas errôneas e errôneos entusiasmos interiores. Portanto, pode-se dizer que esse é um dos fatores que frequentemente forçam um homem a adentrar-se profundamente em si mesmo até encontrar a voz.

Segundo minha experiência, é a *anima* que gosta, por exemplo, de puxar a pessoa para um lado. E quando o homem obedece, ela o puxa para o outro; se ele torna a obedecer, ela volta a puxá-lo para o lado contrário. De maneira que é um oscilar do "sim" ao "não". Quando ele acha que tal jeito é o certo e vai agindo assim, então lá vem ela:, num sonho que vai em direção oposta. Isso força a pessoa a ir, aos poucos, descobrindo que em meio a esse jogo diabólico existe um fator estático, constante, subterrâneo, que pode, portanto, através de todo sofrimento, ir sendo lentamente descoberto.

Mas o que temos aqui é a outra situação: nosso herói já possui a tábula desde o início, e é isso que torna a história um tanto monótona; porque cada vez que se depara com uma nova situação, ele recorre à tábula e lê o que lhe cabe fazer, agindo sob orientação. Pode-se dizer que a coisa funciona muito bem e que, provavelmente, reflete uma situação de civilização na qual os homens ainda necessitavam de certos princípios conscientes orientadores para contrariarem o jogo de sua *anima*; eles não conseguiam simplesmente entrar no jogo e descobrir por si mesmos tais princípios. Desde que os tomemos por conhecimento absoluto, podemos também afirmar que esse herói tem uma ligação com o *Self* que o ajuda a cada instante; ele tem a capacidade de meditar de forma a conseguir elevar a voz interior acima de toda a teatral exibição emocional das feiticeiras.

As duas primeiras bruxas são muito fáceis de entender, porque criam uma espécie de ilusão paradisíaca —

de riqueza, beleza, lindas mulheres e tudo mais — para assim o agarrarem, e, para ele, basta aperceber-se disso. Bem mais difícil é a última tarefa, na qual ele deve sobrepujar aquelas duas bruxas que praticam necromancia no cemitério, com o Príncipe, o irmão da noiva que ele já redimira. Estas fazem o mesmo que fazia aquela bruxa bíblica de Endor que foi, em todo o antigo mundo mediterrâneo, uma das principais figuras da feitiçaria. Elas vão a um cemitério onde, por determinadas invocações e encantamentos, revivem o cadáver e, então, o utilizam num dos dois modos. Algumas, fazem ao cadáver perguntas, cujas respostas se supunham constituir verdades absolutas, de modo que através dele se pode adquirir conhecimentos impossíveis de obter por qualquer outra maneira. Ou, o cadáver recebe ordem para cometer um assassinato, ou então, para praticar outros determinados malefícios que a própria pessoa não teria praticado; e também pode ser usado como um boneco. Isso é mais raro. Geralmente a necromancia, como o indica a palavra *manteia,* só é utilizada para obter informações que não possam ser obtidas de qualquer outro modo. Provavelmente a ideia-chave seja a de que os mortos se encontram próximos à verdade absoluta; eles conhecem o absoluto dos eventos. Acham-se nas mais profundas camadas do inconsciente e podem ser utilizados como uma espécie de intermediários, exatamente como, por outras maneiras, se pode utilizar um médium.

Por toda a antiguidade, tais atos eram considerados absolutamente sacrílegos, horríveis e criminosos, algo de absoluto tabu. Não existe necromancia positiva; eu pelo menos, não conheço nem um exemplo sequer. No entanto, a utilização de médiuns para se hipnotizar um adolescente e o uso deles, como médium, para se obter um dado mágico, nem sempre era considerada como magia negra e, certamente, não se achava envolta naquela atmosfera criminosa tão horrível. Era frequentemente praticada, e alguns a consideravam apenas como uma simples magia ou superstição, ao passo que outros a aprovavam. Mas a utilização de cadáveres era absolutamente criminosa, algo inteiramente diferente da utilização de médiuns vivos.

Devemos, portanto, aprofundar-nos mais nesse problema de nossa história. A reação sentimental natural seria declarar que isso significa perturbar os mortos, que têm direito a repouso e não devem ser perturbados em seus túmulos. Até mesmo experimentamos certa sensação de tabu: é absolutamente criminoso perturbar o último ono dos seres humanos. Se pensarmos um pouco mais no assunto e o considerarmos simbolicamente, isso também significa que certo modo pelo qual um fator psicológico se manifestava, veio a extinguir-se.

Como se sabe, há diversos complexos que às vezes utilizam um corpo para sua manifestação. Por exemplo: se sua *anima* está projetada numa mulher, então essa *anima* está por assim dizer encarnada, por intermédio daquela projeção; ela se corporificou nesse relacionamento. Assim, qualquer complexo psicológico inconsciente pode encarnar-se através de projeção; enquanto a projeção funciona, ela é fator de vida e nós somos mesmo forçados a segui-la, desde que não queiramos perder parte de nossa personalidade. É por isso que, quando parte de nossa personalidade se projeta num ser humano, num objeto ou num lugar, é absolutamente errado eliminá-lo racionalmente. A pessoa tem que conservar certo relacionamento, ou conexão, com esse fator, de modo que a projeção possa retornar. Muita gente expressa coisas simbólicas numa forma concreta. Pintando-se alguma coisa, por exemplo, percebe-se o que se está sentindo, ou pode-se chegar a certos conteúdos do inconsciente pela mera execução de um trabalho de escultura, ou coisa semelhante; através dessa atividade física, auxilia-se a encarnação de certa parte da própria personalidade. Se tal habilidade se extinguiu, e é um cadáver, isso é indício de que a projeção retornou, ou que a maneira pela qual um dado complexo até então se havia manifestado, consumiu-se, não mais surtindo cfcito.

Digamos que alguém tem que chegar ao que sente, aprendendo a tocar piano; mas isso se vai tornando, paulatinamente, um passatempo vazio, perdendo seu caráter numinoso. Nesse caso, verificar-se-ia algum sonho a insistir que a pessoa precisa estar capacitada para expressar seus sentimentos de forma diferente. Mas uma vez que a pessoa tenha achado um modo de contatar uma parte da própria personalidade inconsciente através de determinadas atividades, então o natural é que se retorne a elas, em vez de dar algum passo no sentido de nova encarnação do complexo. Portanto, esse "trazer cadáveres de retorno à vida" significa, realmente, reviver regressivamente aquelas atividades passadas quando de fato elas não mais são requeridas. Geralmente a isso opõem argumentos tais como: "Mas isso me ajudou"; "Mas isso deu certo"; "Mas isso daquela vez me salvou, e se eu cortar isso, então não há mais vida"; e assim por diante. Tudo isso é verdade: houve tempo em que aquilo era vida, era uma forma por meio da qual se contatava o inconsciente; porém, deixe que os mortos repousem em suas tumbas! Uma vez que a coisa foi superada, não mais se deve voltar a ela.

Lembro-me do caso de um homem que deixara de se masturbar desde que chegara à puberdade; certa ocasião, tendo brigado com a mulher, voltou a fazê-lo novamente, em lugar de conversar com ela e corrigir a perturbação. E aí, sonhou estar tentando reviver artificialmente o cadáver de um adolescente, buscando trazê-lo de volta à vida. Era um caso terrível, pois o menino tentava erguer-se sem conseguir, desfalecendo outra vez. Aí então, uma voz dizia: "Pelo amor de Deus, deixe-o em paz, ele está morto!" O sonho foi uma espécie de pesadelo que durou a noite toda, mas que mostrou o significado de fazer reviver um cadáver. Ele tinha superado aquele hábito de adolescente e revivê-lo novamente — corresponderia a furtar-se à nova obrigação de relacionar-se com sua mulher. Estava relutando contra o novo passo de evolução do sentimento, recusando para a outra coisa. Seu complexo materno era tremendo, e este é um exemplo prático de como sua bruxa interior tentava seduzi-lo a reviver cadáveres em vez de dar o passo seguinte. Provavelmente é por causa deste simbolismo que a necromancia é encarada, por todos os sistemas religiosos, como algo de inteiramente criminoso. Psicologicamente, ela até certo ponto *é* criminosa. É contra tais bruxas que nosso herói utiliza sua tábula, superando assim todas aquelas dificuldades.

Observação: Na Grécia clássica havia certo tipo de necromancia oficial, pois muitas vezes foram enviadas aos mundos subterrâneos pessoas que, para obterem dos mortos as informações, tinham que dar sangue para que bebessem.

Sim, mas penetrar no Além é bem diferente de perturbar um verdadeiro cadáver, na face da terra. Em Nekya, por exemplo, na *Odisseia,* os mortos não recuperam seus corpos; bebendo sangue eles adquirem apenas uma espécie de corpo sutil, por meio do qual conseguem conversar melhor. Portanto, descer e dar àquela gente um corpo sutil para então falar com eles por meio da magia não é o mesmo que aquilo que temos aqui. O ilegítimo é reviver um cadáver, que tem direito a ser deixado em paz.

Pergunta: Seria pelo fato de ser isso uma violação do mito do renascimento?

Sim, porque isso transtorna alguma coisa. Quando interpretado em linguagem psicológica, renascimento significa que a libido que se achava na forma antiga deseja reaparecer em nova forma. Sim, é exatamente isso! No caso do homem que se masturbava, por exemplo, viu-se como ele reviveu a catarse da libido em sua velha forma, em vez de aguardar o renascimento em nova forma.

O motivo seguinte, que temos que discutir sucintamente, é o do animal guia, que na versão europeia surge como raposa e, na nossa versão do Turquestão, figura como um lobo. Lobo e raposa acham-se mitologicamente relacionados, pois a palavra latina para raposa é *vulpes,* que é a nossa palavra para "lobo" *(wolf).*

Tanto em nossos países como no Extremo Oriente, a raposa é frequentemente associada a perturbações histéricas e aos fenômenos mágicos nas mulheres. Em regiões remotas do Japão, ainda se crê que as mulheres histéricas sejam possuídas por raposas.

E. Baelz, psiquiatra alemão, relata um caso muito interessante que ele tratou, em Tóquio. Certa camponesa, trazida para um asilo, ali se mantinha absolutamente calada, num estranho estado de completa mudez. Não respondia a coisa alguma; apenas dizia seu nome e por ali perambulava. De tempos em tempos, exclamava: "Agora, está chegando!" e então colocava a mão no peito e dali fazia elevar-se uma espécie de uivo como o de uma raposa. Seus olhos ficavam brilhantes e, de modo fantástico, dizia quem era cada um dos doutores. Tornou-se até mediúnica, pois contou que um deles tinha tido um caso extramarital com tais e tais consequências, e que um outro estava preocupado por causa de determinada coisa. Em seu "estado de raposa", ela se revelava altamente inteligente e agressiva. Passado certo tempo, se punha outra vez a uivar e aí tudo se esvanecia, voltando novamente a seu absoluto mutismo. Isso aconteceu em 1907, mas ao que parece, o fenômeno ainda existe.

Richard Wilhelm, o sinologista, também presenciou um caso assim. Fora ele enviado a visitar uma granja agrícola onde havia um caso de possessão por raposa. Ele jamais conseguiu descobrir se foi ou não alucinação, mas enquanto caminhava em direção à granja, ouviu uma mulher emitir gritos histéricos lá dentro da casa; e de fato viu uma raposa a caminhar de lá para cá, sobre o muro de barro que cercava a casa, enquanto as pessoas apontavam para ela, dizendo: "Veja, aí está o demônio!"

A raposa não é somente parecida com o *animus* destrutivo, um espírito da natureza que entra nas mulheres e as possui, como também se acha relacionada à ideia da preparação do elixir da vida. No Extremo Oriente costuma-se dizer estar ela de posse das pílulas do elixir da vida; na alquimia ocidental também existe a ideia de que ela guia as pessoas para a obra filosofal, consistindo tal ideia no fato de ela possuir alguns dos astuciosos métodos da natureza e a natural perspicácia, necessária para que se sigam os sutis caminhos da natureza. Por ser de cor vermelha, a raposa está relacionada às inflamações da pele e ao fogo. Onde as feiticeiras e as raposas aparecem, o fogo se alastra sem qualquer razão; e as raposas também provocam o raio, com o qual estão relacionadas. Elas têm, portanto, algo a ver com o que nós (segundo palavras de Paracelso) podemos chamar de *lumen naturae*, a luz da natureza, tanto em sua forma positiva como na destrutiva. A possessão por raposa também tem a ver, como o demonstra aquele caso autêntico do Dr. Baelz, com a clarividência do espírito da natureza no homem, razão pela qual frequentemente é ela o animal que, nos contos de fada, prevê antes do tempo como as coisas irão acontecer, sendo capaz de instruir antecipadamente o herói.

É bem estranho que o lobo esteja igualmente relacionado com o *lumen naturae,* se bem que ele seja geralmente, encarado como um animal mais sinistro, mais destrutivo e demoníaco que a raposa. Em grego, ele é chamado de *lykos,* sendo a raiz etimológica de tal palavra aparentada com a nossa palavra luz: *lux.* Apolo é um *lykos,* um deus lobo. Nessa função, o lobo tem significado positivo. Seus brilhantes olhos luzem no escuro, e nas trevas ele uiva para a lua. Não tenho muita certeza se isso não é uma racionalização, mas o fato é que ele é um dos animais do deus-sol Apolo, em seu aspecto hibernal, noturno, boreal, dotado de uma espécie de luminosidade como a do sol de inverno que, justamente no momento mais escuro, se eleva do inconsciente. Excluindo-se isso, o lobo, na mitologia, é geralmente um animal destrutivo. Basta que se pense no lobo de Fenris, da mitologia alemã, que ao findar-se o dia fica solto, e nos lobos-demônio que, durante os eclipses do sol e da lua, buscam devorar a luz celeste e são escorraçados pelo barulho dos chocalhos, a fim de que não possam engolir nem o sol nem a lua.

Assim com as raposas estão relacionadas ao princípio feminino, existindo um demônio que é relacionado às mulheres e às bruxas, assim também o lobo tem, às vezes, uma estranha relação com o princípio maternal. No Chapeuzinho Vermelho, por exemplo, a avó que se acha na barriga do lobo é, por assim dizer, substituída por ele. É como que se dissesse que a Grande Mãe, repentinamente, mostra seu aspecto devorador por assumir a figura do lobo. Lembrem-se de como ele coloca o capuz, e aí quando Chapeuzinho Vermelho pergunta: "Vovó, por que você tem dentes tão grandes?" ele responde: "Para te comer melhor!" Em certas variantes da lenda alemã "Frau Holle", a benévola deusa-mãe também figura com cabeça de lobo, havendo muitas outras grandes-mães feiticeiras dos contos de fada europeus que tém cabeças de lobo, ou mesmo cabeças de lobo de ferro.

O lobo é associado ao deus da guerra, Marte, ou Ares. O lobo é seu animal e por isso mesmo também se acha relacionado ao seu metal, o ferro. Um dos nomes mitológicos do lobo, na mitologia alemã, por exemplo, é *Isengrimm* — ferro rijo — visto o lobo muitas vezes representar o que se pode chamar de um tipo de raiva que se torna fria e enrijecida. Pode ser que vocês já tenham experimentado essa fúria que, ao atingir um certo clímax, é repentinamente substituída por uma quieta e gélida sensação de rígido e mortal ressentimento. O lobo e isto; essa sinistra e mortal resolução que se origina da fúria. Esta nem sempre é negativa, pois, como sabem, existe na mitologia alemã algo que se considera um santo furor — *ein heiliger Zorn* — que pode apossar-se dos justos quando eles veem uma terrível injustiça ser cometida neste mundo. Esse santo furor se apodera deles fazendo com que assumam a resolução de restabelecer a ordem e trazer luz à situação. É por isso que o lobo não é exclusivamente destrutivo. Tudo depende de como se lida com ele e de quais sejam as circunstâncias em que ele emerge.

Na lenda turquestã do Príncipe Hassan Pasha, o lobo decididamente representa um poder positivo, pois sempre aparece como espírito benéfico e, ao fim da história, é admitido na corte do Sultão. Provavelmente ele está ali por medida compensatória, visto Hassan Pasha ser um tanto ingênuo demais, não estando à altura de enfrentar os malefícios da vida. O próprio lobo proveniente do lado escuro da vida é, portanto, o animal capacitado a ministrar-lhe instrução. Quando, por exemplo, ele diz a Hassan Pasha: "Cuidado com teus irmãos, pois certamente eles te prejudicarão, se o encontrares", Hassan não lhe dá ouvidos e isso é seu funeral. Ao contrário do que se dá com o ingênuo Hassan Pasha, o lobo sempre sabe o que vai acontecer, sem ilusões, vendo as coisas como elas são.

Na versão europeia, a raposa é ainda mais interessante; embora aí o lobo seja o que se poderia chamar de "animal benfazejo", ele não vem a ser transformado. Permanece até o fim como o animal benfazejo da história. Mas na ingênua história de Siebenbürgen, a raposa manifesta qualidades bem mais interessantes. A princípio, ela tem a capacidade de transformar-se; dá um salto e se transforma em joalheria, conseguindo, assim, raptar a princesa. Portanto, ela realmente é um espírito mercurial. De início, tinha sido humana; só mesmo insultando-a e chamando-a de feiticeira maldosa e de raposa é que a maldição poderia ser quebrada. E, afinal, vem a ser redimida e restituída à sua forma humana.

Na versão alemã do "Pássaro de Ouro" de Grimm, que não discuti com detalhes, mas que constitui outro paralelo de nossas cinco histórias, também ocorre uma transformação. Já quase no final dessa história, a raposa se volta para o herói e pede que ele lhe corte a cabeça e as patas. Este, porém, responde-lhe que não pode fazer isso, pois ela o ajudara a livrar-se de todas as dificuldades; que não lhe é possível causar dano a sua melhor amiga. Tristonha, a raposa balança a cabeça dizendo: "Então, jamais serei feliz", e retorna à floresta. Mais tarde, porém, torna a voltar, implorando ao herói que lhe corte a cabeça e as patas. Com o coração partido, o herói desta vez obedece decepando-lhe a cabeça e as patas; no mesmo instante surge, no lugar da raposa, um lindo príncipe. É o irmão da Princesa com quem o herói se casara, o qual, uma vez liberto da maldição, casa-se com a irmã do herói. Assim, tanto na versão alemã com na lenda austríaca, tudo termina com um casamento quaternário.

Nessas duas histórias, a raposa é uma falsa raposa que tinha sido enfeitiçada ou amaldiçoada e que acaba sendo redimida. Esse tema é frequente nos contos de fada, de maneira que convém aprofundar-se nele e indagar qual o significado psicológico do aparecimento de um animal benfazejo, quer ele continue como tal, ou que afinal se constate ser ele uma criatura humana vitimada por encantamento.

Em seu ensaio sobre a estrutura da psique (vol. VIII de *Obras completas*), Jung esquematizou as áreas dos processos psíquicos em termos de um espectro do qual uma das extremidades é infravermelha e a outra, ultravioleta. Dessas duas extremidades, ele considerou a infravermelha como sendo a área somática, a área das reações instintivas e dos reflexos condicionados. Quanto à extremidade ultravioleta, corresponderia ela à área dos arquétipos *per se*, dos modelos ou imagens arquetípicas.

Se um animal é mitologicamente apresentado como autêntico, e não como um pseudo-animal, então ele representa um modelo instintivo, um impulso. Animais diferentes caracterizam diferentes estilos de comportamento instintivo. A raposa, obviamente, representaria maior perspicácia e astúcia instintiva, ao passo que um touro representaria impulsividade mais brutal, agindo pela força. Se você amplifica cada animal nos seus contextos mitológico, zoológico e biológico, então ele representa um modelo de comportamento humano, sempre, porém, com pronunciada tendência para o lado instintivo, isto é, a área infravermelha da psique humana.

Mas desde que surja um impulso espiritual na extremidade instintiva (infravermelha), onde ele realmente é descabido, então é porque ele foi "amaldiçoado" e forçado a aparecer sob forma animal, ou seja, sob forma instintiva.

Em tal caso, o animal símbolo representa não somente um instinto como também um impulso arquetípico, ou espiritual, que quer ser vivido e realizado a nível humano. Foi isso o que a raposa literalmente declarou: que tinha sido um ser humano e que fora amaldiçoada por um feiticeiro tendo, por isso, ficado reduzida a um comportamento animal. Em tal caso temos que considerar um processo de repressão, no qual aquele conteúdo psíquico foi reduzido a uma reação instintiva, o único recurso que lhe restou.

Como já procurei demonstrar, através da amplificação, a raposa é um tanto semelhante ao espírito da natureza, aproximando-se muito, portanto, ao deus Mercúrio dos alquimistas, à luz da natureza. Por volta do século XVII, aquele conceito era reconhecido, pelo menos entre os círculos dos alquimistas e das ciências naturais. Ninguém cogitava em natureza, ou em matéria, como algo morto. Para essa gente, ela era animada por um espírito de sua mesma espécie, ou por uma luz, à qual geralmente chamavam de *lumen naturae* e que era, como foi, a viva manifestação espiritual nos fenômenos naturais. Somente no século XVII é que tal conceito começou a ser eliminado do ponto de vista científico, sendo posto de lado como uma tola superstição. Desde então, portanto, o espírito da natureza não mais pôde manifestar-se ou falar diretamente ao ser humano; viu-se relegado ao plano das reações instintivas — sendo provável que nisso consista a maldição que pesa sobre a raposa e da qual ela quer redimir-se.

O processo de redenção é extremamente brutal. Numa de nossas versões, ele consiste em insultar a raposa e, noutra, em cortar-lhe a cabeça e as patas. O herói não deseja fazê-lo por achar isso demasiadamente brutal. Decepar alguma coisa, com faca ou espada, equivale geralmente à dissecação analítica do objeto, aparentemente destruindo-o, mas ao mesmo tempo atingindo-lhe a essência, o âmago. Assim também, ao cortar a cabeça e as patas de um animal, você poderá dizer que está lhe cortando justamente a inteligência, a perspicáeia. As patas geralmente representam ação, o movimento de agarrar alguma coisa. Para analisar tal fenômeno tem-se necessariamente que fazer com que ele pare de agir; do contrário, ele continuará a nível animal e não se conseguirá apreender-lhe o significado.

Agora imaginemos alguém que traga em si um lobo que rosna — um ferro rijo. A ação natural de tal com plexo é a de estar sempre a criar disputas por meio de ideias de perseguição, que levam a conflitos emocionais ou a uma forma instintiva de agressão. Muito frequentemente as pessoas com tendência paranoica exercem tais atividades naturais, de rosnar e morder. Assim, o lobo jamais é redimido, pois a libido, nesse complexo, tem tendência a se realizar de forma instintiva. É muito frequente que as pessoas com tendência paranoica tragam tais lobos em seu inconsciente, tendo sempre certa tendência a projetar a sombra e a estabelecer alguma espécie de briga ou rixa. Só quando deixam de discutir é que elas se apercebem do que realmente existe por trás dessas projeções. Também é muito frequente que o lobo corresponda a certa capacidade intimamente ligada a pessoas que têm problemas-lobo, isto é, uma cobiça generalizada, que tudo devora. Lobo e raposa muito se assemelham, mas aquele é sempre vítima de seu estômago voraz. Quando este leva a melhor, o lobo perde toda sua inteligência, de maneira que é fácil enganá-lo ou preparar-lhe uma armadilha, fazendo com que ele entre no galinheiro e ali fique preso. Jung se refere a esse problema de voracidade em seu ensaio sobre transferência (vol. 16 de *Obras completas)*, onde ele diz que é muito comum as pessoas manifestarem terrível voracidade, a ponto de quererem devorar tudo e todos, até mesmo o próprio analista, por exemplo. Isso nem sequer está a nível de transferência sexual e sim a um nível bem mais primitivo, pois trata-se de "ter" o outro, ter tudo. As pessoas de tal modo possuídas têm que ter tudo; se alguém possui um carro, elas também têm que ter um igual; quer se trate de amizade ou de qualquer outro infinito número de coisas. Essa ânsia de tudo devorar é, muitas vezes, resultado de alguma grande frustração de infância, que foi estabelecendo, por seu lado, certa espécie de amargo ressentimento aliado ao desejo ávido de tudo ter e tudo devorar. Portanto, o "rijo" aí é esse tipo de profundo ressentimento por não se poder ter a coisa desejada. Gente assim sempre vacilará entre devorar tudo e por isso levar uma bordoada na cabeça, ou voltar a retrair-se em gélido ressentimento e frustração. Ficam prisioneiros de uma espécie de círculo vicioso de ressentimento frio e de cobiça que muitas vezes é perfeitamente simbolizado pelo lobo.

Quando alguém traz em si uma "raposa" ainda não redimida, ela mais se parece a um espírito inteligente que escapa a uma situação difícil por meio de um logro que o livra da complicação; como alguém que não enfrenta completamente seu próprio lado sombrio, o seu próprio ser. Há muitos analisandos assim, deploravelmente inteligentes em evitar sempre o momento crucial da análise, pela descoberta de alguma astuciosa saída, sempre dando início a novas possibilidades sem nunca ficarem acuados contra a parede. Quem age assim dentro deles é a raposa e, por tais evasivas, eles jamais põem a descoberto o que se acha por trás de sua raposa interior; a tendência deles é sempre a de encobrir as situações de maneira inteligente. Quando, por exemplo, se insiste com uma mulher a respeito de seu problema criativo, ela seguramente há de responder que está esperando outro filho; e assim passa a contar com pelo menos mais três anos para fugir ao problema. Durante a gravidez tudo passa a ser novamente preenchido pelo fenômeno vital e ela tem a possibilidade de eximir-se do problema interior. Naturalmente, depois que a criança estiver menos dependente dela, ela novamente será posta em confronto com o mesmo problema. Esta é uma notória e frequente maneira de as mulheres escaparem a seu problema criativo, e há um enorme número de infortunadas e infelizes crianças que nasceram numa fase relativamente avançada do mesmo, quando, de fato, a mãe deveria estar fazendo alguma outra coisa.

Este é apenas um dos muitos e muitos exemplos de como as pessoas se esquivam a dar um fim natural e instintivo a um problema, utilizando, por assim dizer, a raposa. Os homens são geralmente mais propensos a optar por algum recurso externo. De repente, arranjam um emprego bem distante do analista, emprego que eles, naturalmente, *precisam* assumir, visto representar tão grande oportunidade e, ao que parece, constituir a solução certa para tudo o mais; de modo que, simplesmente, saltam fora do caldeirão fervente, justamente no instante crucial. É o espírito de astúcia que os leva a agir assim, e é por isso que, quando alguém quer libertar a raposa, a primeira coisa a fazer é decepar-lhe a cabeça e as patas, ou seja, cortar-lhe a possibilidade de agir, reduzindo-a à inatividade para forçá-la, assim, a revelar seu significado mais profundo.

Tanto na versão austríaca como na alemã, um feiticeiro é o responsável por ter reduzido o ser humano original a uma existência de raposa e, na história de Siebenbürgen, ficamos sabendo que o feiticeiro amaldiçoou o Príncipe porque este não queria casar-se com a filha dele. Não pretendo adentrar-me pelo significado mais profundo desse bruxo, pois ele só entra em duas das histórias e nós temos de prosseguir com nosso tema principal. Direi apenas que ele é a figura do velho "pai da *anima*", uma imagem de deus mais antiga. Na região mediterrânea, isso corresponderia a um velho deus pagão, e na região germânica, à figura de Wotan; na Grécia seria Cronos-Saturno, e entre os Judeus seria uma figura arcaica de Javé (Jeová). Esse "pai da *anima*" tornou-se um feiticeiro negativo que estabeleceu uma tendência regressiva apoderando-se, por assim dizer, da parte inferior da psique inconsciente. Caso se reflita um pouco, verificar-se-á ser bem natural que um conteúdo reprimido regrida, indo cair nas camadas mais arcaicas da personalidade e nas suas mais antigas representações. Poder-se-ia dizer que, devido à repressão na consciência, ele cai sob o domínio de alguma sombria imagem de deus no inconsciente, sob o domínio de algum aspecto sombrio regressivo do *Self*.

Mais interessante é aquele motivo da raposa que se transforma em joalheria, raptando assim a Princesa, pois encontrei um paralelo, que considero único, entre ele e uma história completamente diferente da coletânea de Grimm; chama-se ela "O Fiel João". Nesse conto, Fiel João, o servo de um Príncipe, é uma bondosa figura de mágico, que entende e fala com os animais. Ele aconselha o Príncipe a mandar fabricar animais e pequenas estatuetas de ouro. Depois, coloca-as num navio onde existem muitas outras dessas coisinhas de ouro e, assim, atrai a Princesa, seduzindo-a para que suba a bordo, raptando-a então. Mas, aqui, é o Fiel João quem tem a ideia e quem age de maneira muito semelhante à da raposa de nossa história, só que não se transforma, ele mesmo, numa joalheria. Parece tão óbvio ser assim que se agarra uma mulher, que até se esquece de indagar o que isso significa simbolicamente. Esse paralelo do Fiel João nos fornece uma dica, pois neste caso, segundo o texto, o navio contém pequenas vasilhas, utensílios, pássaros e animais maravilhosos; trata-se portanto de uma espécie de mágica, pois os produtos da fantasia artística é que atraem a figura da *anima*.

Tomando-se a *anima* como figura interior, isso significaria que a melhor maneira de um homem constelar, ou captar sua *anima* interiormente, seria produzindo imagens e portanto captando a própria alma. Como se deduz, a partir da minha formulação, é isso o que efetivamente tentamos fazer pela técnica da imaginação ativa; criamos fantasias imaginativas, e assim captamos nossa psique inconsciente. Atrair a *anima* seria uma variação do que chamaríamos de constelar o inconsciente por meio da imaginação ativa. Sabe-se que Jung, a princípio, redescobriu essa técnica jogando com materiais concretos, pintando imagens de seus sonhos e até mesmo fazendo certas construções lúdicas, assim liberando sua fantasia inconsciente e apreendendo seu próprio inconsciente. Uma das principais maneiras de atrair e constelar o próprio inconsciente é sentar, jogar e produzir a fantasia em imagens, da maneira em que estas ocorram.

Portanto, como se pode ver, a raposa não só é o espírito mercurial da natureza, como é, também, a capacidade de fantasiar de maneira certa. O dom da fantasia cria um estado pelo qual a figura da *anima*, a alma, é atraída, pois somente através da própria fantasia se pode, efetivamente, apreender o que se passa no próprio inconsciente, no lado obscuro da própria personalidade. Os sonhos são apenas um meio passivo; através deles são captadas umas poucas imagens, mas se quisermos chegar a um contato mais intenso, em lugar de ficarmos na dependência dessas singulares mensagens chamadas sonhos, que nos podem chegar ou não chegar durante a noite, então podemos obtê-las através daquilo que os alquimistas denominavam de *imaginatio vera*, a qual difere da *imaginatio fantastica*. Esta última corresponde ao que hoje chamaríamos de devaneios passivos, especialmente quando estão cansadas, levam avante conversas e devaneios interiores. Basta que se sentem e descansem para que diante de seus olhos se desenrole um verdadeiro filme interior, dotado até mesmo de certa fantasia. Isso é *imaginatio fantastica*, é sonhar com o que se deseja. A *imaginatio vera*, porém, é trazer à tona, com grande esforço e sinceridade, imagens consteladas no inconsciente, obtendo-se uma *Auseinandersetzung*, uma verdadeira confrontação ética com elas. Pela *imaginatio vera*, afirmam os alquimistas, é que se consegue, literalmente, tomar posse da própria alma. A joalheria representa, portanto, essa maneira de nos apoderarmos de nosso próprio inconsciente por meio de imagens interiores; quanto à raposa, ela corresponde ao espírito que consegue fazer isso, ou sugerir ao herói que o faça. O que origina a fantasia é o espírito do inconsciente (a raposa), porém o ser humano precisa prestar-se a isso, como veículo. Se a pessoa não se dispuser a tomar um pincel ou um lápis para colocar-se, ela própria, como veículo a serviço da fantasia, nada acontece, isto é, ela permanece no estágio destrutivo da fantasia passiva.

5
O tema do pássaro: conclusão

Agora precisamos retornar ao nosso tema principal, o do pássaro, pois se lhes narrei essas cinco histórias, foi para amplificar o tema do papagaio.

Na nossa história do Hassan Pasha, o pássaro é chamado Anka, ou Anka-Kusch, e em suas penas estavam escritos sábios dizeres. A última sentença da nossa história diz: "Como Hassan sempre lê o que está escrito nas penas do misterioso pássaro, Anka-Kusch, ele se tornou versado em todas as virtudes humanas e reinou sabiamente no seu reino".

O Anka é um pássaro que vocês provavelmente já terão conhecido através da leitura de algum conto de fada oriental. *Anka,* em árabe, corresponde à palavra persa *Simurg,* um pássaro com função semelhante à do *Greif* (grifo), pássaro dos contos de fada alemães e austríacos. Este geralmente é um pássaro-carregador, visto transportar o herói até os confins do mundo, para além dos mares, ou então trazendo-o de volta. Geralmente, a pessoa tem que montar nas suas costas, precisando sempre levar consigo comida e bebida suficientes para alimentá-lo. Às vezes, quando o herói não leva alimento suficiente, tem que cortar bocados de carne da própria perna para dá-los de comer ao pássaro, a fim de que este não caia. Outras vezes, o pássaro pode exigir grandes sacrifícios, mas sendo ele fundamentalmente benévolo, geralmente acaba por curar, com o próprio bico, os ferimentos do herói a quem ele se devotou.

A palavra árabe *Anka,* significa pássaro de pescoço longo, e a palavra *Simurg,* significa pássaro cor preta. No folclore, Simurg e Anka são, ambos, enormes. Quando

Simurg ou Anka, abre as asas não mais se divisa a luz do sol; elas obscurecem o horizonte. Em muitas das versões, suas penas possuem todas as cores de todos os outros pássaros do mundo, sendo por isso que, em certas versões orientais, ele também é denominado de "pássaro trinta", correlação pela qual se consegue compreender porque o rouxinol era chamado de "mil". Ele é um pássaro que representa a alma coletiva de todas as aves. É o superpássaro que, como espírito-totem, abrange todos os pássaros do mundo, ou contém em si as qualidades de todos os pássaros viventes, razão pela qual é um pássaro-mil, um pássaro-trinta, contendo suas penas todas as cores do mundo. Vive dois mil anos e põe ovos enormes, podendo transportar até mesmo um camelo, ou um elefante. Segundo certas versões orientais, esse pássaro tem rosto humano, e assim nos aproximamos de nosso papagaio, dotado de voz humana.

Vê-se, portanto, que esse pássaro tem, de certo modo, algo de humano, por exemplo, a face, a voz é humana, podendo falar como gente. Segundo algumas lendas populares, os pássaros promoveram uma assembleia e elegeram Anka-Simurg como Rei dos Pássaros. Esse mesmo pássaro miraculoso volta a aparecer em nosso conto de fada austríaco, em forma de fênix; lendo as notas de rodapé da história de Siebenbürgen, verifica-se que o estranho nome de "wehmus" é uma distorção de "fênix".

Temos agora, portanto, de adentrar-nos pelo simbolismo da fênix. Encontrar-se-á muita coisa referente a ela (principalmente no que diz respeito a seu aspecto alquímico, onde ela sobrevive muito mais do que no antigo simbolismo), em *Mysterium conjunctionis,* de Jung. A fênix, ao sentir-se envelhecer, constrói um ninho de plantas aromáticas, principalmente de mirra, e dentro dele se consome em fogo. Das cinzas nasce um pequeno verme que se movimenta como uma lagarta. Aos poucos vai adquirindo penas e, então, se desenvolve numa outra fênix. Por isso, na época do cristianismo, a fênix naturalmente se transformou em alegoria do Cristo, pois também este ressuscitou. A fênix também simboliza vida eterna e ressurreição.

Existe, em alquimia, uma famosa *peregrinatio,* ou jornada, de Michael Maier, alquimista do século XVII, que relata como ele percorre todos os países, em busca de um animal ou pássaro chamado Ortus. Ortus, significa sol nascente e é, também, uma denominação do Leste, lugar onde nasce o sol, o que significa o mesmo que fênix. Ele não encontra tal pássaro que, evidentemente, corresponde neste caso a um símbolo de Mercúrio; mas, ao findar a história, encontra uma de suas penas. Jung, comentando essa peregrinação de Michael Maier em *Mysterium conjunctionis* (§ 285) diz que o Ortus está relacionado à fênix, como alegoria bastante conhecida da ressurreição de Cristo e, diz Jung, da ressurreição dos mortos. É um símbolo de transformação. É de admirar, diz ainda Jung, que a Sibila Eritréia tenha mostrado a Maier o caminho para a fênix, e não o caminho para o Cristo. Isto mostra onde encontrar Mercúrio, o que indica claramente que, para Maier Cristo e Mercúrio eram uma mesma pessoa.

É interessante que Maier chama essa fênix de remédio contra a ira e o sofrimento, *remedium irae et doloris;* porque aquele que encontra tal pássaro fica curado de todo sofrimento e afeto. Isso demonstra, no entanto, algo semelhante a uma possibilidade de transcendência espiritual, ou seja, de colocar-se acima daqueles sofrimentos mais comuns à humanidade. Segundo Jung, a fênix é um pássaro do espírito, e torna-se importante que se declare aqui que a meta da peregrinação não é uma figura humana (o que teria sido, caso seu objetivo fosse o Cristo, ou Mercúrio), mas sim um pássaro, que é o símbolo mais impessoal. Diz Jung que isso constitui compensação para as representações demasiada ou exclusivamente pessoais da religião católica, embora observa ele, em nota de rodapé, que o Espírito Santo também tinha aparência de um pássaro, e que os alquimistas estavam principalmente interessados na hipótese da Divindade no Espírito Santo.

Pode-se, portanto, afirmar que a semelhança com um ser humano — o pássaro, embora não seja basicamente um ser humano, pode falar, e seu rosto parece humano — é ressaltada em todos os aspectos do pássaro. Noutras analogias alquímicas o pássaro que representa Mercúrio, substância da transformação, também é, às vezes, representado como uma oroboros, a serpente que morde a própria cauda — pois ao alçar voo ele devora as próprias asas para depois tombar, e, desta forma, renascer. A antiga saga das águias, que procuram devorar suas próprias penas para se deixarem tombar em terra, foi transferida para todas as aves alquímicas. Era este o símbolo da precipitação da substância volátil. Sempre que uma substância era sublimada em vapor, que os alquimistas chamavam "volátil", essa precipitação ou vapor que retornava em forma líquida era, muito frequentemente, representada por um pássaro que, se despojando das próprias penas, caía no chão. O pássaro representa, portanto, um processo pelo qual o aspecto espiritual, ou *prima materia,* se faz visível e retorna em forma purificada, em alguma forma líquida ou sólida que psicologicamente representaria um processo de conscientização. Em sua forma de pássaro, ela se assemelha a um vislumbre espiritual, ou apercebimento mental, a um dado instante mais ou menos estático. Refere-se a uma experiência espiritual interior que é, ou que permanece transitória, desde que não tombe novamente em terra.

Como se sabe, a maioria das pessoas em certa época da vida têm um momento em que se apercebem de algo extremamente significativo, ou têm alguma espécie de *insight* religioso pelo qual se sentem tremenda e emocionalmente avassaladas e enlevadas. Acham, então, que está tudo bem, mas estranhamente, a maldita coisa não dura muito. Aos poucos, a miséria da vida torna a apoderar-se delas e, dois ou três anos depois aquela experiência interior parece perdida. Isso é porque, do ponto de vista alquímico, o pássaro não é tudo, ele é apenas um início, um guia em direção à experiência interior. É uma dessas primeiras e estimulantes experiências, ou conscientizações, que se consegue ter, mas ainda é preciso devorar as próprias asas, para conseguir retornar e consolidar-se. Isto é, a experiência se consolida e, em vez de constituir uma experiência espiritual emocional, torna-se uma consciência no sentido mais literal da palavra. Nós empregamos a palavra "consciência" de maneira bastante superficial; mas se nós "tomamos consciência" de algo, em seu significado fundamental, isso se torna, para sempre, uma coisa real. E é exatamente isso, no sentido explícito da palavra, o que se encontra por trás do pássaro. É por isso que, no processo alquímico, Mercúrio, em sua forma volátil, é tão frequentemente comparado a um pássaro; chamam-no de ganso, galinha de Hermes, cisne, águia, abutre ou fênix. Na Cabala, onde *Sefira Yesod* também é chamada de ave, existe a mesma analogia.

No § 637 de *Mysterium conjunctionis* existem outras referências aos diversos aspectos de ave da *prima materia,* assim como ao seu caráter não definido, ou seja, ao fato de ela representar apenas um estágio de desenvolvimento da *prima materia* e não, ainda, uma meta. Isso explica porque, na história dos Banhos Bâdgerd, o pássaro teve que ser alvejado para que o diamante de Gayomardo fosse descoberto. O diamante seria a realização definitiva, a experiência interior do *Self* tornada absolutamente real, e não mais volatilizada e passível de ser perdida após o feliz momento de enlevo.

No Oriente, os místicos Sufis chegaram a algo de parecido. E na Pérsia, provavelmente devido a grande proximidade da Índia, eles identificaram seu Simurg com o cisne indiano, o *hamsa,* símbolo do Atman interno ou da iminente experiência interior da Divindade (nós diríamos do *Self*). Certo místico Sufi, chamado Attar, de fato escreveu um livro chamado *The thirty bird,* no qual esse "pássaro trinta" voa para Deus, numa longa peregrinação. Attar encerra o livro dizendo (não tendo, infelizmente, conseguido obter o original, tenho que citar van der Leeuw, em sua *Phaenomenologie der Religion)* que Deus é um espelho no qual cada um só vê a si mesmo. De modo que quando o "pássaro trinta" se aproxima do espelho, a princípio só vê a si mesmo, mas aí "desaparece para sempre, assim como a sombra desaparece ao sol".

Encontramos aqui a mesma ideia, a de que ainda existe algo por trás do pássaro. Desta vez não se trata de diamante, mas do espelho da Divindade, que é comparado à luz do sol; o "pássaro trinta" simplesmente desaparece nela, como uma nuvem é dissolvida pela luz do sol, ou como uma sombra da noite se esvai, ao sol nascente. Visto sob tal luz, o pássaro, segundo Attar, seria ainda a experiência subjetiva e intuitiva da Divindade, que apenas conduz à verdadeira experiência. Isso pode ser comparado ao que diz S. Paulo — "Pois agora vemos obscuramente, como através de um espelho, mas então, face a face". O pássaro é ainda essa experiência espelhada e, em algumas versões persas, há um claro indício de tratar-se apenas de um vislumbre de algo ainda mais real, a ser descoberto por trás disso. E a substância transformativa, o processo de individuação; o diamante, ou espelho da Divindade seria, então, a meta, o que significaria uma consciência absolutamente concreta do *Self*.

Se fizermos agora um exame de todos os contos de fada que vimos e que giram em torno do pássaro, verificamos um interessante fenômeno: às vezes o pássaro é considerado como sendo ele próprio a meta, sem que nada se oculte por trás disso. Assim acontece em "O Pássaro Trinador de Flores", em "Gisar, o Rouxinol", em "O Pássaro Wehmus" e na história de "O Príncipe Hassan Pasha" que, até o fim de sua vida, lê as palavras gravadas nas penas do pássaro Anka. Na história espanhola do "Papagaio Branco", o pássaro constitui a meta da busca, e no *Tuti-Nameh,* o pássaro é posto em liberdade, mas circula alegremente em torno de nosso feliz casal, visitando-o de vez em quando. Há ainda aquelas lendas persas de influência Shiita e Sufi, em que o pássaro tem de ser alvejado para que se descubra aquilo que se acha por trás dele; ou então, segundo o trecho citado de Attar, em que ele se dilui, na experiência da Divindade. Portanto, pode-se dizer que na sua peregrinação em direção ao Ocidente, cruzando o mundo até ingressar na Europa, o pássaro perdeu algo de seu significado mais profundo, algo daquilo que fora percebido no Extremo Oriente mas que, por outro lado, adquiriu algo de diferente.

Vocês devem estar lembrados do esquema que tracei do Conde, da Condessa e das duas crianças; e depois, daquele do menino, da menina, da bruxa e do homem mau; e ainda da recuperação do Conde, da Condessa e das crianças, da superação do mal, e do papagaio como centro do novo quaternário. Se contarmos o número de figuras de nosso conto de fada oriental, verificaremos que em "O Pássaro Trinador de Flores" ocorre, no conjunto das figuras, uma intercalação bem pouco complicada: no início, há um Sultão com seus três filhos; depois, ocorre toda a peregrinação e, por fim, lá estão — Malik Ibrahim e as duas damas, Maimune Khatun e Tarfe Banu. Vamos colocar o pássaro no centro e depois, uma interrogação, pois somente três figuras se encontram ali, em torno do pássaro. Depois, no "Rouxinol Gisar", a princípio existe um quaternário (o Rei e seus três filhos) que afinal se reduz a apenas um casal: o herói e sua noiva. A Bela-da-Terra, mais o pássaro. De modo que no referente ao número de figuras ocorre novamente um empobrecimento. No final da história do Turquestão, temos Hassan Pasha com sua noiva, o lobo e o pássaro — somente dois seres humanos. Na história dos "Banhos Bâdgerd", a coisa se torna ainda mais interessante, pois afinal o herói está de posse do diamante. A rainha casa-se com seu amado, mas Hâtim part levando o diamante, de modo que todos os grupos se desfazem por completo; no reino ocorre uma *coniunctio,* mas Hâtim regressa ao Yemen, levando consigo o diamante, herda o trono, sem que haja qualquer referência ao seu casamento.

Na história de Siebenbürgen, o esquema é bastante comprido. Nela figuram um pároco, sua mulher e três filhos.

Um deles parte em peregrinação e chega a um Rei que tem duas lindas filhas. No caminho ele encontra uma raposa, de modo que os dois se unem como um par de gêmeos, a andar sempre juntos. Conquistam as duas damas, a raposa se transforma em ser humano e no final ocorre um duplo casamento, ou seja, o casamento do filho do pároco e o da raposa, com as princesas. O Rei fica sozinho e provavelmente morre logo. Os dois filhos perversos são expulsos, pois o pároco fica com raiva deles, por terem caluniado o herói. Aqui, tanto o pároco e sua mulher, como o rei, são postos de lado, mas um duplo casamento se formou no centro. As figuras mais velhas permanecem em volta, mas não mais desempenham qualquer papel; quanto ao destino do pássaro, não é absolutamente mencionado! Esperamos que permaneça com eles, o que não posso garantir. Pela sentença final, o pássaro parece não mais centralizar qualquer interesse essencial.

Comparando esses processos numéricos, verifica-se ser impossível afirmar que uma lenda é boa e que uma outra não passa de infeliz variante empobrecida pelo relato. Nota-se que, de estranha maneira, certas histórias enriquecem um tema, ao passo que noutras, pelo contrário, algo se perde; se umas enriquecem um dado tema, em outras ainda, dados aspectos se perdem. É como se possuíssemos um diamante e o girássemos, de modo que certa faceta viesse à luz enquanto outra mergulhasse na escuridão.

Isso ilustra o fato de que nunca se deve tentar avaliar as diferentes histórias, como sendo boas ou más versões. Geralmente, se uma versão permanece viva, ela contém alguma mensagem viva que deve ser tomada como tal em lugar de ser trocada por outra versão, que nos agrade mais; talvez seja por isso que existem tantas versões de tais contos. Para todos os especialistas em folclore tal fato constituiu grande cruz, ao indagarem eles qual a razão de haver tantas versões, tão pouco unificadas e tão variadas. Para nós é óbvio tratar-se sempre da mesma história, embora em cada uma a luz seja focalizada sobre um diferente problema; quanto a mim, acho que tal fato deve ser correlacionado à atitude cultural consciente do povo em meio ao qual a lenda é relatada.

Pode-se afirmar que, na história do Extremo Oriente, o "Rouxinol Gisar", o tema da *coniunctio* não constitui o tema específico e principal da história. O herói conquista a mais linda moça da terra, mas não se cria nenhum grande problema em torno disso; o que se ressalta, nas histórias orientais, é o mistério religioso do pássaro, visto ser isso o que se encontra mais perto da consciência deles. Por exemplo, as orações não surtirão efeito a menos que o rouxinol cante dentro da mesquita. Nisso fica claramente explícito tratar-se, aí, de um problema religioso, e nas versões persas do Extremo Oriente existe mesmo o reconhecimento de que o pássaro é uma espécie de primeira intuição de uma experiência que guia o herói no seu caminho para conhecer a Divindade. Pode-se, portanto, afirmar que esse aspecto religioso espiritual é ressaltado, ao passo que o tema da *coniunctio* não é muito enfatizado.

Viajando para a Europa, esse tipo de lenda perdeu um pouco de seu caráter religioso, mas adquiriu novo motivo, o do pássaro que se torna o centro. Ele se transforma em tema do estabelecimento do casamento quaternário (aqui, precisamos referir-nos ao ensaio de Jung sobre transferência), o qual é símbolo da totalidade, da realização do *Self*. A ênfase recai não tanto no tema de uma elevada consciência espiritual, mas no da consciência humana. Ele abrange o problema de relacionamento humano entre homem e mulher, como essencial à nossa ideia do processo de individuação, mas não tão essencial à nossa ideia do processo de individuação no Oriente.

Se isso constitui progresso em relação às versões orientais, é algo subjetivamente a ser julgado . Segundo nossa opinião, certamente constitui um progresso, pois significa maior humanização dos poderes do inconsciente. A consciência não é tão elevada e espiritualmente civilizada, quando comparada a um inconsciente praticamente inumano e demoníaco; no entanto, em forma de *animus* e *anima* o inconsciente tornou-se, até certo ponto, semi-humano, ou pelo menos uma Divindade em forma humana, o que nos torna possível, portanto, referir-nos a ele de forma plausível. Isto faz do relaciomento com o inconsciente algo de parecido a um fenômeno perenemente vivo e humano, quando comparado a uma experiência espiritual, unilateral e estática.

Como se pode ver, estou um tanto presa à defesa da versão europeia quando posta em confronto com outra, mas, seja como for, não é esta, absolutamente, a minha intenção. Desejo apenas fazer notar que as tendências nacionais e temperamentais são diferentes e que, para nós, é impossível cogitar-se numa sociedade religiosa da qual o elemento feminino se encontre completamente suprimido e excluído da experiência espiritual. Na Europa, este processo vai-se desenvolvendo cada vez mais em contraposição às tendências patriarcais das civilizações orientais.

Todos os contos de fada que lhes contei são bem profundos, e diferentes de muitos outros menos profundos. Todos eles giram em torno do processo de individuação mas, segundo penso, quando se reúne muitos deles verifica-se muito melhor, na forma coletiva pela qual um conto de fada fornece o padrão do processo de individuação, como é que se pode divisar determinados aspectos que lhes são específicos. Tal como Jung o entendeu, o processo de individuação é, essencialmente, algo que só pode ocorrer num único indivíduo. Fato é, portanto, que não pode ser refletido num conto coletivo, visto não consistir um fenômeno coletivo. Assim, *jamais se pode afirmar que um conto de fada representa o processo de individuação per se, pois ele não representa, nem pode representar tal coisa*. O processo de individuação, *per definitionem*, é algo que só pode ocorrer *num só* ser humano e que sempre tem uma forma única. No entanto, a despeito de constituir evento único, num único ser humano, existem certos aspectos típicos coincidentes que se repetem e se assemelham em todo processo de individuação. Por isso, pode-se dizer que tais contos refletem fases típicas do processo de individuação de muita gente, e que tais fases típicas são ressaltadas de acordo com a atitude da consciência nacional coletiva do povo ao qual elas são relatadas.

Em qualquer agrupamento humano, seja ele qual for, o sistema religioso predominante contém aspectos essenciais do processo de individuação, pois de outro modo ele não consistiria num fenômeno religioso. Às vezes, porém, o sistema é carente de certas ênfases, ou não mais corresponde a certas necessidades humanas, as quais podem mudar de acordo com as mudanças na civilização. Então advém a fase em que o sistema religioso e social predominante não mais exprime as necessidades biológicas básicas do povo; assim, esses contos compensatórios emergem, dando ênfase ou trazendo à luz o que então se faz necessário. Nas versões europeias, o motivo da *coniunctio*, o casamento quaternário, parece constituir o tema de tal importância.

A estreita e notável relação entre simbolismo alquímico e contos de fada, tão lindamente ilustrada em nossa série de contos, também se acha nitidamente ilustrada nesses exemplos numa autêntica e mútua influência histórica entre os simbolismos folclórico e alquímico. A fim de exprimir seus processos químicos, os alquimistas constantemente empregavam imagens simbólicas tiradas de contos de fada; e, amiudamente, procuravam exemplificar processos alquímicos por meio de parábolas. Quando não se utilizavam de seus próprios sonhos, como Zózimos, era frequente eles utilizarem temas folclóricos; reciprocamente, muitos dos simbolismos e parábolas alquímicos foram incluídos nos contos de fada, o que torna evidente a natural afinidade entre esses dois campos. Como diz Jung, ambos constituem um substrato compensatório que complementa a atitude consciente coletiva dominante. A alquimia prestou esse serviço à atitude da consciência cristã dominante dos países europeus e, por intermédio desse substrato, é feito o esforço para complementar e enriquecer o simbolismo e o sistema cristão vigente. O folclore naturalmente ter-se-ia aliado a isso, a partir de certas ocasiões em que tinha oportunidade de entrar em contato com aqueles simbolismos, o que vem justificar muitas dessas estreitas ligações. No Oriente, essa tão íntima conexão talvez se deva ao fato de a sabedoria, em tal civilização, sempre ter sido transmitida por intermédio de parábolas e histórias. Tanto os alquimistas como os místicos orientais se utilizaram dessas histórias que exerciam absoluta influência, umas sobre as outras. O fato de o simbolismo alquímico significar algo de parecido com uma experiência religiosa individual, ou melhor, com um processo interior que conduz o indivíduo à experiência religiosa, era coisa que no Oriente já se encontrava bem mais perto do limiar da consciência e que, ocasionalmente, já fora plenamente conscientizada por certos indivíduos. Nos países europeus, tal consciência sempre existiu mas, frequentemente, numa forma mais projetada.

SUMÁRIO

7 Prefácio

17 Cap. I — O papagaio branco

99 Cap. II — Os banhos Bâdgerd

195 Cap. III — Quatro pequenos contos
       1. O Príncipe Hassan Pasha
       2. O Pássaro Trinador de Flores
       3. Gisar, o Rouxinol
       4. O Pássaro Wehmus

217 Cap. IV — As quatro lendas examinadas

264 Cap. V — O tema do pássaro: conclusão

Coleção **AMOR E PSIQUE**

Coordenação: Dra. Maria Elci Spaccaquerche,
Dr. Franklin Chang
Dr. Léon Bonaventure (*in memoriam*)

O autoconhecimento e a dimensão social
- *Meditações sobre os 22 arcanos maiores do tarô*, Anônimo
- *Encontros de psicologia analítica*, Maria Elci Spaccaquerche (org.)
- *A família em foco: sob as lentes do cinema*, Marfiza Terezinha Ramalho Reis; Maria Elci Spaccaquerche (orgs.)
- *Jung, o médico da alma*, Viviane Thibaudier
- *Psicologia profunda e nova ética*, Erich Neumann
- *Era uma vez... Histórias de adoção*, Mara Regina Augusto

Contos de fadas e histórias mitológicas
- *A individuação nos contos de fada*, Marie-Louise von Franz
- *A interpretação dos contos de fada*, Marie-Louise von Franz
- *O que conta o conto?*, Jette Bonaventure
- *O gato: um conto da redenção feminina*, Marie-Louise von Franz
- *Mitologemas: encarnações do mundo invisível*, James Hollis
- *A ansiedade e formas de lidar com ela nos contos de fadas*, Verena Kast (e-book)
- *Mito cosmogônico Tupinambá: à luz da psicologia analítica junguiana*, Inácio Cunha
- *Histórias da vida e a vida nas estórias: contos de encantamento*, Maria Elci Spaccaquerche

Corpo e a dimensão fisiopsíquica
- *Corpo poético: o movimento expressivo em C. G. Jung e R. Laban*, Vera Lucia Paes de Almeida (e-book)
- *Dioniso no exílio: sobre a repressão da emoção e do corpo*, Rafael López-Pedraza
- *Medicina arquetípica*, A. J. Ziegler
- *Presença no corpo: eutonia e psicologia analítica*, Marcel Gaumond

O feminino
- *Os mistérios da mulher*, Mary E. Harding
- *A prostituta sagrada*, Nancy Qualls-Corbett
- *As deusas e a mulher*, Jean Shinoda Bolen
- *O medo do feminino*, Erich Neumann
- *O que conta o conto? (II): variações sobre o tema mulher*, Jette Bonaventure
- *Liderança feminina: gestão, psicologia junguiana, espiritualidade e a jornada global através do purgatório*, Karin Jironet

O masculino
- *Sob a sombra de Saturno*, James Hollis
- *O pai e a psique*, Alberto Pereira Lima Filho
- *Os deuses e o homem: uma nova psicologia da vida e dos amores masculinos*, Jean Shinoda Bolen

Maturidade e envelhecimento
- *A passagem do meio: da miséria ao significado da meia-idade*, James Hollis
- *Incesto e amor humano: a traição da alma na psicoterapia*, Robert Stein
- *No meio da vida: uma perspectiva junguiana*, Murray Stein
- *Assombrações: dissipando os fantasmas que dirigem nossas vidas*, James Hollis

Psicologia e religião
- *Uma busca interior em psicologia e religião*, James Hillman
- *A busca de sentido*, Marie-Louise von Franz

Psicoterapia, imagens e técnicas psicoterápicas
- *Psiquiatria junguiana*, Heinrich Karl Fierz
- *Psicoterapia*, Marie-Louise Von Franz
- *O abuso do poder na psicoterapia e na medicina, serviço social, sacerdócio e magistério*, Adolf Guggenbühl-Craig
- *O mundo secreto dos desenhos: uma abordagem junguiana da cura pela arte*, Gregg M. Furth
- *Saudades do paraíso: perspectivas psicológicas de um arquétipo*, Mario Jacoby
- *O mistério da coniunctio: imagem alquímica da individuação*, Edward F. Edinger
- *Psicoterapia junguiana e a pesquisa contemporânea com crianças: padrões básicos de intercâmbio emocional*, Mario Jacoby

- *O mundo interior do trauma: defesas arquetípicas do espírito pessoal*, Donald Kalsched
- *Compreensão e cura do trauma emocional*, Daniela F. Sieff
- *Quando a psique canta: a música na psicoterapia junguiana*, Joel Kroeker
- *Análise junguiana de crianças*, Audrey Punnett

O puer
- *Puer Aeternus: a luta do adulto contra o paraíso da infância*, Marie-Louise von Franz
- *O livro do puer: ensaios sobre o arquétipo do Puer Aeternus*, James Hilman

Relacionamentos e parcerias
- *Os parceiros invisíveis: o masculino e o feminino*, John A. Sanford
- *Eros e pathos: amor e sofrimento*, Aldo Carotenuto

Sombra
- *A sombra e o mal nos contos de fada*, Marie-Louise von Franz
- *Mal, o lado sombrio da realidade*, John A. Sanford
- *Os pantanais da alma: nova vida em lugares sombrios*, James Hollis

Sonhos
- *Os sonhos e a cura da alma*, John A. Sanford
- *Aprendendo com os sonhos*, Marion Rausch Gallbach
- *Como entender os sonhos*, Mary Ann Mattoon
- *Pã e o pesadelo*, James Hillman
- *Breve curso sobre os sonhos*, Robert Bosnak
- *Em busca da vida*, Jane Hollister Wheelwright
- *Sonhos na psicologia junguiana: novas perspectivas no contexto brasileiro*, VV.AA.
- *Sonhos e gravidez: iniciação à criatividade feminina*

Escritos diversos
- *Entrevistas com Marie-Louise von Franz*, Flora Bojunga (org.)
- *Letras imaginativas: breves ensaios de psicologia arquetípica*, Marcus Quintaes
- *Miscellanea: escritos diversos*, Jette e Leon Bonaventure
- *Em busca da vida*, Jane Hollister Weelwright